黔南布依族苗族自治州卷

贵州省非物质文化遗产田野调查丛书

徐静 杨军昌 主编

申茂平 编著

丛书由知识产权出版社出版基金资助出版

本卷获得贵州省教育厅人文社科基地项目资助

贵州省高等学校人文社会科学研究基地
——贵州大学人口·社会·法制研究中心

贵州省文化厅／贵州省非物质文化遗产保护中心

知识产权出版社
全国百佳图书出版单位

图书在版编目(CIP)数据

贵州省非物质文化遗产田野调查丛书. 黔南布依族苗族自治州卷 / 徐静，杨军昌主编；申茂平编著. — 北京 ：知识产权出版社，2018.9
ISBN 978-7-5130-5759-2

Ⅰ. ①贵… Ⅱ. ①徐… ②杨… ③申… Ⅲ. ①非物质文化遗产—介绍—黔南布依族苗族自治州 Ⅳ. ①G127.73

中国版本图书馆 CIP 数据核字(2018)第 187181 号

内容摘要

黔南州有着深厚的文化积淀，布依、苗、水、瑶、侗等民族在长期的生产生活中形成了各自独特的传统文化，非物质文化遗产丰富多彩，现有国家级非物质文化遗产名录 14 项，省级名录 58 项，州级名录 48 项，涉及传统音乐、传统舞蹈、传统戏剧、曲艺、杂技与竞技、传统技艺、传统医药及民俗等多个方面，种类繁多，特色鲜明，是黔南州所独有的民族文化资源中极其闪亮的部分，是黔南这颗地球绿宝石独特的文化魅力的重要体现，影响重大。

责任编辑：王　辉　　　　**责任印制**：孙婷婷

贵州省非物质文化遗产田野调查丛书
徐静　杨军昌　主编
黔南布依族苗族自治州卷
QIANNAN BUYIZU MIAOZU ZIZHIZHOUJUAN
申茂平　编著

出版发行：知识产权出版社有限责任公司　　网　　址：http://www.ipph.cn
电　　话：010-82004826　　http://www.laichushu.com
社　　址：北京市海淀区气象路 50 号院　　邮　　编：100081
责编电话：010-82000860 转 8381　　责编邮箱：wanghui@cnipr.com
发行电话：010-82000860 转 8101　　发行传真：010-82000893
印　　刷：北京建宏印刷有限公司　　经　　销：新华书店及相关销售网点
开　　本：720 mm×1000 mm　1/16　　印　　张：14.75
版　　次：2018 年 9 月第 1 版　　印　　次：2018 年 9 月第 1 次印刷
字　　数：280 千字　　定　　价：64.00 元
ISBN 978-7-5130-5759-2

《贵州省非物质文化遗产田野调查丛书》

编委会和编辑部人员名单

传承非遗　助力脱贫

——贵州省非物质文化遗产田野调查丛书

序

党的十九大报告中指出：文化是一个国家、一个民族的灵魂，文化兴国运兴、文化强民族强。没有高度的文化自信，没有文化的繁荣兴盛，就没有中华民族的伟大复兴。2017年1月，中共中央办公厅、国务院办公厅印发了《关于实施中华优秀传统文化传承发展工程的意见》，明确提出要保护传承文化遗产，实施非物质文化遗产传承发展工程。贵州是非物质文化遗产资源大省，更是脱贫攻坚主战场，如何保护好、传承好非物质文化遗产，利用好、发挥好非物质文化遗产在脱贫攻坚中的积极作用，一直是我们在理论和实践层面思考的重要课题，而《贵州省非物质文化遗产田野调查丛书》就是这一课题研究的重要成果之一。

非物质文化遗产是文化遗产的重要组成部分。非物质文化遗产是人类创造力、想象力、智慧和劳动的结晶，是人类文化多样性的生动展示，也是一个国家、一个民族兴旺发达的文明标志与精神支柱。早在2003年10月联合国教科文组织发布《保护非物质文化遗产公约》起，世界范围内的非物质文化遗产调查、整理、传承、保护、利用等工作得以迅速展开。我国也随即在2005年3月26日出台了《关于加强我国非物质文化遗产保护工作的意见》。相继全国各地按照《国家级非物质文化遗产保护名录》的类别划分，在民间文学、传统音乐、传统舞蹈、传统戏剧、曲艺，传统体育、游艺与杂技，传统美术、传统技艺、传统医药、民俗10个大类上，开展了一系列非物质文化遗产保护工作。

贵州是非物质文化遗产资源的富矿区，各民族在历史发展的长河中，创造了多姿多彩、独具特色的多元民族非物质文化遗产。截至2018年5月，列入人类非物质文化遗产代表作名录2项，国家级名录85项140处，省级名录561项708处，市、州级名录1134项，县级名录4000多项。国家级文化生态保护实验区1项，省级3项；国家级非物质文化遗产生产性保护示范基地3处，省级59处；国家级非物质文化遗产代表性传承人96人，省级402人。这些非物质文化遗产内容丰富，各具特色，是贵州各民族发展历史的真实写照，是各民族传统文化的重要载体，更是中华民族文化遗产的重要组成部分，充分体现了贵州省各民族人民的聪明才智和生存智慧，蕴含着丰富的历史价值、艺术价值、科学价值、文化价值等。保护和利用好非物质文化遗产，有利于继承和发扬民族优秀文化传统和民族精神，传递贵州文化声音，展示贵州文化风貌。如果以此为资源、资本，在生产性保护的基础上，发展文化特色产业，还可以增强乡村旅游魅力，拓宽农民脱贫致富路子，增强可持续发展能力。近年来，贵州省及时出台了《贵州省非物质文化遗产保护发展规划》等指导性文件，开展了非遗传承脱贫"十""百""千""万"培训工程，建成了国家级民族文化生态保护实验区1个，省级民族文化生态保护区2个；国家级非遗生产性保护示范基地3个，省级非遗生产性保护示范基地28个，带动了数万贫困户脱贫致富奔小康。

为了更好地保护和传承贵州省非物质文化遗产，使非物质文化遗产传承脱贫工程更有基础、更有素材、更有针对性，在中共贵州省委宣传部的指导下，在贵州大学、贵州省文化厅的支持下，贵州大学人口·社会·法制研究中心与贵州省非物质文化遗产保护中心共同实施了知识产权出版社出版资助项目、贵州省教育厅人文社科研究基地项目《贵州省非物质文化遗产田野调查丛书》，在各州市有关部门及广大非遗工作者的积极参与下，经过各卷调查与撰写专家、学者多年来的艰辛努力，终于圆满完成了项目任务并付梓出版。这是贵州省非物质文化遗产资源第一次系统而详细的收集、整理与集中展示，是外界了解贵州省悠久历史和多姿多彩民族文化的重要窗口，是贵州学者助推文化精准扶贫的辛勤耕耘的成果，必将在增强文化自觉、坚定文化自信、助推脱贫攻坚方面产生积极的现实意义。

是为序！

2018年5月

概 述

非物质文化遗产（以下简称“非遗”）概念提出以来，关于非物质文化遗产的传承、保护与开发，也逐渐成为政府、学界、民间等的文化自觉，非物质文化遗产也成为人们谈论和研究较多的话题之一。当然，非物质文化遗产概念提出和我国非物质文化遗产名录产生后，或者说，在后“申遗”时代，还有一个重要的课题就是对其进行再研究。所谓的再研究，就是在目前已有的研究基础上，抑或是在非物质文化遗产文本申报的基础上，通过更深入的田野调查、资料整理等方式和手段，进一步挖掘非物质文化遗产“文本”的内涵、价值特征，以及保护的现状和存在的问题、如何有效开发等方面，以便人们对非物质文化遗产有更全面的认识和把握，从而更加自觉地对其进行保护、传承与开发。可以说，非物质文化遗产的文化价值要得到真正展现、认可，并进行有效传承和开发，需要通过艰苦的挖掘和不断研究。

我国历来重视非物质文化遗产的整理与研究。早在20世纪中叶，政府就组织相关文化工作者对部分传统文化遗产进行了调查和研究，使许多濒临消亡的非物质文化遗产得到了抢救。自2001年昆曲被列为世界非物质遗产代表作以来，非物质文化遗产在国内引起了很大的反响，从政府、文化部门到有关的研究机构都给予了充分的重视。通过来自民间与官方的共同努力，增强了全社会对非物质文化遗产的保护意识，鼓励了各地对非物质文化遗产的整理和研究。

黔南布依族苗族自治州（以下简称“黔南州”）是贵州省一个具有悠久历史文化传统的民族自治州，有着深厚的文化积淀，各民族在长期的生产生活中形成了自己独特的民族民间传统文化，蕴藏着丰富的非物质文化遗产。本书立足于田野作业资料，对黔南州非物质文化遗产进行全面的整理和集中展示，以建构、确认属于黔南州本土的文化传统和精神谱系，彰显本土价值，从而让黔南人更好地“认识我们脚下的土地”，把握自己生存的精神环境，寻找自己的文化之根，同时也让世人对黔南文化有全面的了解，并对其非物质文化遗产进行有效的传承、保护与开发。

一、黔南州非物质文化遗产概貌及总体特征

黔南布依族苗族自治州，位于云贵高原东南部边缘、贵州省中南部。总面积26197 平方千米。东西最大宽度 207.9 千米，南北最长处 269.5 千米。东与黔东南苗族侗族自治州接壤，南与广西河池地区相连，西连安顺地区，北、西北与贵阳市和遵义市毗邻。

黔南州的地形北部较狭窄，中南部较宽阔，地域轮廓呈“凸”字形。全州地势西北高，东南低，地貌类型多样，山地、丘陵、盆地（俗称坝子）和河谷犬牙交错。高山、峡谷和丘陵占全州总面积的 97.5%，山间盆地约占 2.5%。气候属副热带的东亚季风区，常年降水量为 1100~1400 毫米。高山、田坝之间的气候差异较大，小气候多，“山下桃花山上雪，坡前下雨坡后晴”的现象屡见不鲜。多数地区冬无严寒，夏无酷暑，有着“天然温室”之称。

黔南州现辖都匀市、福泉市、独山县、平塘县、荔波县、瓮安县、龙里县、惠水县、长顺县、罗甸县等共 12 个县（市），自治州首府在都匀市。黔南州是以布依族、苗族为主体的少数民族自治州，州内居住有汉、布依、苗、水、毛南、侗、瑶、彝壮、回、傣、土、京、满、白、羌、黎等 36 个民族。

黔南州各族人民，不仅用勤劳的双手共同创造了丰富的物质财富和灿烂的文化，而且用智慧和才能在不同的历史时期，创造出不同形式的民族文化艺术。在这片丰饶的土地上，有刀耕火种的原始生产方式；有图腾崇拜、佛道巫术、祭祀乐舞等的宗教遗留；有创世神话、巫歌祭调、谣谚传说一直到各类迁徙、叙事、自娱的民间歌舞艺术得以流传的心态环境；也有从远古岩画、古黔青铜器、寺庙雕刻、蜡染刺绣、鸡卜星历、地戏、阳戏、傩戏、花灯戏一直到民族服饰、民族曲艺、民族图案及工艺品得以存在的精神氛围等。这些，都表现出黔南州这块土地上特有的自然形态和文化形态，显示了在复杂历史时期形成的黔南文化，必然有独特的历史风貌和复杂的变异性。黔南文化艺术也正是在这样的文化生态中，以其“十里不同天，一山不同族”的多元的民族文化，形成了它的多样化格局和灿如云锦般的辉煌。

黔南州非物质文化遗产的形式种类繁多。包括民间文学、传统音乐、传统舞蹈、传统戏剧、曲艺，传统体育、游艺与杂技，传统美术、传统技艺、传统医药、民俗十大门类，自成体系，色彩纷呈。呈现出极为丰富、神奇的少数民族文化及其风情物

化，幻化出一个个美丽的“秘境”之梦，显示了黔南非物质文化遗产的丰厚。

到目前为止，黔南州列入国家级非物质文化遗产名录的共有 14 项，省级 58 项，州级 48 项。水族马尾绣传承人宋水仙、韦桃花和枫香印染技艺传承人杨光成被文化部列入第四批国家级非物质文化遗产项目代表性传承人，成为黔南州继水书习俗传承人欧海金和潘老平之后的国家级非物质文化遗产项目代表性传承人。目前，全州共有 5 名国家级非物质文化遗产项目代表性传承人。

二、调查目的与做法

根据上述的分析，黔南州非物质文化遗产非常丰富，并以其特有的传承方式和强烈的地域性、民族性著称于世，其深厚的文化底蕴和独特的表现方式具有多方面的价值，是中国乃至世界非物质文化遗产的重要组成部分。然而，在经济全球化的宏大背景下，黔南州非物质文化遗产与全国乃至世界的非物质文化遗产面临的问题一样，有着被破坏的严重威胁，非物质文化遗产的活态保护无疑已刻不容缓。

在全球经济一体化的今天，物质的价值被无限夸大，文化的价值被压制和贬低，这种价值取向在社会经济欠发达的黔南表现尤为突出。这种现实状况对非物质文化遗产的传承具有很大的消解力和破坏作用；交通、通信等的快速发展，农民传统心理基础和对自己民族文化自信的削弱，加速了非物质文化遗产退化、异化的过程，非物质文化遗产已经在交通与通信等基础设施不断发展中，逐渐失去了其赖以生存和发展的土壤。经济落后、人多地少、无稳定的生活来源、对城市生活的向往等，都促成了农村中青年人的外出打工潮，导致非物质文化遗产的传承断裂；学校教育中获得的知识远离地方传统和日常生活经验，孩子们应付“两基”教育而无暇顾及传统手工技艺的传承等，都使得非物质文化遗产传承面临着严峻的问题。因此，对于黔南州非物质文化遗产面临的上述众多问题，我们希望通过本次田野调查，对黔南州非物质文化遗产做全面、深刻的分析和研究，并进行集中的展示。

一是试图从人类学的空间视角来研究非物质文化遗产，通过对黔南州大量的非物质文化遗产项目的实地调查，进一步厘清、强调非物质文化遗产的性质和特点，挖掘非物质文化遗产的精神内核和经济价值。理解当地人如何在空间生产的过程中将关于人事的集体记忆和经验铭刻于非物质文化遗产之中，而这种的铭刻又在何种空间的消费过程中被强化、扭曲、忽视或遗忘，从而撰写出日常生活中的单个非物质文化遗产“文本”的空间民族志。

二是主要以黔南州非物质文化遗产为研究对象，主要运用人类学实践理论、空间理论（含文化资本）和遗产学、历史学、民俗学等相关多学科交叉研究的方法，同时运用人类学传统的实证研究和后现代理论的话语研究相结合的方法，以及过程——事件分析等研究方法，以期对黔南州非物质文化遗产，在当前时空下，在后“申遗”时代，如何进行保护和传承及人们对它的现实运作做出合理的阐释。

三是主要以非物质文化遗产名录中的分类方式，按照民间文学，民间音乐，民间舞蹈，传统戏剧，曲艺，体育、杂技与竞技，民间美术，传统手工技艺，传统医药，民俗等顺序对黔南州非物质文化遗产进行整理。同时，按照国家级、省级、州级和县级四级名录，根据黔南州 12 县（市）文化馆提供的非物质文化遗产名录“文本”作为主要依据，结合田野调查作业，并参考其他文献资料加以充实，集中反映黔南州优秀的非物质文化遗产成果，并对这些成果进行集中展示，让人们更深入地了解黔南州非物质文化遗产的内涵和价值。

四是由于经济全球化加快了文化的相互渗透，人们的思维方式、价值观念、审美要求发生了巨大变化，一些历史悠久非物质文化遗产流传范围缩小并逐渐消亡。因此，通过我们俯身向下，把目光和注意力集中到社会底层、集中到民间百姓中间，进一步挖掘出蕴藏在民间中的艺术珍宝来。通过对非物质文化遗产的单个“文本”进行考察和梳理，分析思考非物质文化在旅游与申遗过程中的文化再造，为非物质文化的保护和传承研究做好基础工作，为非物质文化遗产保护和传承提供一些基本理论和实证支撑。

三、黔南布依族苗族自治州非物质文化遗产与文化精准扶贫

2012 年 8 月 26 日，贵州省黔南布依族苗族州非物质文化遗产保护中心（黔南州文物管理保护研究所）在州文化馆正式挂牌成立，开启了黔南州正式的非物质文化遗产研究保护工作。近年来，黔南州围绕着非遗的宣传、传承与开发利用，特别是将之置于文化扶贫、文化精准脱贫方面，开展了一系列工作。

第一，举办非物质文化遗产系列培训。水书习俗是国家级非物质文化遗产，是世界特有的文化遗产财富。为把水书习俗的保护工作提升到新的高度，发动水族群众和水书爱好者学习水书、参与水书习俗保护，普及水书文化，实现活态传承，

2017年7月，黔南州非物质文化遗产保护中心先后在三都、荔波、都匀等水族群众聚居地区为当地及周边地区水书爱好者开展了水书习俗系列培训。近年来，黔南州结合文化产业扶贫项目“千村计划”，除水书外，还开展了蓝靛印染、刺绣、茶叶、银饰、土法造纸等系列非物质文化遗产技艺培训，以提高从业者职业技能，增加产品附加值，实现收入的快速增长。

第二，宣传、推荐，提高非物质文化遗产知名度。2017年5月11日，黔南州都匀市国家级非物质文化遗产项目“都匀毛尖茶制作技艺”和省级非遗项目“水族银饰制作技艺”“绕家大歌”等参加了第十三届中国（深圳）国际文化产业博览交易会。使外界对都匀古朴神秘的民族文化有了进一步的了解。

第三，依托职业教育举办技能大赛培养传承人才。位于黔南惠水县的贵州盛华职业学院建立有专业的非物质文化遗产学院，培养非物质文化遗产传承人。2017年8月26日，在都匀市南沙洲广场开展的黔南州第三届妇女特色手工技能大赛上，贵州盛华职业学院非物质文化遗产学院师生7人作为惠水代表队参赛，全部获奖，分别是二等奖一名，三等奖三名，优秀奖三名。活动让刚刚踏上非物质文化遗产路的学生们得到了相当大的鼓励和肯定。

第四，以文化为载体，助推文化产业发展和文化扶贫工作。黔南州拟在2020年前，以打造“好花红”特色文化系列产品为方向，以非遗创意、文化旅游、文化演艺、影视传媒、文化娱乐产业为重点，大力实施“双百工程”（即到2020年，全州新增规模以上文化企业100家，文化产业增加值达到100亿以上），推进全州文化繁荣兴盛和文化精准扶贫工作。

近年来，示范带动，内外发力，以文化产业助推精准脱贫成了黔南州的工作重点之一。现黔南州有瓮安千年古邑区、三都万户水寨、荔波古镇民族文化旅游综合体、金七孔民族文化旅游小镇、罗甸玉石文化中心5个文化产业园区被列为贵州省“十三五”期间文化产业发展重大项目；惠水枫香染农民专业合作社、都匀市摆忙十里茶香茶叶专业合作社、贵州独山菜有限公司、平塘县禄麒牙舟古陶文化有限公司、贵定黔星云雾贡茶产业有限公司等是省级非遗生产性保护基地；黔南水族文化生态保护区是全省3个省级文化生态保护区之一；一些地方还以非遗为资源建立了文化产业扶贫示范基地，如山都县中和镇达便村水族马尾绣产业扶贫示范基地等。这些文化产业重大项目、生产性保护基地、文化产业扶贫示范基地在黔南文化精准扶贫中发挥了引领与示范带动的作用。同时,黔南州又立足实际,把文化与旅游两种优势资源有机结合,通过建设特色文化产业园区、民族文化“走出去”、优秀企业“请进来”等多种方式,大力推进文化产业发展。目前,深圳市天赢集团在三都自治县挂牌建立“非遗生活”生产基地,三都马尾绣工艺品每年接到5000多万元的生产订单;贵州省金华商会在惠水县建立枫香染布艺生产基地,在上海、浙江铺设200个枫香染婴幼儿服装鞋帽直营店,企业全面建成达产后,将实现产值6亿元以上;深圳文博会,10多年来,黔南州每年均派出代表和代表作品参加,2016年在会上成功引进文化产业项目3个,签约资金7.5亿元;2017年又接下了3000多万元订单。就总体效益而言,2016年,黔南州文化产业达78亿元,比2015年增加近40亿元,态势良好。可以说,黔南州的文化产业链正呈逐渐延伸、不断发展之势,文化遗产助推精准脱贫之路正在越走越宽。

目 录 CONTENTS

卷一 传统音乐

卷二 传统舞蹈

卷三　传统戏剧

卷四　曲　艺

卷五　传统体育、游艺与杂技

卷六　传统美术

卷七　传统技艺

卷八 传统医药

卷九 民 俗

附　录

卷一 传统音乐

国家级非物质文化遗产

布依族民歌（好花红调）

《好花红》是布依族人民智慧凝聚的文化遗产，其简约明快、悠扬委婉的曲调和清新简练、寓意深远的歌词，表现了布依族人民清新优美的审美情趣，反映出布依族人民醇厚多情的心理素质及激越向上的精神风貌，因而已成为布依族特定的民族文化符号。作为贵州布依族地区的优秀民间音乐文化，它既是古老布依族音乐的遗存，也是布依族传统文化变迁的实证，因而具有重要的学术价值、艺术价值和经济价值。

《好花红》的生态环境

贵州省布依族民歌《好花红》，发源于贵州惠水县毛家苑乡辉油寨。作为“好花红”的发源地，这里有着秀丽的山水风光、浓郁的民族风情，奇特的生态环境和厚重的人文景观。从居住的地理环境看，它位于惠水涟江大坝南端西岸的辉岩大坝上，北抵西绕出水洞，东南一线与镇台坡、蚕草、龙祥、毛家苑、龙家苑、董告等村寨面临一江之隔；西边与本村的窑上、岩上、衙里头、下窑、下黑岩毗邻。寨子周边分为水碾坝、上坝、底下坝 3 个村寨。其特点是坝与坝相连形成了寨连坝、坝连寨的格局。寨前面临涟江，它像一条巨龙由北向南奔流不息环抱着寨中有一条叫西绕的清溪，如玉带一样从上往下潺潺地流经寨子中间，真是“四面青山锁，沃野自天开，水网绕村寨，四时春常在”。这里确是一个依山傍水的好地方，寨子西面群山环抱，东面涟江两岸，绿水悠悠，苍翠对峙，寨子周围全是成片成带的橘林，河边、沟坎、路旁还生长着一蓬蓬刺梨，真是“绿树掩青屋，稻麦掀金浪，四时花不尽，百鸟齐争鸣”。

在这块神奇的土地上居住的 250 多户布依族，从古到今，他们一代又一代在这里耕耘劳作，繁衍生息，以自己的聪明才智和辛勤劳动创造本民族优秀的历史文化。自古以来这里的布依族人民重情义、爱交际、热情好客，形成了“无酒不成礼、有歌方算喜”的传统风尚。凡是待客、娶亲、嫁女、建房，以及节庆日或农闲季节都喜欢唱歌，男女老少都会唱。他们在劳动及生活领域的各个方面，都离不开歌。他们以歌代言、以歌明礼、以歌抒情、以歌歌颂劳动生活、以歌表达爱情婚姻等，发自内心,纯朴自然,赞美家乡、赞美生活、赞美爱情的歌,题材广泛,内容丰富,歌词一般以大自然中四季景色为主,并区别迎送对象,触景生情,随口现编,无书无本,上可唱到“三皇五帝”,名人趣事;下可唱到风土人情,百姓家事。从形式上可分为山歌、盘歌、散歌、酒歌等;从内容上可分为情歌、时政歌、古歌、仪式歌等;从仪式上又分为迎客歌、进寨歌、开门歌、敬茶歌、敬烟歌、筷子歌、敬酒歌、送客歌、孝歌等。唱起来乡土气息和民族风情十分浓郁,《好花红》这首歌就是这些歌海中的一曲。由于《好花红》歌声悦耳动听,清新甜美,耐人寻味,被誉为布依族民歌艺术的经典。

《好花红》演唱

关于《好花红》的产生,在毛家苑乡辉油寨有一个传奇的故事:相传寨里有一个英俊的布依族后生阿水自幼喜欢唱歌,常常站在涟江边上引吭高歌,抒发情感,天长日久,优美动听的歌声终于感动了月神。月神就叫仙女阿红下凡人间,于农历正月三月初三来到涟江边上与阿水对唱。当时正值刺藜花漫山遍野盛开之时,他们触景生情,以“刺梨花”为由头进行对唱。阿水先唱:“好花红来好花红,好花生在刺梨蓬;好花生在刺梨上,哪朵朝阳哪朵红。”阿红接着对唱:“好花鲜来好花鲜,好花生在刺梨尖;好花生在刺梨上,哪朵朝阳哪朵鲜。”阿水再唱:“隔河望见花一蓬,双手托腮盼花红;等桥建成花谢了,流水落花泪蒙蒙。”阿红接唱:“心想成双也不难,等到明年三月三;明年好花共盆种,情妹等哥在河边。”从那以后,他们就以好花红为歌头,一次又一次、一首又一首地深情唱着。两人通过山歌对唱,传递爱心,情投意合,最终唱到成家立业,过上幸福生活。

总之,《好花红》与布依族历史文化、生活习惯、生态环境、民族性格等方面千丝万缕的联系。只有布依族民间,在这样良好的生态环境里,才能孕育出具有如此完美艺术品格的音乐作品。这首《好花红》民歌自产生后,就在布依山寨,世代传唱。由于悠扬的曲调、昂扬的节奏、优美的旋律、清新的气息,《好花红》唱响了惠水,唱红了贵州,唱上北京大舞台,唱遍了祖国大江南北。

《好花红》的美学价值

《好花红》内容情感质朴、积极向上,曲调优美动听,是一首凝聚着布依民歌之精华、反映布依人民厚重人文和灿烂历史的著名民歌，是不可多得的民族瑰宝。它的唱词十分考究，包含了很深的寓意。这首歌就是通过赞美刺梨花，来表达布依族男女之间的爱情，刺梨花象征着纯洁与热烈的爱情，也象征着美丽、善良、智慧布依族的女子。

歌中所唱的“好花”，自然指的是布依人房前屋后随处可见的刺梨花。刺梨是贵州特有的野花，它的花儿粉团团、娇艳艳的，雨雪风霜，不曾留下一丝痕迹。布依人咏唱刺梨花的浓郁的抒情风格在民间音乐中独树一帜，它与中外历代作曲家笔下或欢快，或激昂，或忧郁，或安宁的抒情风格相比，显得更加质朴、大气，更有一种来自民间亲切、自然的韵味。刺梨的生命力极强，只要有一点土，它就不畏风霜雨雪，顽强地生根、发芽、开花、结果，处处繁衍生息。刺梨花虽没有牡丹的华贵，也没有玫瑰的娇艳芬芳，但是待到春暖花开时，躲在“刺蓬”中的刺梨花就静静地开放了，它那一抹醒目的红，带着清新的山野之气，展现在翠绿的刺梨蓬中，水灵灵地向着太阳，更显它的朴实可爱。而歌中所唱的“好花生在刺梨蓬”中包含了深奥的美学问题，布依人把“花”和“刺”这两个相“反”的美学范畴巧妙地统一起来，这正是布依人大胆的艺术构思和艺术实践。《好花红》多数时候是青年男女寻找意中人时所唱的情歌，所以，“带刺的刺梨花”也用来比喻美丽的姑娘和美好的爱情。

总之，布依族人民通过《好花红》这首令情人们心跳的“情歌”、通过每当春暖花开时，就在河边、地坎及山野路边，蓬蓬盛开的刺梨花，表达了布依人在含蓄、纯朴的外表下，竟蕴藏着如此热情奔放、火热浪漫的情怀。同时，也把《好花红》引申为更广义的“生活” 之歌，表明了布依族人民很早就明白了自然界的生存法则，只有不畏艰险、勇往直前，才会迎着阳光成为最“红”的“好花”。布依人喜欢这首歌，也正说明布依人从来不是保守、怯懦的，这个民族就像她的歌一样坚强、无畏、乐观、向上。

《好花红》的艺术价值

《好花红》的曲调为四声羽调式，活动音域八度；迂回曲折，悠缓自如。歌词一般为七言八句，用比喻手法见物生情，内在含蓄、寓意深刻，生动活泼，委婉动听，颇受人们喜爱而广为流传。近年来，音乐家们已将其曲调作为素材，改编或创作成合唱、舞蹈音乐、杂技音乐、影视音乐等，颇受群众欢迎。

《好花红》结构为两个乐句构成的单乐段，每句四小节，由布依民族特有的四声羽调式构成。两个乐句各由两个两小节的乐汇组成，四个乐汇之间构成了最适应东方人审美心理的起、承、转、合结构。“起”的部分（前两小节）第一小节以角音上四度到主音、主音又到上方五度角音的连续跳进开始。角音在主音的下四度、上五度的两次出现，使得在歌曲的一开始主音及羽调式得以明确和巩固。第二小节旋律转入级进，继而在“起”的两小节中，呈示了歌曲波浪式旋律进行的主体特点

老少同台演唱《好花红》

以及抒情流畅的曲体风格；“承”的两小节在“起”的基础上继续发展了平稳流畅的旋律，第一乐句通过宫音主音在强拍的长时值上结束，但由于宫音最后一拍经过性的上扬，赋予旋律发展的流动性；“转”部分保持旋律以级进为主的平稳进行的同时，第五小节主音在弱拍出现，成为第六小节在强拍长时值出现的宫音的支撑，使旋律在第六小节出现宫调式的明亮色彩，这和“哪朵向阳”的歌词形成了紧密的结合，这正是布依族乐观向上的民族精神的巧妙体现；“合”部分可谓是全曲的精练总结，角音向主音、主音向商音的连续下五、上四度的跳进，羽调式再次得到巩固，形成对“起”的呼应，而接下来的级进旋律又回应了全曲的流畅风格，全曲完满地在羽调式上终止。

《好花红》的旋律采用了以级进为主、跳进为辅的进行方式，曲调呈波浪式起伏，流畅抒情。《好花红》短小的八小节旋律中，赋予音乐节拍节奏的丰富变化。首先，4/4 拍与 3/4 拍交替运用，强拍不规律出现；其次，四个乐汇中，没有任何两个小节的节奏型是完全相同的，它在稳定的羽调式基础上，最大限度地起到了节奏律动的变化，赋予了音乐中节奏语言的变化美，这正是《好花红》让世人百唱不厌的重要因素。布依人用他们优美、形象的音乐语言，向我们描绘了他们世代声息的生活环境，以及他们在流水般的平和、内秀中蕴藏着大山的豪迈而刚毅的民族性格。

《好花红》以分节歌的形式出现，民间歌手往往是即兴填词来演唱。当地有“一种开头，千种结尾”的说法，每个人唱的《好花红》也各有不同，但唱到乐段结束处时，几乎都会出现一拍甚至更长时间的停顿，然后进入分节歌的第二段歌词。这应该是当地布依族人生活方式的一种体现。当地布依族以性情温和、勤劳内秀著称，优越地理环境中相对富庶的生活，形成了这个地区布依族随性、谦和的普遍性格特点。《好花红》正是以节奏语言的变化来反馈这个地区的布依人田园式的悠闲生活方式。

总之，《好花红》的曲调悠扬、旋律优美、气息清新、抑扬顿挫、委婉动听、耐人寻味，在广大人民中广泛传唱。它展现出布依族人民崇尚自然、追求自由的精神境界，被誉为布依族民歌艺术的经典，是贵州少数民族民歌中的优秀代表，在贵州省甚至全国有着较大影响。

省级非物质文化遗产

布依山歌十八调

在贵州省贵定县布依族婚俗里，青年男女从相识、相知、相爱直到最后的谈婚论嫁，每走一道程序都离不开山歌，于是就有了《初会歌》《抬爱歌》《连表歌》等18种山歌，而且，每一种山歌都有一种甚至两三种相对固定的曲调来演唱，“十八调”便是这样形成的。

“十八调”的生态环境

贵定县的布依族是善歌的民族。唱歌在他们的社会交往、劳动生活中占有十分重要的地位。青年男女交往或谈情说爱，唱歌是主要媒介，婚嫁仪礼中唱歌更是不可缺少的内容。遇有民族节日、造房、请客等场合，也要唱歌助兴。可以说，民歌已经与布依族的生活融为一体了。

布依族民歌有古歌、排歌、猜歌、情歌等。古歌属于长篇叙事歌，它叙述自开天辟地、民族繁衍、迁徙的历史。这种歌唱起来可以一夜不翻头，内容广博浩瀚，它是老一辈对后代进行本民族传统教育的重要内容。在贵定县流传的一首排歌名为《十二月歌》，是从正月唱到腊月，每月一段四句，共十二段四十八句，内容是唱每个月的节气和民族风俗。流行于贵定县的布依族猜歌，是类似儿歌体的山歌，采取一问一答的形式，活泼、风趣，颇受青少年的喜爱。贵定还流传有布依族“咕噜山歌”，在歌词里加上许多衬词，唱起来轻快、跳跃，别有一番风趣。布依族的情歌是大量的，也是流传较为广泛的。情歌歌词优美、感情真挚、譬喻形象生动，富有浓郁的生活气息。

在民歌音乐上，贵定布依族民歌悠缓深情，结构紧凑，用的是民歌中不多见的商调式。在对唱式的民歌中，由于男女嗓音的差别以及一定音乐审美的，贵定布依族民歌中形成了双声部五度音程叠的情况，这是布依族朴素的多声概念的体现。

从地理环境上看，贵定布依山歌“十八调”的发祥地——抱管乡、云雾镇一带，正好处在苗岭山脉的主峰、两江(长江、珠江)流域的分水岭——云雾山下。而云雾山又是唐、宋、元、明、清五朝贡品——云雾茶的出产地,自古商贾云集,农耕文化、历史文化和民族文化与外来文化在这里强烈碰撞后很容易得到有机的融会,布依山歌"十八调"便是其中较典型的代表之一。

贵定布依山歌"十八调"发祥于今抱管乡境内,流传分布在以今抱管乡为中心的各大小布依族村寨。如今,贵定布依山歌"十八调"不仅辐射了贵定县16个布依族人口居住较为集中的乡(镇),而且还流传到周边县(市)的一些布依族村寨了。其中比较典型的有贵定县抱管乡的甲二寨、苦竹寨,窑上乡的长寨,云雾镇的水纹寨,巩固乡的石板寨,沿山镇的高晓寨,旧治镇的猛壤寨,昌明镇的龙塘湾寨,猴场堡乡的摆龙寨,新巴镇的龙井寨,落北河乡的小滥冲寨,马场河乡的干岔河寨等。周边县(市)如龙里县羊场镇的安金寨、孔雀寨,都匀市石龙乡的平醒寨、岩脚寨,平塘县掌布乡的斗底寨、本底寨,惠水县摆金镇的清水苑寨,开阳县禾丰乡的水头寨、马头寨等,其布依山歌的曲调也是非常丰富的。

"十八调"的主要内容

布依山歌有"九板十三腔十八调"之称。在这"十八调"里,从各种曲调主要流传的村寨及这种曲调的表现形式和音乐旋律来看,这十八种曲调又可以分别归属于"十三种"不同的"腔"和"九种"不同的"板"。九板主要是指直板、回板、单板、复板、平板、绕板、升板、降板和花板;十三腔主要是指平伐腔、羊场腔、窑上腔、江洲腔、摆忙腔、本底腔、昌明腔、旧治腔、沿山腔、定南腔、新巴腔、洛北河腔和马场河腔。"十八调"的具体内容包括如下。

第一调:"米扬花"调,用于初会时相互问候的《初会歌》;

第二调:"艳山花"调,用于表达爱慕心迹的《爱慕歌》;

第三调:"灯箩灯"调,用于投石问路的《挑逗歌》;

第四调:"红花开"调,用于问寻对方是否已经有了心爱之人的《试探歌》;

第五调 "哟嚯依"调,用于表达相爱、相恋的《连表歌》;

第六调:"情合"调,用于男女双已经有了感情并望确定恋爱关系的《交情歌》;

第七调:"真心歌"调,用于男女双方动了真心、相互依恋的《深情歌》;

第八调:"尖溜溜"调,用于男女双方已经热恋、吐露心迹的《相恋歌》;

第九调:"哥哟(妹哟)"调,用于热恋中的男女难舍难分的《送别歌》;

第十调:"迎合"调,用于热恋中的男女别后相互思念的《思念歌》;

第十一调:"呀呀依"调,用于表达青年男女想成一家的《决心歌》;

第十二调:"溜溜"调,用于感情出现分裂甚至分手后相互诋毁的《诋毁歌》;

第十三调:“哟喂”调,用于分手后仍相互思念的《失恋歌》;

第十四调:“赶马”调,用于分手后彼此都无法割舍对方而心想续缘的《重逢歌》;

第十五调:“七姊妹”调,用于经过分手的冷静思考后双方更加珍惜这份爱情的《恩爱歌》;

第十六调:“柳菊花”调,用于感情成熟后想到婚配的《求婚歌》;

第十七调:“沙啦啦”调,用于婚前相互承诺的《盟誓歌》;

第十八调:“本底”调,用于谈婚论嫁的《谈婚歌》。

唱完了这“十八调”,一段美好的姻缘总算有了结果,只差择日成婚了。

“十八调”的重要价值及濒危状况

布依山歌“十八调”是一部活的民俗史,掌握了它,就基本知晓了布依族的婚俗、酒俗、礼俗、习俗和民俗的方方面面。布依山歌“十八调”对研究布依族社会历史和布依族群众的审美情趣都有重要的价值。

一是具有历史价值。布依山歌“十八调”作为布依族特有的一种民族文化符号,已传承和发展了上千年,无论是曲调还是歌词,都深深镌刻着这个民族各个时代的文化烙印,承载着这个民族的文化记忆,对研究“百越”部落的起源和迁徙的轨迹、习俗和语言的形成及整个部落的繁衍生息、发展进化,以及对研究布依族古代道德伦理、文学音乐等方面,都有着重要的史料参考价值。

二是具有教育价值。布依山歌“十八调”通过歌词和优美的曲调,教会人们怎样去尊重一个人,怎样去尊重一个民族。这样的思维方式和思想方式,正是当今国家所倡导的构建和谐社会的方式之一,对如何构建和谐社会具有重要的指导意义。同时,它对活跃农村文化阵地,建设社会主义新农村具有重要的现实意义。

三是具有艺术价值。布依山歌“十八调”对研究布依族的审美情趣具有重要作用。“十八调”的对唱或“一领众和”的表演、演唱形式,折射出布依族人民独特的审美价值取向,对研究布依族的审美观、促进民族团结等方面都具有重要作用。而布依族特有的这“十八调”,其乐曲也自然成为我国民族民间音乐的宝库。

尽管贵定布依族“十八调”具有多方面的价值和意义,但随着现代化的进程,随着非物质文化遗产赖以生存的土壤的嬗变,“十八调”的传承也面临的濒危状况。

第一,随着布依族社会的向前发展,人们的思想不断变化,传统的习俗已逐步被快节奏的生活所淡化、所替代,“十八调”在婚俗、礼俗上唱的机会越来越少。

第二,随着社交活动形式的多元化,文化交流形式的多样化和世界经济的全球化,布依族人开展的集体文化社交活动逐年减少,需要有一定环境和气氛烘托得“十八调”也渐渐淡出应有的舞台。

第三,布依族文化整体面临着外来文化、市场经济的强大冲击,广大农村青年的文化娱乐兴趣已经转移,加之"十八调"内容丰富,曲调繁杂,很难在短时间内学会,所以布依山歌都很少有人愿意学、愿意唱。

第四,由于布依族自古只有语言而无文字,任何文化传承单靠口传心授,加之民间歌师普遍存在"留一手"的错误思想,所以时至今日,还能把这"十八调"全部唱完并能正确说出具体内容的民间歌师,已属凤毛麟角。

总之,随着现代科技信息时代的迅猛发展,人们娱乐方式的逐渐增多,传统民族民间文化,如布依"十八调"等民族民间传统娱乐方式受到很大的冲击。因此,应该清晰地了解和认识"十八调"的生存现状、形态、特征及意义,并采取相应的有效措施加强保护,确保这些珍贵的原生态民族民间文化得以源源流传,弘扬发展。

绕家呃嘣

绕家呃嘣大歌是绕家人在婚、嫁、造屋喜庆时唱的一种原生态、无伴奏、一人领唱、众人和音的演唱。其音乐特点表现为上滑音、下滑音较多。绕家呃嘣由于演唱形式独特,曲调优美上口,内容丰富,具有较高的听觉艺术审美价值,从而深受绕家人和其他各族人民的广泛喜爱。

绕家:一个待识别的民族

绕家,待识别民族,主要分布在洛邦镇的绕河村。绕家自称"育",相传约在明洪武年间,绕家人由三都烂土迁至王司基场,后又迁至大坪镇的牛场一带,最后到现在的上绕河定居。绕家在都匀人口(即上绕家)约3000人,下绕家(即黔东南麻江县的宣威绕家河坝)约10000人。上、下河坝绕家语言相通,习俗一致。绕家是较早迁至都匀的民族之一,苗族放鬼时即有"绕家来早住平地,汉族能干住城市"之语。史称绕家为"夭家""夭苗""绕家"等。都匀水族也认为,现本民族的居地,前为绕家居住,约元末明初才迁走。元代即有夭阿路为夭坝长官司管土、中、下都匀的记载。明代,都云(后改为都匀)定云府土司亦为夭姓。民国初,绕家人才知"夭"的含意,遂改为"绕"。

绕家人在民国以前,农业经营范围狭窄,主要以种植水稻、玉米为主。

绕家有自己的语言,但无文字。绕家语言与苗语黔东南方言北部次方言有约

呃嘣大歌演唱

60%的同源词。绕家人普遍使用绕家语言，以汉语作为与布依、苗、水等民族交际的语言。绕家语言系统有声母35个、韵母29个，其中7个单元音，28个复合元素。洛邦镇绕家呃嘣（大歌）的所在地洛邦镇绕河村位于都匀市东北部，距市区15千米。东与坝固镇比邻，南邻大坪镇的牛场，西与沙包堡办事处的摆楠接壤，北接黔东南自治州的麻江县界。绕河村是“绕家人”的集居地，人口3100余人。

呃嘣：浑厚凝重的古歌

由于绕家人过去经济文化落后，再加之又没有自己的文字记载，因此，只知道呃嘣是绕家人婚姻嫁娶时的一种文化娱乐歌谣，老少皆欢，流传已久。呃嘣通常是在酒席上及办酒主家中堂唱，人数一般在每队8人以上，多多益善，有时多达五六十人，其声音洪亮，场面壮观。绕家人办酒（结婚、嫁女、造屋等）一般时间都在过“冬”节后第二天卯日，延续三天两夜不散席，所以呃嘣也是唱三天两夜。

呃嘣的韵调一般很讲究韵律，唱法有“妈依调”（即尾音为i）；“妈爸调”（尾音为a）、“妈松调”（尾音为ong）、“妈血调”（尾音为ie）、“妈秧调”（尾音为ang）。绕家人认为的调是把演唱时音落在某一个字上，就把这个字音作为调。如演唱“妈依调”中“没日没夜骂你，恐怕嫁不出去，可怜我的妈依”，把尾音落在“妈依”上，与“依”音近的字尾皆为“妈依调”。“妈爸调”“妈血调”等以此类推。

呃嘣一般分为两大类：一是酒歌；二是情歌。酒歌又可以分为结婚嫁女歌、起房造屋歌、喜欢娃娃歌、桌凳歌、碗筷歌、酒壶、酒坛歌等；情歌又可以分为养蚕歌、

舞台上的呃嘣大歌

卖钱歌、野葱歌、讨蕨菜歌、相思歌等。

价值:活态的传承

呃嘣大歌至今仍活态传承在绕家人的日常生活中,是绕家人生活中不可缺少的一部分,具有多方面的价值。

一是具有历史价值。绕家人大约在明洪武年间,由三都水族自治县烂土牵往都匀绕河峡谷一带定居,呃嘣是绕家世代相传的民谣,具有研究绕家人的族源、族群流变、迁徙等多方面的历史价值。

二是具有研究价值。绕家呃嘣展示了绕家人的古老婚俗及其礼俗歌唱特征。这特征即是:讲究歌唱的程序性和内容的延续性,同时也展现了呃嘣寓教于乐的社会文化功能。从现存的活体承传分析,它的曲调应源于古代协力的劳动唱和及舞蹈的踏歌,是古代民族音乐的留存,具有民俗、民族研究价值,更具有民族音乐研究价值。

三是具有艺术价值。呃嘣唱腔独特,在演唱作品中语音浑厚、凝重。继承了古老的传统,由老年男性一领众和。一般是众人围绕火堂饮酒时演唱。演唱时,由一男性老者领唱,众男女相合,相合时,一边演唱一边踩脚,曲调高亢,没有多声部,节奏也变化不大,领唱的曲调和节奏比较舒缓自由,众人相合的曲调比较激昂,节奏平稳。呃嘣也有独唱,如敬酒歌,男女都唱。其演唱浑厚、深沉,苍劲而富于活力,旋律古朴,节奏富于动感,具有欣赏价值。

四是具有活态传承价值。绕家呃嘣是绕家人在婚嫁、节日、造屋、迎客、交友等喜庆场合演唱的一种无伴奏歌谣。据绕河村河口寨村民许玉明口述,呃嘣是由祖父传于其父，其父又传予许玉明本人。目前，都匀市宣传文化和教育部门已将其引入中小学课堂，无数个绕家呃嘣传承人正在茁壮成长，因此，我们有理由相信，绕家呃嘣这朵瑰丽的民族音乐之花，在党和政府、社会各界的关注和倾情浇灌下，必将在民族音乐大花园中盛开得更加璀璨夺目。

水族“夺咚”

水语中的“夺”既有祖先、先人的含义，也指水族在历次迁徙中的艰辛和战斗，这段历史在水族中有着深深的刻痕，积成了这个民族的思想基调。“夺咚”是集水族原始铜鼓乐之大成，又是水族其他铜鼓乐派生的源头，是水族地区其他铜鼓乐不可比拟的，在全国少数民族铜鼓乐中也独树一帜。

水族“夺咚”的生境及历史渊源

在都匀市东南部，都柳江上游，毗邻三都水族自治县西北部的基场、奉合、阳和三个水族乡，历史上俗称“套头”。这里温暖湿润，高山谷深，水流环绕。从古至今，与外界沟通较少，构成民族民间文化生长发展的独特地理环境。这里的水族是水家的大哥，历来把铜鼓（水语“斗压”）看成一种神圣的宝物、神器、祭器、响器、乐器，一直完整地保留着在端节和丧葬中隆重、庄严的演奏“夺咚”的习俗。

水族祖先自中原向南大迁徙定居，水族的大哥选择在这里居住，所以历史上俗称“套头”。由于境内重峦叠嶂，地形错综复杂，交通相对闭塞，从古至今，与外界沟通较少，构成民族民间文化生长发展的独特地理环境。这里的水族历来即把铜鼓（水语“斗压”）看成一种神圣的宝物、神器、祭器、响器、乐器，一直保留着在端节和丧葬中演奏“夺咚”的习俗。

水族端节歌有“同是水家，套头先吃，一样辛苦，兰岭关尾”之说，即要由套头的水族演奏“夺咚”昭告其他地区的水寨开始过端，“大哥”过端后，下游其他地方的水族兄弟才能依次进行，成为水族地区一道独特的风景。“夺咚”在套头丧葬中与之对应地留存有《开控歌》及“控”（隆重葬礼活动）中的“屯亥”（重要祭礼环节）规定使用的铜鼓有屯三天三面鼓、七天七面鼓、九天九面鼓的做法。

水族“夺咚”核心分布区为都匀的基场、阳和和奉合三个相连的水族乡。在周边黔东南的丹寨、三都县北面的普安镇和丰乐镇的极个别水族村寨也有类似于“夺咚"的演奏,但都不完整,曲调与之相比显得略简单。

水书先生确定"夺咚"日期

对于都匀套头的水族,《旧唐书·南蛮传》和乾隆《贵州通志》等记载:"东谢蛮,赏有功劳者以牛马铜鼓。"民国《都匀县志稿》记载:"水家,两套多有之,俗如仲家。"水族先民大约在殷商之后进行过两次大迁徙,这段历史刻痕深深,积成了这个民族的思想基调。水族地区现存明清时期的石棺墓刻有水族赶牛马拉铜鼓迁徙的图案;阳和蒙氏四大家族共有的第七代祖先流传至今的雌雄铜鼓,基场吴氏祖传水书《临境薄》中的记载,创世古歌《迁徙歌》、诘娥讶小调《迁徙》、民间传说《端节的由来》都能为证。"夺咚"就源起于水族迁徙史,是水族先民在历次迁徙中创造的。现只有迁徙定居套头的水族大哥一直完整地保留着在端节和丧葬中隆重、庄严的演奏"夺咚"的习俗。

水族"夺咚"的主要内容

"夺咚"的演奏属北面水族悬击非桶式奏法,由一面木鼓和雄雌配对的铜鼓组合(奇数,总数最多不能超过九面)演奏而成。鼓的摆设顺序是木鼓排在首位,母鼓居二,公鼓居三。木鼓为领鼓,用左右手各操一根木棒按拍节击打鼓心和鼓边。铜鼓是从鼓,用草捶击打太阳星,竹根鞭击打鼓背,四种声调交响成鼓曲。

"夺咚"前的准备工作

"夺咚"与水族地区广泛流传至今的《铜鼓的由来》《铜鼓情》等相关民间神话故事,《端节歌》《铜鼓古歌》《开控歌》等相关民间歌谣,以及水书中的原始《铜鼓舞》步伐图等相互联系,交相辉映,成为水族族群认同的重要文化符号之一,具有重要的研究价值。因为夺咚演奏的时空、技法、鼓调、用具和礼仪等的复杂多样,造成学艺难度大、周期长,现套头只有极少数水书先生和寨佬掌握其精髓。

在现代社会变革的影响下，传承困难。

水族“夺咚”的主要特征及价值

(1)时空特征。只在都匀套头的水族才有，且只在端节和丧葬中用水书确定的特定时间演奏。

(2)技法特征。属于北面水族典型的悬挂非桶式奏法、技法多变，鼓点节奏性强，轻重有别，完整的一次演奏用音乐结构表示为“A+B+C+D”不带再现的四段体，四种声调交响成曲。明显区别水族同类非桶式奏法，更明显区别于南面水族桶式奏法的单一，少变化，慢速度。

(3)曲调特征。原始韵味十足，既有恢宏激越、豪迈壮烈、也有安宁乐观之感。曲调内涵深厚，表达人们对先祖迁徙史的怀恋。而南面水族铜鼓乐曲调多温馨、抒情、喜气，多表达问候、感谢、戏谑诙谐之意或者表示播种、撒秧栽秧、收割等农事。

击鼓“夺咚”

(4)用具特征。一面木鼓和多面雄雌配对的铜鼓成奇数组合使用，击打铜鼓不用木桶共鸣，还间以铁炮、芦笙、长号、响钹等来配音，明显区别于南面水族铜鼓演奏用具。

(5)礼仪特征。演奏前后，有请、送铜鼓的独特礼仪。

(6)历史文化价值。“夺咚”具有特定的历史文化隐喻，扎根于都匀套头地区，世代相传，具有鲜明的地域文化传统特色，是水族地区族群认同的重要文化符号之一。是促进不同地区水族之间文化交流较重要的纽带之一，对维系水族的文化传承具有重要意义。

(7)学术研究价值。“夺咚”演奏的时空、技法、鼓调、用具和礼仪等在水族地区独具特色，深刻地反映出水族的历史、民俗、信仰、生产技术和社会生活等一系列问题，具有重要的学术研究价值，既是对水族文化的有益补充，也是对中国铜鼓文化的重大补充。夺咚集水族原始铜鼓乐之大成，是水族其他铜鼓乐派生的源头，是水族地区其他铜鼓乐不可比拟的，在全国少数民族铜鼓乐中也独树一帜，具有重要的音乐学研究价值。

布依族莫歌

布依族莫歌是指流传于贵州省独山县基长镇坡头村冗者组、坝望组、拉包组一带和本寨乡丙怀、丙麻村一带的莫姓、覃姓家族中的民间原生态山歌。本地的莫姓、覃姓家族均属于布依族,但在语言、民族服饰、民风民俗等方面与传统布依族有一定差异,因莫姓家族又较覃姓家族庞大,故这一带人被称为"基长莫家"人,这一带的原生态民歌则称为"基长莫歌"。

布依族莫歌的原生环境及历史渊源

布依族莫歌分布在以独山县基长镇三合村为中心辐射至玉水镇丙约麻村、上司镇墨寨村,距独山县城最近约 25 千米,最远约 50 千米范围,处于贵州省东南端,黔南州南部,是贵州高原丘陵山地向广西丘陵的过渡斜坡地带,为黔南州突出的一个南部台地。三个村总人口 11253 人,平均海拔 860 米,属中亚热带向北亚热带过渡的季风气候。境内青山连绵,奇峰簇拥,地下河始织,自然风光原始雄浑,秀美神奇。特殊的地理环境,丰富的自然资源及优越的地理位置,酿造和构成了有利于民间文化生长和传承的沃土和环境。

相传约 200 年前,莫姓、覃姓族人祖先为躲避朝廷的追杀,由江西迁入本地隐姓埋名居住。时年,该地带是一片虎狼成群的深山老林。一天,有个樵夫的独生女莫妹上山砍柴,遭到猛虎的袭击。在这紧急关头,青年猎手覃郎一箭将猛虎射死,搭救了莫妹。从此,莫妹牢记覃郎的救命之恩,暗暗产生了对他的爱慕之情。三月初三这天,莫妹在河边洗衣时,听到覃郎吹木叶向她求爱。莫妹也用木叶的声音表达衷情。接着,他们通过对唱情歌,正式订下终身。不久,当地恶霸陈贤乱施淫威,要娶莫妹做他的第六个小妾。莫妹执意不

莫歌对唱

从。四月初七这天，陈贤派人抢亲，她被迫跑到更皆坡(音)躲起来。覃郎听到消息，找到莫妹，共商对策，做出提前结婚的决定。第二天，覃郎正式当了莫家的上门女婿。陈贤知道后派人抢走莫妹，杀死覃郎。为了祭奠覃郎与莫妹忠贞不渝的爱情故事，同时也为了反对恶霸暴行，因此，每年的三月四月初，在当地均有唱歌订终身的习俗。

因此，可以说布依族莫歌生动地表现了布依人民的历史风韵、劳动景观、艺术审美和生命涵养，成为继独山花灯艺术后，布依民族中流播最广、最为群众喜爱的民族民间音乐，是独山布依族人在独山这块地面上创造并哺育而成的，极具艺术魅力、吸引力和感召力的山野奇葩。

布依族莫歌的主要内容和特征

经过长年沉淀，以及与本地民族文化元素相结合，形成了现在布依族莫歌的基本模式。

集体演唱迎宾莫歌

"基长莫歌"旋律优美，跌宕起伏，无指挥、无伴奏、无曲谱，其旋律自然、优美、随意性强，犹如天籁之音，又如小桥流水，有二声部重唱、多声部重唱、对唱等演唱形式。无伴奏自然分声。"莫家大歌"以集体多人演唱为主，大多在迎宾、敬酒、宴会、节日中唱，歌唱生活，歌唱祝福，怀念先人，歌唱党的好政策等。"莫家小歌"则以男女二人情歌对唱为主，大多在山林田野、花前月下互相倾诉爱慕之情对唱。歌唱爱情、歌唱幸福、抒发情感等。

布依族莫歌分"莫家大歌"和"莫家小歌"两种形式。

布依族莫歌分双声部二重唱和多声部重唱的演唱技巧，无伴奏自然分声。

莫家大歌以集体多人演唱为主，大多在迎宾、敬酒、宴会、节日中唱，因参与人数较多，故而气势浑厚、余音绕梁，犹如天籁之音；而莫家小歌则以男女二人情歌对唱为主，大多在山林田野、花前月下互相倾诉爱慕之情对唱，犹如琴瑟和谐，又如小桥流水、连绵不绝。

"基长莫歌"旋律优美，随心而起，不受拘泥，而且具有双声部二重唱、多声部重唱的演唱技巧，备受文艺工作者的关注。

莫歌演唱

2006年参加第一届“多彩贵州”歌唱大赛获独山赛区原生态类三等奖,2007年6月受邀参加基长镇“西红柿”节开幕式文艺表演。2008年1月,县文化馆文工队到坡头村冗者组、拉苞组收集“莫歌”音乐元素,以“莫歌”音乐为题材,挖掘发展,创作出布依族舞蹈《背带绣》,深受好评。

2008年9月,著名音乐家何占豪(《梁祝》曲作者)、徐景新(电视剧《还珠格格》曲作者)、周成龙(《梅花三弄》曲作者)、万里(舞剧《阿诗玛》曲作者)等国内顶级音乐家到坡头村冗者组实地调查采风时,也对“基长莫歌”赞不绝口,并强调必须进行重点挖掘和保护。

当然,由于受地域、语言、人口较少的限制,流传普及面相对较窄。仅在基长镇三合村为中心辐射至玉水镇丙约麻村流传,上司镇墨寨村的甲帮、湾河也有很小范围的流传,语言又有所区别于布依族,外人相对难以学会,加之现代娱乐多元化,年轻一代外出务工,追求流行时尚娱乐,因此,抢救保护迫在眉睫。

卷二 传统舞蹈

国家级非物质文化遗产

鼓龙鼓虎—长衫龙

“鼓龙鼓虎—长衫龙”苗语音为“打容打阻—阿冗”，是贵州苗岭山麓小花苗聚居区贵定县新埔乡谷撒村所独有的一种苗族芦笙舞蹈，是当地苗族族群在传统节日里祈福驱邪的重要组成部分。整个长衫龙舞蹈体现出豪迈雄壮、气吞山河的气势，因而被专家学者誉为“东方探戈”。

“长衫龙”的历史起源

关于长衫龙芦笙舞的起源有很多不同的说法。一种说法是：苗族长衫龙芦笙舞起源于苗族鼓社时期，距今已有1000多年历史，主要用于祭祀、庆典等活动。舞蹈源于花苗自古崇拜龙，中国传说的龙一直都是苗族共相的图腾崇拜，只是各地的表现形式有所不同。在谷撒，人们就用舞蹈的形式，把对“龙”的崇拜表现出来。每逢喜庆节日，盛大庆典，身着盛装的苗族会聚集在一起，手捧芦笙，盛开舞步，边吹边舞，群山共鸣，欢声雷动，其场面极为壮观，极富渲染力。另一种说法是：传说花苗老祖公们之所以能找到谷撒这块宝地，繁衍几十代子子孙孙，兴旺发达，全得力于龙神的帮助和保佑。在转展迁徙贵州的路途中，老祖公听一片秧鸡叫声，估摸有水源，逐循声探寻，发现有一天然龙形水井穴，他们认为是龙神相助指路，迁寨开荒于此，建成了谷撒寨。为感谢龙神的恩赐，老祖公定下寨规，每年阳历二月初一，封寨（不准陌生人和外族人进寨）杀牛祭龙神，他们把自己模拟成“龙”，学着龙的模样跳起舞来祈求龙的福佑。人们的虔诚感动了神灵，神灵便教会他们制作芦笙，并传授了龙舞和芦笙舞相结合的长衫龙芦笙舞，舞蹈从此就在花苗同胞中流传开来。还有一种说法是：据明代熊大木所著的《大宋中兴史话》记载，宋代，黑蛮龙跟随岳飞抗金立功，被封为龙虎将军，后因岳飞父子风波亭遇害，他“痛哭几日绝食而死”。人们以鼓龙鼓虎—长衫龙的舞蹈纪念这位苗族英雄，并一代一代地流传下来。

总之，不管是哪一种说法，鼓龙鼓虎—长衫龙都具有悠久的历史，都源于花苗自古龙神崇拜。龙能呼风唤雨，吞噬日月，能使人间风调雨顺、五谷丰登，能为苗族消灾解难,是他们崇拜的神。苗族族群能够繁衍发展,兴旺发达,全得力于龙神的帮助和保佑。

龙舞与芦笙舞结合的艺术

谷撒村苗族长衫龙芦笙舞是龙舞与芦笙舞的高度结合。苗族自古以来就崇拜龙,龙能呼风唤雨,龙能使人间风调雨顺、五谷丰登。勤劳勇敢的苗族人民,每逢收获季节,就用歌舞庆祝丰收、表达爱情,并把自己装扮成龙的模样,身穿黑色长衫,头顶龙面斗角图腾、插野鸡翎,口戴髯口,拴红色银饰腰带,手执粗长芦笙管,自吹自跳。使得整个舞蹈韵味古朴、感情真挚、刚健柔韧,让人赞不绝口。

长衫龙展演

长衫龙这种苗族芦笙舞过去仅在丧葬和祭寨神仪式中表演,现在则每逢重大节日集会、婚嫁、立房、跳月等传统民族活动都要表演。此舞用于丧葬时,于出殡队伍的最前列表演;用于祭寨神时,则于阳历二月初一在杀牛祭祖踩场之际表演;用于立房时,往往在踩屋基时进行;用于跳月时,则多在正月初一至三十的"跳月场"活动中表演。

长衫龙苗族芦笙舞为男子双人舞、四人舞和群舞,舞者身着黑色大襟长衫,头插两根野鸡翎,头顶龙面牛角图腾,口戴髯口,拴红色银饰腰带,手执芦笙,自吹自跳,随着流畅的芦笙旋律,舞着"龙斗角""龙吐水""龙出洞"等动作。长衫龙苗族芦笙舞为三节,第一节表示群龙出现,第二节表示龙腾虎跃,第三节表示群龙抢宝。舞者身着黑色大襟长衫,头插两根野鸡翎,顶龙面牛角图腾,戴髯口,拴红色银饰腰带,手执芦笙,自吹自跳,随着流畅的芦笙旋律做出"龙斗角""龙吐水""龙出洞""龙飞膀子"等动作。该舞伴奏乐器笙管粗长,声音低沉浑厚,音乐节奏鲜明,舞蹈动作与音乐紧密结合为一体,形成一种独具魅力的艺术形式。在整个舞蹈中充分展示了男子豪放的舞姿,表现了征服大自然刚健的力量。

长衫龙舞蹈者的服饰也非常讲究,服装及配饰都是为了模拟"龙"特有的装扮。首先,身穿黑色长衫。黑色的长衫是主要是为了模拟传说中龙的主体颜色,人们主要穿着的布料都是自己织自己染，而布料的颜色主要是以“黑色”为主。其次，头插野鸡翎。野鸡翎是取野鸡尾巴上最珍贵、最漂亮的两根羽毛作为装饰，其代表龙的两个龙角。再次，口戴鬏须。鬏须代表了龙的胡须，选用马鬏来代替，因为马鬏的质地较硬，以表现龙的刚健，且不容易损坏。最后，身缠红腰带。红色是吉祥喜庆的代表，人们表达了对红红火火生活的向往，同时也是舞蹈中的一个艺术特色，表现龙吐火的蕴意。

舞台上的长衫龙

长衫龙的传承和发展

鼓龙鼓虎—长衫龙历史悠久，舞蹈形式独特，是一种具有人类学、社会学、民族学、民俗学研究价值的民间舞蹈，具有广泛的群众性；舞蹈反映了苗族人民长期劳动中体现出的纯朴、热情和雄浑遒劲的性格和气质，表达了他们心中的理想和希望。

长衫龙芦笙舞在 1986 年通过民舞集成的挖掘后，1989 年参加贵州省首届民族民间艺术节的演出；1990 年参加全省少数民族芦笙舞比赛，获优秀奖；1991 年参加全国西部斗牛节演出；2001 年改编成 10 人集体芦笙舞，参加中国西部优秀旅游城市的颁牌演出，同时还参加黔南州中国首届摄博会及“好花红”艺术节演出；2003 年 10 月 19 日，作为全国少数民族苗族唯一原生态代表队的贵州贵定长衫龙苗族芦笙舞表演队，应邀参加“第六届中国北京国际旅游文化节”，以 86 人的规模首次进京，在首都平安大道进行盛装行进表演，一时轰动京城，引起国内外艺术界有关专家、学者的关注和高度评价，被誉为“东方探戈”；2004 年在中国西部 12 省区春节联欢晚会上，贵定长衫龙芦笙舞再一次向海内外展示了苗岭古老且博大精深的民族文化魅力。之后，曾多次邀请参加省内外演出，受到各地群众的欢迎和好评。2006 年，黔南布依族苗族自治州成立 50 周年时，有 1000 人表演了长衫龙芦笙舞。

尽管如此，但由于经济社会的发展，20 世纪 80 年代时，长衫龙芦笙舞蹈逐渐消失，整个寨子不足 30 人会跳鼓龙鼓虎—长衫龙舞蹈，这一古老的民间艺术形式已处于严重的濒危状态。为了拯救优秀文化遗产苗族芦笙舞蹈长衫龙，各级政府和当地民众采取有力措施，对舞蹈进行了挖掘、整理，从而使长衫龙苗族芦笙舞蹈又蓬勃地发展起来了，同时还进一步促进了当地少数民族经济、文化的和谐发展。

毛南族打猴鼓舞

“毛南族打猴鼓舞”又称“猴鼓舞”，是毛南族的传统民间舞蹈之一。猴鼓舞是毛南族群众在丧事习俗中，由巫师表演的民间舞蹈，该舞蹈粗犷剽悍、拙朴雄健、活泼诙谐、热烈奔放，反映巫术礼仪、丧葬驱魔、避邪求吉、敬奉精灵内容。表演时气氛肃穆，躬拜虔诚，表示了对神灵、祖先的怀念与尊敬，表达了鲜明的民族愿望，体现了可贵的民族精神，集中反映了毛南族的民风民俗和图腾意识。

人口较少民族的文化经典

毛南族是一个历史悠久的民族。“毛南”之族称源自地名，最早见于宋代周去非所著的《岭外代答》一书，当时“三南”地区被称为“茆滩”。以后史籍碑刻中又有“茅滩”“茅难”“茆难”“冒南”之类同音异字之类记载，谓此地人为“茅滩蛮”。毛南族自称“阿难”，意思是“这个地方的人”，他们是岭西的土著民族。毛南族大部分聚居在广西西北部，少数聚居于贵州境内，主要分布在平塘、独山、惠水等县的部分乡(镇)，人口有 3.3 万，以平塘县卡蒲毛南族乡居多。

毛南族是我国人口较少的山地民族之一。根据 2000 年第五次全国人口普查统计，平塘县毛南族人口数为 107166 人。主要从事农业，善于饲养菜牛和编织花竹帽。毛南人使用毛南语，属于汉藏语系壮侗语族侗水语支。毛南族没有本民族文字，曾用汉字音义拼记过毛南语的民歌等，称“土俗字”。由于长期和壮族、汉族杂居，多数人能讲壮语和汉语，通用汉文。毛南族服饰独特，男穿蓝色土布长衫，腰束有须腰带，包白头帕，女穿蓝衣青裤，衣服长过膝，袖口大至 30 厘米，领口、袖口、衣边、衣脚、裤脚皆用青布镶滚成褶大滚边，滚边内侧镶彩色大栏杆和小花边，腰束青绣花围腰，胸挂银链，双手戴银镯或

毛南族

玉镯，颈戴项圈，脚穿夹尖绣花鞋。年轻女子留长发，扎独辫，已婚妇女将发挽于脑后，称“绾梗交”。别银簪，铜簪或玉簪，头搭青布帕，称“搭腰罗帕”。

源自母子亲情的舞蹈

关于毛南族“猴鼓舞”有一个凄婉动人的传说，猴鼓舞就是根据这个母子亲情的传说演化而来。在毛南族地区，每当有亲人去世，大家便敲响铜鼓，跳起猴鼓舞来以示悼念。

相传，在一个林木茂密、山明水秀的地方，住着一户人家，家里有一寡妇与三个儿子相依为命，靠采集青冈子酿酒维系生活。一天，兄弟三人到山上采摘青冈子，小弟弟在辛勤的采摘过程中与两个哥哥走散了，迷失了回家的路。小弟弟发现哥哥们不见后，心里十分害怕，满山遍野哭喊着到处寻找两位哥哥，不知不觉来到密林深处，他一不小心掉进了一个山洞。洞里住着一大群猴子，小弟弟就和洞里的猴子们一起生活、玩耍，饿了就吃猴子们摘来的野果，渴了就和猴子们去喝山泉水。年长月久，他的身上竟然渐渐地长满了毛，而且也学会了猴子的语言，原来的人话则被遗忘了。

“猴鼓舞”表演

当两个哥哥发现小弟弟不见后，也到处寻找，但是找了三天三夜也没找着小弟弟。而当母亲发现小儿子未回家后，也急忙出门寻找。她爬过了九十九座山，穿过了九十九个树林，蹚过了九十九条河，也未找到小儿子。冬去春来，始终也未能找到。母亲不死心，仍然继续寻找。一天，她终于在最后一座大山的密林中发现了小儿子。但小儿子浑身已长满了细毛且已不会说话。他痛苦地向母亲比画说：“儿这副模样不能再回家了，就让儿在山上以石作床，以蕨叶作被生活吧，请母亲多多保重。”说完转身跑进了深山老林。母亲回家后，由于思念小儿子，不久就去世了。老大和老二悲痛万分，日夜在家敲打铜鼓，哀悼母亲。铜鼓声传到深山，正在猴群里玩耍的小儿子听到了远处传来的家乡熟悉的铜鼓声，就顺着鼓声找到回家的路。他走到离村子不远的地方仔细张望，发现铜鼓声正是从自己家里传出的，而且门前挂着白布，两位哥哥在哭泣，便意识到是母亲去世了。他就不顾一切地往自己家跑去，但跑到门口后，却发现家里的人已认不出自己了，自己也不会说话，只会发出像猴子一样的叫声。于是他为了向母亲表达自己的思念和悲伤之情，就捡起一段空树筒，用围在腰间的兽皮蒙上，做成一面兽皮鼓，他举起兽皮鼓手舞足蹈地边喊边叫，口里发出“嚎、嚎、嚎”的声音，并且围着兽皮鼓不停地跳舞，以表达自己离开家人的悲伤心情。在场的人开始还以为是山坡上的猴子在胡闹，但见到他眼里不停地流着泪水，总是不愿离去，才想到他是多年以前丢失的孩子。当两个哥哥认出他的时候，兄弟三人跪在母亲的灵位前泣不成声。

后来，毛南族为了纪念死去的亲人，就用兽皮做成手鼓，把三兄弟的传说演变成民族舞蹈的形式来表达对亲人的深厚感情，流传到后来就成为毛南族的文化经典——“猴鼓舞”。该舞蹈因其节奏欢快、动作滑稽，故而逐步演变融入本民族的一些欢庆节日的舞蹈中，成为毛南族的传统舞蹈。

文化“活化石”的集中展示

卡蒲毛南族乡因猴鼓舞被誉称为猴鼓舞艺术之乡，同时猴鼓舞有着毛南族“活化石”的美称，多次在国际、国内的文艺表演赛中获奖。随着历史的演变，今天的“猴鼓舞”已成为毛南族的传统舞蹈与文化经典的集中展示，2008 年被评为国家第二批非物质文化遗产名录。

在正规场合表演铜鼓猴鼓舞，舞者身穿白色孝服，手持鼓棒，一般由 3~8 人参加。演出地点通常设在主人家的院坝。左边摆放铜鼓，右边摆放木鼓。表演前，巫师先吹响牛角，再吹大号，接着鼓声阵阵。演员们身着龙须草，手执双棍，在急促的鼓声中，依次出场表演。表演动作完全模仿猴子，拙朴雄健、活泼诙谐、热烈奔放。演员手中的木棍，左摆右晃，上下翻飞，时而双棍互击，时而转身飞击，时而膝下击打。动作古朴粗犷，敏捷刚劲，猴子狂、野、粗、灵的特点得到了淋漓尽致的发挥。随着鼓点强弱、轻重、快慢节奏的变化，舞蹈动作亦在变化，动作或快或慢，动作幅度也随着时大时小。不久，一个演员将木鼓移到院坝中央，用木棍狠敲木鼓，“咚”的一声，似乎吓坏了“群猴”，大家匍匐于地，整个演出场地静悄悄的，仿佛连根针掉在地上的声音都清晰可闻。忽然，其中一只猴悄悄站起来，用木棍轻击木鼓，其余“猴子”亦站起来，加入击鼓行列，击鼓节奏由慢到快，由弱到强。群猴围着木鼓，边击边转边发处“嚎、嚎、嚎”的吼声。总之，该舞蹈中，演员跟随着激越雄壮的鼓点变换各种队形，忽而前滚翻，忽而后滚翻，忽而单打独斗，忽而集体嬉戏，模仿猴子攀、爬、腾、跳等各种动作，动与静，抑与扬，犹如山洪与小溪，在天地间尽情地书写。金猴的欢跃、活泼诙谐、热烈奔放和滑稽幽默，集中体现了毛南人的机智和勇敢。

“猴鼓舞”通常分为男子独舞和双人舞两种，内容分为“猴王出世”“猴子敲椿”

“猴火引路”三段，表现了毛南族的起源、团结勇敢和不忘祖先遗愿等愿望。其中猴王出世表现毛南族的先人与猛兽搏斗的苦难历程和自强不息的奋斗精神；猴子敲椿表现毛南人在深山中顽强生存、艰苦创业的状况，以及勇敢、团结的精神风貌，展现了毛南人繁荣壮大的情景；猴火引路表现了毛南人不忘祖先遗愿，继承先人遗志，踏着先人足迹，奋勇前进的精神。同时，猴子是毛南人崇拜的动物。猴子的聪明，机灵，英武不屈，表现了毛南族人较强的团队精神和凝聚力。另外，铜鼓是毛南族人最尊重的响器。铜鼓主要用于老人去世，在毛南族人的丧葬仪式上，如果不使用铜鼓，是对老人的不尊重，葬礼也不热闹。击鼓时，要用簸箕接在后面，其意是不让铜鼓见天；如果要将铜鼓背走，也必须用布包好，表现了毛南族对铜鼓的高度崇敬。总之，毛南族猴鼓舞集中展示了该族群向神灵、祖先献舞，祈求保佑风调雨顺、五谷丰登、子孙发达、消灾祛病、纳吉降福，反映了毛南族的民风民俗和图腾意识。

瑶族猴鼓舞

猴鼓舞是荔波县白裤瑶祭祀祖先的民间祭蹈，流传于荔波县瑶山瑶族乡，是丧葬场合巫师送魂之舞。舞蹈者多为男子，舞者作半蹬状，围绕木鼓而舞，一边以鼓槌敲击鼓面，一边以两鼓槌互相打击，或上或下，或左或右，时快时慢，舞步轻盈、矫健，动作干脆利落，整个舞蹈悲壮、肃穆。经过改编加工后的鼓猴舞，舞时众人围绕皮鼓，按铜鼓、皮鼓的节奏，模仿猿猴攀爬跳跃、翻山涉水，舞姿古朴，饶有趣味。

白裤瑶：东方印第安人

瑶山白裤瑶，被称为“东方印第安人”。白裤瑶是瑶族的一个支系，自称“布诺”，因男子穿齐膝白裤，故称为“白裤瑶”，主要聚居在广西西北的南丹县八圩、里湖瑶族乡和贵州省荔波县瑶山乡一带，总人口约3万人。憨厚、朴实、勤劳、勇敢的白裤瑶山民，在长期生产生活的实践中发展成为一个闻名遐迩的山地民族，以其独特的服饰、婚俗、葬礼等各种多姿多彩的民族风情，备受世人关注。白裤瑶被联合国教科文组织认定为民族文化保留最完整的一个民族，被誉为“人类文明的活化石”和“东方印第安人”。

白裤瑶民风淳朴，丧葬习俗尤为独特。砍牛、打铜鼓、跳老猴舞，这是白裤瑶为死者举行葬礼的仪式。整个葬礼悲壮、肃穆，祭祀场面气氛凝重庄严。白裤瑶是聚

白裤瑶舞蹈

族而葬的,同族均有固定的墓地。众人把灵柩抬到墓地,葬毕,在坟堆前竖立两根圆木柱,木柱上刻着若干道道,在中间插入被砍的牛角。牛角越多越表示死者的尊荣。安葬完毕,送葬者每人依例可以得到一块牛肉和一团糯米饭。由此可见,白裤瑶的砍牛送葬是南方民族的古老习俗。白裤瑶的这种传统送丧习俗,不仅仅是表达遗属对死者的悼念,也是一项众人共同的祭祖活动。因为他们认为,个人和集体都是以祖先为纽带,在岁月的长河中并肩艰苦跋涉的。这一习俗中的铜鼓、皮鼓,是葬礼活动的主要打击乐器,在平时的日子里不能随意敲打。因此,铜鼓和皮鼓便与祭祀联系在一起了。

白裤瑶族是一个热情好客的民族,他们至今仍保留着很多古老的习俗。白裤瑶民大多居住在偏远的大石山区里,生存环境非常恶劣。在与自然环境搏斗的艰难生活中,白裤瑶民族创造了自己独特的民族文化,其中铜鼓舞最具有代表性。据统计,在约 3 万人的白裤瑶人口中,就保存有 300 多面铜鼓。铜鼓在战争年代作为战鼓使用。铜鼓已经有 3000 多年的历史,在如今的和平年代,一般在每年秋后的农闲时节为五谷丰登或重要节日、逢老人过世时敲打。白裤瑶自从有了铜鼓以后,就把它看成本民族的象征,人气兴旺的寄托。铜鼓舞不仅是一种文体活动,它还与白裤瑶青年的爱情紧密相连,白裤瑶族青年中,很多青年男女都是在跳铜鼓舞后的晚上,结成称心如意的伴侣。

猴鼓舞:葬礼的主要内容

白裤瑶葬礼很特别格外讲究,主要经过洗尸入棺、砍牛致哀、跳猴鼓舞、哀悼发丧等四个程序,其中猴鼓舞是白裤瑶独特葬礼中的主要内容。白裤瑶的整个葬礼如下。

一是洗尸入棺。白裤瑶老辈仙逝,丧家即向全体家族和各方亲友报丧。儿子和媳妇用干净水给去世老人净身、梳发、穿服后,即把死者抬放在堂屋正中临时搭成的平床或木板上,用白布或蜡染被单覆盖,脸部外露,让亲友瞻仰。吊唁后,便收殓入棺。将棺木抬到屋檐停放,与屋梁成垂直线,并挂上死者的草鞋斗笠等遗物,如棺木需停放一段时间，则以白色夹薄纸贴封棺盖合缝处，并以石灰浆或米浆粉刷之。

二是砍牛致哀。安埋老人，一般在秋收后举行，并举行砍牛仪式。当丧家确定砍牛后，当即请鼓师，召集寨上和女婿家的铜鼓及家族中的木鼓（一族一面），同时在灵柩附近埋两根树桩，搭一根横木，将所有的铜鼓悬挂成一排，如铜鼓多时，也可排成平行的“Π”型。木鼓一面，安放在铜鼓对面。鼓声鸣响五次，即举行砍牛致哀仪式。此时主人家放牛入场，人们围成一圈，每人手里拿一根竹鞭，几个年轻人边持鞭撵牛，边哭泣绕场两圈，周围人也低头流泪致哀。孝子则背着犁耙低头进场，用一把青茅草和几线米穗喂牛，待牛吃完草和米穗，孝子便将犁和耙分别架于牛肩，作犁田耙地状，意为孝子已将耕牛和农具送给了老人，让老人在另一世界耕耘田土。接着，以事先编成的竹篾股套，套住牛颈，用粗绳把牛拴在树桩上，撵牛绕桩二圈。舅爷则扛刀入场，趁牛不备，对着牛颈根猛砍，牛应声倒下。如果一刀砍不死，只能砍三刀。砍牛后众人一拥而上，动刀剐剥。

跳猴鼓舞

三是跳猴鼓舞。砍牛一结束，便进入第二个祭祀仪式，打铜鼓、跳猴鼓舞。这个仪式把葬礼引向了另一个高潮。敲鼓前要先祭鼓，主鼓手把鼓放在铜鼓围起的场中央，寨老点起三注香火，摆牲头，酒饭祭大鼓。祭完大鼓，再拿禾把、米酒从左到右，从外到内，从内到外，祭铜鼓，唱祭鼓歌。祭罢铜鼓，主鼓手启鼓，牛角号手从两边进场，吹起牛角号，号声低音回旋深沉，如泣如诉。片刻号手回到原位，鼓声又起。主鼓手两臂平放，再击一鼓，同时开始鸣放，由左向右，依次而放，这是向死者送行的枪声，也是祈求祖先保佑的枪声。枪声刚落，鼓声又起，用藤做的鼓槌敲在鼓心上，发出咚咚声响，主鼓手双腿齐跳，舞槌击鼓。众铜鼓手依鼓点节奏，也敲起铜鼓。打铜鼓的人都是男子，他们弯腰站在鼓的一侧，左手握鼓槌，敲击鼓面，右手执铁丝轻打鼓身。在他们的右后方，另有一人双手用木制的风桶接音，按一定的节奏前后晃动，使铜鼓产生低沉的共鸣，鼓声在数十里的村寨和山谷中回荡。山民听到鼓声，或背着铜鼓，或挑着糯米粑赶来。鼓声越来越响，引来参加葬礼的人越来越多，葬礼仪式的场面也愈隆重，愈体面。主鼓手一边以鼓点指挥铜鼓演奏，一边跳起老猴舞，以舞姿表现众人的愿望，让死者的灵魂登天，驱散众人心头悲伤的阴影，消除灾难。他左跳右跳，双腿并拢微曲，然后双槌击鼓，手中的小木槌则有规律地从头顶、两耳、双肩、大腿、小腿等部位,相向互击,或左或右地绕皮鼓转圈。其舞姿动作,似老猴攀缘、摘果,也似农事劳动的挥锄、挖地、点种,让人从中看到后人对前人艰辛创业的深深敬意。

四是哀悼发丧。听见鼓声停息,负责分饭的人则将裹有牛杂和牛肉各样一块的糯饭包,分给众人,见者有份。当人们打开饭包看到牛肉时,都低头表示哀悼。哀悼毕,就举行发丧仪式——包括喝酒抬棺、浅坑置棺、长席就餐和过三朝等。过完三朝(办完丧事的第三天),自此不再上坟,平时也无人管,清明也不扫墓,任其自然。

猴鼓舞:舞蹈的形式及特征

猴鼓舞又称老猴舞,当地称为“剥泽格拉”,意即模仿老猴跳舞。相传瑶山瑶族的祖先从广西迁徙经荔波境内时,为躲避官兵追剿而躲到山上,一群猴子一路用石头敲击钟乳石,引走了追兵,瑶族祖先得以在山里安住下来。“猴鼓舞”就是瑶民为纪念祖先的迁徙之苦和猴子护送之功而形成的舞蹈。

瑶族猴鼓舞表演

猴鼓舞是祭祀活动的主要部分,意在调节丧场悲哀气氛,热热闹闹送老人荣归西天和尽儿孙之孝。舞蹈由男子表演,鼓师(木鼓手)为该舞的主要舞者,也是全舞的指挥者。舞蹈分“单人”“双人”“集体”三段式进行。

第一段:首先由青年猎手持鸟枪朝天鸣枪三响。鼓师一人站在木鼓边摆动双手,擂响木鼓,此时全部铜鼓也铿锵齐鸣。鼓师自奏自舞,此段称作“引子”。

第二段:稍过片刻,铜鼓声突然中止,鼓师双手持鼓槌,面对铜鼓手相击三次示拜谢,而后绕木鼓翩翩起舞。另有一男子跟在鼓师身后与鼓师一起一跳一蹲,模仿老猴取食攀摘姿态,粗犷敏捷而又刚劲有力,形似猴,舞也似猴的娴熟技巧,引发着周围亲友们配合鼓手的表演而发出一阵阵“唔!唔!”的呼喊声,气氛十分浓烈。此段表演两名舞者自奏自跳,铜鼓声伴之。此段为双人表演。

第三段:鼓师站立于木鼓后擂鼓。7个或9个男子穿着烂衣裤、披着破斗篷、背着斗笠在鼓师指挥下,踩着鼓点节奏,围鼓一圈。他们时而蹲下,时而站立,犹如跋山涉水一般,其余亲友则原地踏步,助兴助威,场面更为壮观。

以上三段分别表示开路、走路,送老人之意。跳过此三段即为跳过一轮,孝子就要以竹筒斟酒敬给舞者喝。此时丧葬主持人念念有词地呼丧家历代祖宗姓名，简述家史，哀声念道："你放心去吧，无牵无挂地去吧，我们敲响铜鼓，木鼓送你去。鼓声为你开路，送你到祖先那里去安身！"此时，全体亲友伴着鼓声的节奏，弓着腰，又做出跋山涉水的模样，原地踏步，表示全体亲友护送死者的灵魂前往祖先的住地。稍过一会，鼓师与舞者复又从头开始跳三段同样的动作，表示回来、集中、休息之意。跳过此第二轮，鼓师檑木鼓五次，并大声疾呼："后生们，亲友们，统统跟我回来！"全体亲友陆续直起腰杆，抬起头来。鼓师又击鼓二次，再次呼道："掉队的灵魂快快回来！"到此表示死者的灵魂已送到祖先那里，而活人的魂魄也全部回来了。当丧事主持人顺逆时针绕棺三圈后，即对天发箭三支，同时击破手中竹筒，此时鼓师停止击鼓，并从架上倒下鼓来，收拾回家。猴鼓舞表演至此全部结束。

总之，猴鼓舞舞蹈风格古朴粗犷，热烈激越，又不乏矫健敏捷，生动活泼。其蹲颤的动律鲜明地贯穿于舞蹈动作之中。上身前俯、膝部有规律的上下屈冲，这种有负重感的上下起伏、蹲颤的韵律风格，正是此舞典型的动律特征。这种动律在此舞中随着舞蹈表演的场合和内容不同而稍有区别，在鼓师所跳的祭祀礼仪中，其动律比较平稳，上下蹲颤幅度均匀，适中，较慢的节奏向祖先表达心中的虔诚和敬重；而在猴鼓舞中，节奏较强烈，除幅度较大的蹲颤之外，还加上下跳跃的姿态，使舞蹈生动活泼，别具韵味。

省级非物质文化遗产

布依族"雯当母"

布依族"雯当母"，汉语意为"矮人舞"，是仅存于贵州省荔波县喀斯特原始森林腹地的翁昂乡布依族村寨，是贵州省黔南布依族苗族自治州颇具代表性的布依族民间舞蹈之一。

布依族"雯当母"原生环境与历史渊源

布依族是荔波县世居的主要民族之一，主要散居在荔波境内各个地方，总人口10万多人，占荔波县总人口的62%。布依族村寨依山而建、傍水而居，气候温和、风景秀丽，秀美的自然环境孕育了布依族人民丰富多彩的民族民间文化艺术，也陶冶了布依族人风趣幽默、热情乐观的民族性格，为布依族具有逗趣、取乐、幽默、滑稽特点的民间舞蹈“雯当母”的诞生创造了良好的条件。

“雯当母”展演

在荔波，布依族歌舞保存着古朴神秘的原生态风貌。“会说话就会唱歌，会走路就会跳舞”。歌舞是荔波布依族文化绿野里最鲜艳的色彩，它用吟唱的山溪、飞翔的瀑布、轻灵的鸟影，刻画着喀斯特腹地生命美丽的痕迹。布依族的歌舞，展现了本民族的智慧、古老、勤劳和民族文化的源远流长。以民歌最具特色，种类有叙事歌、情歌、酒歌和劳动歌等，形式有独唱、对唱、齐唱和重唱；“大歌”音调高昂大方，引人入胜；“小歌”音调柔和、婉转、活泼动听。戏曲以傩戏著称，情节生动、优美。常见的民间舞蹈有“雯当母”、刷把舞、金竹舞等，动作协调、矫健轻捷。

布依族民间舞蹈“雯当母”源于巫舞，约在明清时代转化为民间舞蹈，距今已有几百年的历史。据传，远古时代，荔波县翁昂乡布依族地区曾遭遇百年罕见的旱灾，农民年年颗粒无收，每天村民都对着山神、树神祭拜，祈求天降甘霖。就这样日复一日、年复一年，终于感动苍天，下起了雨，迎来了风调雨顺、五谷丰登的秋收季节。田野上布依男女欢天喜地地载歌载舞，男的从家里拿箩筐作帽，女的反戴撮箕为笠，手舞稻穗，围观者用盆、桶和刀具敲击为乐，狂欢而舞。久而久之、世代传习演变成了今天滑稽诙谐的民间舞蹈，体现了布依人乐观上向、热情奔放的民族性格。从此以后，翁昂布依族人每逢秋收时节，就以此舞庆祝丰收，世世代代传承至今。

布依族“雯当母”舞蹈的主要内容

“雯当母”舞是布依族人民在秋收之际、在劳动之余表演舞蹈。该舞蹈别出心裁地在肚皮上浓墨重彩描画十分可爱动人的胖娃娃脸谱，用大箩筐套盖住真人的脸和胸部，作为娃娃的“帽子”。女的用撮箕制成的假面戴于脑后，突出活泼可爱的面舞。表演时利用腰腹肌肉的收放，扭曲，造成人物喜怒哀乐的各种表情变化，形象生动，诙谐风趣，别具一格，具有独特的艺术魅力，非常神奇，是荔波布依族民间独有的艺术奇葩。

“雯当母”舞分为喜舞稻蔌、丰收赶场、金风得意三个舞段。

喜舞稻蔌。由一群身着布依族土布盛装的少女，脑后带竹制撮箕面具，双手持稻蔌随着锣鼓声翩翩挥舞，舞动时好像前后都有人脸，表现了布依山寨丰收之后的欢乐情景和儿童们的天真活泼，相互嬉戏的神情。

丰收赶场。一群头戴箩筐高帽的矮人，兴致匆匆走在山间小路上，与姑娘们会合了。他们用箩筐笼头，罩住头脸，箩筐盖至胸部；在肚皮上用浓墨绘出夸张脸谱，画的五官尽显滑稽、幽默和诙谐，面部大得出奇，浓眉大眼、炯炯有神；用竹节撑伸两边的衣袖，使身子矮得出奇，是一群活脱脱的矮人。他们用双脚作夸张的舞动，肚皮一伸一缩，在欢乐的气氛中他们相互逗乐嬉戏，追赶着赶场队伍来到场坝。

金风得意。矮人们来到场坝，看到了高人，一个个惊叹不已，他们试着和高人比高，逗闹沐浴在丰收的喜悦之中。随着音乐的节奏，他们的肚皮一收一放，眼睛、鼻子、嘴巴不断变化，喜、怒、哀、乐不同表情尽显其中。男女穿梭舞蹈时，让人眼花缭乱，啧啧称奇。

总之，“雯当母”舞以其欢愉生动风趣形象，清新健康的风姿，真实地体现了旧时期布依人民对幸福生活的向往，充分展示了布依族人民热情好客，风趣幽默，滑稽逗乐的豪爽性格。这种东方肚皮舞在当今世界民族民间艺术舞蹈中独树一帜，是当今绝无仅有的民族舞蹈瑰宝。

布依族“雯当母”舞蹈的艺术特征及意义

“雯当母”舞是布依族民间独有的艺术奇葩，其历史悠久、内涵丰富、情趣快然、诙谐幽默，从民族文化和艺术欣赏的角度看，都有很高的研究价值，它充分展现了布依族人民热情好客，风趣幽默、滑稽逗乐的豪爽性格。从总体上看，“雯当母”舞具有如下特征。

一是注重塑造人物形象。“雯当母”舞有戴撮箕面具的矮姑娘，有画脸谱在肚皮上的小矮人，有两人合穿长衫的高人。这些人物形象与布依族其他地区某些统一服饰、统一动作、统一情趣的集体舞形式，形成了鲜明的反差。

二是以幽默诙谐风趣为基本格调。造型奇特的假面具，逗趣展开的主线，使舞蹈自始至终贯穿着

“雯当母”的人物造型

浓厚的喜剧色彩,人们在欢声笑语中获得精神愉悦和审美享受。“逗”为该舞蹈的风格,逗中见情,逗中起舞,无逗则乏味,无逗不成舞。

三是即兴灵活的表演特征。该舞蹈动作灵活,只要掌握好基本的动律,每个动作均可以进行无限反复。在各个基本动作之间,可随意进行横向组合或者纵向链接。在同一时空内,各元素性动作均可以自由结合,由此形成了变幻无穷的舞蹈形象。民间艺人凭借这种随意结合,自由衔接的艺术手段,使“雯当母”舞表演风格独特、千变万化。灵活性还表现在场面调度灵活和节奏速度灵活,表演时往往由领舞着即兴掌握处理,众人随后跟之。同时对完成某一动作的时值无固定要求,这种将节奏速度随时调整手段,构成其独特的观赏价值。

瑶族打猎舞

“打猎舞”又称春碓舞,源于古代荔波瑶族先民赶山围猎的生产活动方式,后演变为祭祀活动上的祭舞,是一种用形体语言表现生活场景的独特舞蹈,不仅表现了瑶族游猎生活发展的不同阶段,还表现了瑶族从游猎时代向农耕时代的转变,是瑶族古代社会的缩影。每逢过年过节,在荔波瑶山瑶族群众伴随着欢快的鼓声起舞,让观赏者赞不绝口。2005 年,“打猎舞”入选省级非物质文化遗产代表作名录。

“打猎舞”的原生环境

贵州省荔波县瑶麓乡位于贵州省荔波县东部,全乡地貌属喀斯特岩溶地貌,岩溶高度发育。乡境内大部分是山,石灰岩峰林重峦叠嶂。辖一个瑶族行政村,主要有欧家寨、上韦、下韦、洞闷、打里、洞干、卢家寨七个瑶族自然村寨,全乡总户数 335 户,总人口 1521 人,是一个纯青瑶民族聚集地。全乡辖区面积 25.99 平方千米,耕地面积 366 亩,有森林面积 16310 亩。境内古木参天、森林密蔽,原生态森林保存较为完好,森林覆盖率 65%。瑶麓乡依山沿路而建,瑶麓乡依山沿路而建,是荔波通往黔东南州从江、容江两县的必经之地,是贵州南下两广的重要通道之一,是贵州重要的民族文化保护村寨。

瑶麓青瑶,又称“黑裤瑶”是贵州省唯一的青瑶支系,其历史源远流长,瑶族民间舞蹈“打猎舞”仅流传于贵州省荔波县瑶麓青瑶地区。瑶麓聚居着青瑶民族,民风古朴,民情浓郁,有保存完好的岩洞葬古习俗和风情独特魅力无穷的婚姻习俗等丰厚的民族文化资源。

贵州省荔波县瑶麓瑶族瑶语自称为“努候”，因服饰多为青色或以穿青色裤而呼之为“青瑶”。《黔南识略》中载又称“黑裤瑶”。

“打猎舞”的主要内容

瑶族民间舞蹈“打猎舞”（瑶语：熟玖）源于荔波瑶麓青瑶刀耕火种、赶山围猎的古代社会瑶族先民驱赶野兽、保卫家园、保护粮食的方式，后为祭奠先祖演变为葬祀活动的原始祭舞。祭舞最原始的表演形式为男子群舞，人数不限，但需偶数。全舞分为上山围猎、打熊、打猴、打野猪、生产舞等五个部分，近似组舞结构，每段独立，可长可短。

表演时舞者手握舞棍，依据铜鼓、皮鼓鼓点的变化而随时变换动作。由于鼓点是根据不同野兽的习性和特点产生的，所以有着多种不同的节奏和不同强弱的声响，这也使“熟玖”舞呈现出节奏紧凑激烈，强弱对比鲜明，舞蹈动作有蓄有发，张弛自如的特点。蓄时如伺机待扑之饿虎，发时如刹那腾空之猛禽。在这种不同节奏中，表演者含膝以急剧的棒棍敲击之声为乐，以兴奋呐喊号为歌，做出各种力度强、跨度大、粗犷剽悍的“打猎”“舂地”“侧舂”“上下击棍”“跳抬击棍”“打猴”等动作，舞姿雄劲剽悍，舞步勇猛洒脱，队形变化复杂有序，时而一人在内，众人围圈单人轮打；时而两层圆圈或双排对打；时而多层圆圈的轮流交叉击打，时而成纵队头顶击打或形成人棍组成的洞穴，两人俯身击地来往穿梭棍洞之中。当舞蹈进入高潮，节奏猛烈加快，此时嘹亮的铜鼓声、清脆的皮鼓声及荆棍相击声、舂地的回声、舞者嗨嗨的呐喊声，汇成了一曲气势磅礴雄浑的山韵，昂扬激越之情，扣人心弦。

“打猎舞”主要以上身的前俯后仰、双膝的屈伸起伏，蹲颤为其主要特征。由于是下蹲型的典型舞姿，所以重心始终在中间，运步时力从脚下起至膝，再经过腰将力送至肩，然后由肩将力压倒脚跟，牢牢地踩在地上，形成下蹲、舂的姿态，配之以感情奔放的挥臂，深厚雄壮的呼号，充分体现了此舞粗犷剽悍的风格。

“打猎舞”表演

其传承方式为口传心授，是瑶族民间一种自发组织形成的祭舞，故造成此舞仅在青瑶聚居的瑶麓村寨流传。自20世纪50年代起演变到节庆、丰收、聚会等各种场合表演，且允许女子参加，该舞日渐成为青瑶人民喜爱的、群众性、自娱性的民间舞蹈活动。

“打猎舞”的艺术价值

荔波县瑶族“打猎舞”距今已有数百年的历史，它是荔波瑶麓青瑶民族独有的民间艺术，其历史悠远，内涵丰富，从民族历史、民族文化和民族艺术的角度看都有很高的研究价值，它充分体现了瑶族游耕狩猎时代瑶老制社会的生活场景。

瑶族“打猎舞”是瑶麓青瑶古代社会的历史产物，它源于瑶族原始社会刀耕火种、赶山围猎时代，后为纪念先祖而用于祭祀活动，作为对先祖驱赶野兽、保护村民与粮食安全有效方法的怀念与祭奠，是瑶族古代社会的缩影，具有很高的历史研究价值。

“打猎舞”舞蹈特点强烈鲜明，每个部分的文化内涵丰富，是一种用形体语言表现生活场景的独特舞蹈，是瑶族民间舞蹈中文化表现力最为鲜明、民间文化艺术最为丰富的一种祭祀舞蹈。它是瑶族人民文化生活的重要组成部分，具有很高的文化价值。

“打猎舞”的舞蹈风格为粗犷剽悍、拙朴雄健、节奏激烈，强弱对比鲜明，舞蹈动作有蓄有发，张弛自如的特点，具有很高的审美欣赏的艺术价值。

“打猎舞”从民间走上舞台，从地方走向全国，都历尽了瑶麓青瑶无数代民间艺人的口传心授和传承发展，充分体现“打猎舞”原始古朴、犷美雄健的艺术魅力，也体现了“打猎舞”在瑶麓青瑶人民心中的神圣地位。

苗族长鼓舞

长鼓舞苗语称“蒙规”，是贵州省贵定县苗族一支系——海葩苗族人民最热闹、最隆重的祭祀性活动“牛打场”中的一个重要组成部分，属苗族民间舞蹈，是海岜苗族同胞欢庆丰收，庆贺太平，祈福纳财，欢呼胜利的艺术表现形式，追求的是一种群体性狂欢的艺术效果，被誉为云雾山中的“西部劲舞”，是中华民族舞蹈艺术宝库中体现狂欢的“活化石”。

苗族的民间舞蹈起源于苗族鼓社时期，据考证为汉唐时期文化遗存，距今已有两三千年历史，当时设仪礼教化，倡导芦歌鼓舞，以进行祭祀、庆典等活动，每逢丧事进行“闹丧”时要以芦笙伴舞。长期以来，苗族人民深受封建制度的压迫和蹂躏，加上封闭的山区经济，生产力水平低，经济文化相对落后，使他们在贫困交加中挣扎而不得温饱，更抵御不了天灾人祸的袭击，于是把解脱一切灾难的心愿寄托在祈求神灵的庇佑上。因此，他们的舞蹈是和巫术祭祀仪式及宗教法事相结合的，通过跳相应的舞蹈，敲打原始器具，以达到讨好某些鬼神或驱赶野兽，使亡灵安息的目的。宗教本身不能产生舞蹈，但它却可以制定各种礼仪和广泛利用民族民间舞蹈，给予加工改编与神秘化，使之适合宗教仪式与各种宗教活动。因此，在这种场合下所表演的舞蹈，大都伴以繁复庄重的祭祀仪式，有特定的场合，特定的时间和固定的表演规范，即受到时间的制约，也受到法事、巫术顺序和法规的限制。海葩苗族生活在高山、半高山和深山峡谷，由于活动的地域偏僻、闭塞，经济文化不发达，他们的长鼓舞就依附着宗教活动生存延续下来。

长鼓舞表演

长鼓舞是一个群体性的舞蹈，鼓是长鼓舞最大的看点，也是舞蹈的总指挥。长鼓舞都有不同的鼓点，不同的鼓点指挥不同的舞步。人越多，声势越壮，鼓点犹如号角。表演时，以苗家自制的长约 2 米、重约 10 千克的青铜大号吹奏为先导，然后用力敲打重达 100 多斤的木制牛皮长鼓，苗家小伙则在表演场地周围各自吹响手中的芦笙，瞬间，身着节日盛装的苗家少女像一群群离巢的百鸟，欢呼着一行涌向场地中央，手拉着手，肩并着肩，前后左右用踏式的舞步跳动起来。苗族妇女跳着古朴的舞步，如大山里的百鸟欢歌，营造出喜庆欢快的氛围。苗族芦笙长鼓舞在表演过程中，每次表演要用够腰部和脚部的力量，在极为规范的舞步串连上，讲究的是群体力量的释放和谐合。整个表演，动作简朴，大方有力，鼓点激越，号声浑圆，芦笙悠扬，舞姿奔放，可谓是金戈铁马，大河奔腾。

今天，长鼓舞成了一种名副其实的群体文娱活动。云雾山片区的各族老百姓都会聚集在一起跳长鼓舞，充分体现了民族团结、和睦相处的热烈气氛。同时，活跃在云雾苗族长鼓舞艺术之乡的长鼓舞演出队，是一支声名远播的文艺队伍。1990 年参加了贵州省业余文艺演出，1991 年又参加了中国西南艺术节开幕式演出，1993 年应邀进北京，在首都工人体育场演出。这些演出都获得了各方人士和观众的好评，为贵定县增添了灿烂的民族光彩。

响篙舞

响篙舞布依语称为“蹈酒祝隆”，是独山县布依族民间舞蹈，流传于本寨乡、基长镇等地。响篙舞源于古代本地布依族的丧葬习俗，后来不断融入劳动和生活的内容逐渐成为舞蹈。它的作用也得到了延伸，从先前的祭祀性舞蹈，延伸到婚嫁迎娶，岁令佳节，甚至农闲娱乐时的欢庆和娱乐性舞蹈。从而被列为省级非物质文化遗产代表作保护名录。

响篙舞因布依族群众将破裂成条的破竹竿作为舞具敲打击而得名，流传于贵州独山县部分乡镇。其中，本寨乡是响篙舞重要发源地。独山县本寨乡是一个少数民族聚居乡镇，其中水族 8326 人，占总人口的 32%。这里风光秀丽，民风古朴，人民热情好客，文化底蕴深厚，布依族响篙舞、水族端文化、水族马尾绣、羊场温泉、峡谷景观、亮洞、中安溶洞、天星古墓群等旅游资源丰富。近年来，该乡利用丰富旅游资源优势大力发展旅游业，开发旅游产品水族马尾绣。

响篙舞

响篙舞为独山布依族覃、莫两家祖辈传承之舞。古时，布依族覃家祖先老人故世，停于中堂，为防黑猫过梁不吉利，也为守灵人壮胆。守灵人以互打竹竿玩乐，久而成习，以至代代相传。在长期的历史长河中，由于民族的迁徙、杂居、生产、生活和经济文化的互相渗透融合，响篙舞也从最初的丧舞礼仪舞蹈不断扩展演化成逢年过节、婚丧嫁娶、歌场立房、丰收祭社中以舞祈求平安，表达丰收喜悦、新婚快乐、老少安康的娱乐性舞蹈。布依族响篙舞就这样在历代艺人的加工创造下，逐渐丰富发展，以至形成今天这古朴粗犷、热烈奔放、具有强烈民族风格的布依族代表性民间舞蹈之一。

响篙舞多为青壮年表演，其动作主要以腰部的左右摔转，手中的竹篙相互擊打为特点，以鼓点的强弱、轻重、快慢来配合舞蹈的动作及情绪，形成抑、扬、顿、挫的丰富变化。响篙舞是由男女表演者共同表演的集体舞蹈。表演过程中以铜鼓、皮鼓为伴奏，舞者手中的响篙随着鼓点相互击打，发出整齐有力、清脆悦耳的竹篙声。随着鼓声、竹声节奏的快慢强弱，表演者的舞蹈动作呈现出大与小、快与慢、轻与重、动与静的变换，展现出舞蹈动作及情绪的变化。表演者腿部的屈伸，身体的摆动，以及舞动竹篙双臂的灵巧变化，产生出古朴粗犷，奔放热烈，刚劲优美，生动活泼的舞美效果，颇具浓郁的劳动生活气息和民族艺术风格。逢年过节，或遇婚丧嫁娶之事，布依族男女老少喜欢聚集于村头寨尾，院坝或间屋内，敲击铜鼓和皮鼓，一起跳起《响篙舞》，祈福纳吉、祛病消灾，或以此表示丰收的喜悦、节日的喜庆和新婚的快乐。

布依族响篙舞，为男女共舞，均为偶数。人数不限的青壮年手持响篙（一种吆喝家禽的竹竿，2 米长一端破裂成条状），应铜鼓、皮鼓声起舞，相互击打竹竿的民间舞蹈。随着鼓点的强弱、轻重、快慢来展现舞蹈动作及情绪的变化，使人体动作产生了大与小、快与慢、轻与重、动与静的对比，形成了比舞时而似蛟龙出海，时而如大鹏展翅，时而如雄狮滚球，时而如龙吟虎啸的抑扬顿挫的变化，一派阳刚之气，令人荡气回肠。响篙舞的铜鼓、皮鼓作打击乐伴奏。以击“鼓心”“鼓边”“鼓梆”“鼓棒”互击，“响篙击地”为主。击竹篙与鼓声同步，随鼓点的变化而变化，形成了咚咚嗒|咚咚嗒|嗒嗒 嗒嗒|咚嗒 咚咚|嗒|等各种不同的节奏，同时舞蹈动作也随之发生变化，产生不同的舞姿、舞步。

响篙为一根 2 米多长的竹竿，将其一头破裂而成。它是秋收季节布依人在田间晒谷场上用以驱赶偷吃谷米的家禽鸟兽所用的劳动工具，也是在庆祝丰收、新婚合欢、歌节、庙会集社、亡人驾返时表演打响篙时的舞蹈工具。舞蹈时，女演员常戴黑色绒线纺织的圆形大宽边扁沿帽，剪短鬓留羊角鬓，插绸花或野花，身穿镶边大栏杆白底青格右襟上衣，和青、蓝色布镶边小栏杆大统裤，挂银链绣花青布白飘带围腰，脚穿绣花战船鞋。男演员身着白底蓝或黑格布对襟衣，下着青、黑、蓝土布大统裤，脚穿青、蓝榜白底鞋，头包青、黑格子布头帕，要栓绸带。这充分体现了布依族人民浓郁的生活气息和强烈的民族艺术风格。

因响篙舞是独山布依族覃、莫两姓通过口传心授传承至今的舞蹈，且世代相习和传承。故覃、莫两姓的家族传承谱系即为响篙舞的传承谱系。覃家响篙舞艺人覃茂轩生于 1926 年，为独山县本寨乡丙怀人，布依族，茂轩自幼聪明好学，8 岁时就跟寨中长辈学习响篙舞，不到两年就能熟练地打击一般的舞蹈节奏，12 岁正式加入打响篙的行列。成年以后，由于有文化又通晓本民族婚丧礼俗，在寨中既了解响篙舞来历，又精通这舞蹈的程序。此外，还熟练掌握铜鼓和皮鼓配合竹篙节奏的打法，且鼓艺超群。莫家《响篙舞》艺人莫红林，男，布依族，1930 年生于独山县本寨乡拉芒村丙怀，自幼在家务农。莫红林祖辈原住荔波县阳凤乡，与独山本寨拉芒村的丙怀山水相连，后移居丙怀落户。丙怀人爱跳响篙舞，莫红林从小耳濡目染，也学会了打响篙。同时，莫红林本人也并未满足于祖传的技艺，他在实践中不断摸索，让鼓艺有所提高和发展。他创新了“跨腿击鼓”“翻身击鼓”等技法。

但近年来由于农村城镇化、文化多元化的冲击，传承人的老化，外出务工者的数量激增，已显现出普及程度的弱化和流播范围的缩小，又由于响篙舞的不断改编或“洋化”，响篙舞固有的原生态环境显现恶化，其艺术特征被淡化或被同化、异化。并且由于主要伴奏乐器铜鼓的缺失，又因经费的制约，击鼓技艺的传承少了载体和传承人。

苗族夜乐舞

夜乐舞的主要内容

夜乐舞苗语称“哦莫支呃”，据传已有300多年的历史。拉来寨的苗族《迁徙歌》，可以印证夜乐舞诞生的时间。《迁徙歌》讲述的是苗族先民从湖南，辗转移居贵州。清康熙年间，韦姓家族首先来到拉来寨定居，清雍正、乾隆年间，又有两个家族来到了拉来寨聚居。故事结尾是拉来寨的苗族同胞，为了向祖先汇报自己五谷丰登、六畜兴旺的生活，跳起了空前盛大的夜乐舞。

夜乐舞最初是在丧葬和过年才表演，但随着地区民族的大融合，如今已成为节庆与聚会的一种重要娱乐形式。夜乐舞的传承方式是族传形式，故而流传而不广，属拉来寨独有。

夜乐舞的表演形式为男女集体群舞，由“击鼓”“舞帕”“夜乐”三舞段组成。第一段由铜鼓手擂响铜鼓和钹，作为“引子”，然后由4名皮鼓手围住两个皮鼓表演击鼓技巧，开始按铜鼓的节奏起鼓，继而节奏由慢而快，他们时而以鼓槌敲击，时而以鼓槌在膝下、背后、头顶相互击打，做着“牛擦背”“虫扭腰”“虎滚花”“鸡打架”等动作，配合手腕、肘、臂

苗族夜乐舞

等各个部位或左或右,或前或后地绕动,以及头肩部的自然晃动和不断地蹬腿,向前扭跟突停的舞蹈姿态,给人一种风流洒脱、矫健自豪的形象。第二段由 4~8 名男女舞者持毛巾鱼贯而出,双手持花帕或毛巾,分两组相队而出,依照鼓点的变化,不时变换做着"拐脚""扭腰""摆胯"等动作表演,这些动作是该舞段的显著特征,造型别致,动作轻盈,韵味十足。第三段为集体群舞,节奏骤然加快,铜鼓声铿锵和鸣,犹如洪钟之声,皮鼓声,粑棒声、众人"嗬嗬"的呐喊声此起彼伏。该舞段有高低区的反复变化,高区突出两个粑棒手的"背滚花"互相扑舞的动作及"破四门"的舞蹈画面,低区是舞者呈现两纵队相对做"跪步甩帕"的动作,舞姿粗犷豪放、刚健有力。并配以皮鼓手急如骤雨的鼓点和快速高超的击鼓技术,把全舞推向了高潮,并在夜乐狂欢的顶点全舞突然中止。整个舞蹈红火热烈、气势雄浑、场面壮观,在节奏和矫健洒脱的韵律中,通过高超的击鼓、舞帕、击棒,显示出人体的灵活性和苗族人民乐观豁达、豪放坦荡的民族性格。

总之,夜乐舞是苗族先民们通过舞蹈来表达他们对生命的理解,对大自然的敬畏,他们向上苍祈福,通过精神的图腾在寂静的远古获得思想上的安宁,舞蹈是他们在时空中寻找的秩序。

夜乐舞的传承

夜乐舞本来是拉来寨的一个传统习俗,喜庆欢快,激情洋溢,是一个将情感表达得淋漓尽致的舞蹈。但在很长时间里,这个舞蹈只是家族传承,尤其是丧葬时跳的夜乐舞不许外传,舞蹈仅在拉来寨流传。现如今,规矩已经没有那么严格,不但传给外寨的苗家人,也传给汉族、布依族等,一个优秀的舞蹈理当被更多人关注,"哦莫支呃"将流传更广。

2001 年,夜乐舞荣获全国文艺选拔赛民间艺术舞蹈三等奖。如今,夜乐舞在苗族老艺人的指导下,已经走进了中小学课堂,也走进了"多彩贵州"的大舞台。相信在不久的将来,夜乐舞将会开放得更加灿烂,再现过去的荣光。

水族铜鼓舞

水语铜鼓舞叫"丢压",主要流传在三都水族自治县境内,以都江镇上江乡摆鸟村,打鱼乡的平甲村、鸟绷村,拉揽乡董术村的舞蹈最为典型。铜鼓舞多在祭典节庆及丧葬时演出，为男女集体群舞，保持着原始的广场园舞形式，表演者随着铜鼓、皮鼓的音响节奏而舞，时而撒秧、栽种，时而打谷，时而屈肘蹲跳，时而旋转穿插，既壮观又古朴典雅。

据载，铜鼓起源于青铜器时代。铜鼓舞最早用于祭祀活动，水族重铜鼓，视铜鼓为神圣之物，击铜鼓伴舞以祈丰收，与祭祖、消灾等活动密不可分。后来才逐渐从祭坛搬到民间日常娱乐活动中。现在，水族在过端节、过卯节、庆丰收，以及婚娶、丧葬期间，都要跳铜鼓舞。

铜鼓是水族人民的寨中之宝，也可以看作水族寨子的象征。铜鼓在水族民间乐器中流传最久，也最珍贵，它往往被当作权势和财富的象征。20 世纪 80 年代，当地文物部门曾做过调查，三都水族自治县各村寨所存铜鼓不在 300 面以下。相关人士也曾做过估算，现今贵州省民间所存铜鼓在千面左右。如此看来，仅三都一地就占了近 1/3。

铜鼓有雄鼓和雌鼓之分，雄鼓太阳纹的光芒射线长，雌鼓太阳纹的光芒射线短。雌雄鼓的发音也不同，雌鼓声音清脆而嘹亮，雄鼓声音雄浑而低沉。通常以鼓面中心太阳纹图案的平凹来确定是雌鼓还是雄鼓。太阳纹的光芒修长平射或微凸，音色圆润，音响洪亮，形体精致，纹饰美丽的铜鼓为公鼓（雄鼓）；太阳纹的光芒短且明显凸起，音质较低哑，形体较粗重，纹饰较粗糙者为母鼓（雌鼓）。母鼓产生的时期比公鼓要早些。

水族铜鼓舞

铜鼓舞为集体舞，表演形式为圆舞形式，舞者人数不限但需偶数，表演场地不限，晒坝、村院均可。铜鼓、皮鼓置于舞场中心，铜鼓悬挂在木架上，击铜鼓者俯身朝着铜鼓面，右手执木槌按鼓点击铜鼓心，左手持竹鞭击打鼓腰伴奏，另一人双手持瓮桶（共鸣桶）在铜鼓背后按鼓点起落向鼓腹来回抽动，以调节共鸣声大小，使鼓声洪而音远。皮鼓手按鼓点缓急，或双棒齐击，或单棒点奏，或交换双手击鼓并做出翻、跳、转、跃等复杂动作。舞者以铜鼓、皮鼓为圆心围圈而立，以马步蹲裆式、五指张开、掌心向前等“蛙形”基本姿态，按铜鼓节奏起舞，其基本动作有拜鼓、大字蹲、大字偏、大字转、大字托、大字冲、大字飞等，舞姿刚健粗犷、勇猛阳刚，充分表现水族人民勤劳勇敢、朴实彪悍的性格。

舞台上的铜鼓舞

水族跳铜鼓舞时，除了击铜鼓外，还要击皮鼓相和。（铜鼓）舞蹈表演，广场中央设置铜鼓一个，悬于架上，皮鼓一个，支木为架。在跳铜鼓舞时，正式的铜鼓舞，必须有皮鼓相和。皮鼓比铜鼓大得多，直径五六十厘米，长约2米。铜鼓击鼓时以绳系耳悬挂，需两人来完成，一人执槌力击，一人以木桶合之，根据节奏以木桶或进或出于鼓身内的空心部位，一击一合，鼓声洪而音远。同时，喷洒了酒的铜鼓的音质与没有喷洒酒的铜鼓的音质截然不同。没喷洒酒的铜鼓的音质刚而脆，喷洒了酒的铜鼓的音质柔而沉。

水族跳铜鼓舞最突出的是着装非常特殊。水族铜鼓舞装既不是生活便装，更不是节日盛装，而是一种特制的装束——头戴用竹篾编制的帽子，围上一块红布，并插上锦鸡尾毛，帽顶插上写有水族文字的小三角旗。上身着无袖无领背褂，下身穿翻边半脚裤，腰系鸡毛裙。据介绍，鸡毛裙一般有16条带子，表示水族原有16个部落和马坡。水族独特的铜鼓舞装，不由让人把它与古时神秘的祭祀活动联系起来，也就是说，水族铜鼓舞是最接近于原始的铜鼓舞的。

当前，由于外来文化的渗入，水乡的铜鼓文化已呈走向衰落之势，渐渐被人遗忘。因此，为更好地传承和发展民族民间文化，三都县决定在全县中小学校推广具有水族特色的“水族铜鼓操”，特意邀请县内知名水族文化及舞蹈方面的专家，遵循学生的年龄特点，广播体操的模式，突出水族铜鼓舞的民族性和观赏性，将水族舞蹈与广播体操韵律、形式相结合，创造出一套水族铜鼓舞健身操——水族铜鼓操，旨在让水族文化利用广播体操的形式，走进校园。

水族铜鼓舞展演

水族铜鼓舞根植于水族群众的生产生活中，与水族人民生息相关,是水族人民智慧的结晶,对于研究水族的民族文化发展史有重要价值,并在民族学、民俗学、美学,以及中外文化艺术交流研究方面具有重要的学术研究价值。对于增强民族凝聚力,促进民族团结,弘扬优秀的民族文化均有着特殊的价值和重要的现实意义。但由于现代文化的注入和现代生活方式的冲击,除一些上年纪的老人外,年轻一代几乎没有人会跳,这种优秀的民族文化已处于濒危状况,急需抢救和保护。

苗族雷公舞

苗族巫舞——雷公舞,苗语称"宋阿格叔",又译意为送雷公,是保存在黔南贵定县宝山街道办事处定东乡双河村大兴寨、虎转田一带的苗族一支系花苗村寨中,是花苗宗教法事活动中的一个舞蹈。这个停留在原始宗教层面的苗族巫舞,常于病家有求,巫师扮雷神驱赶疫鬼,医病纳福,保一方平安及病家康复还愿时进行。

雷公舞的源起

据传盘古分天地,封神榜中的姜子牙封称天上一神仙为雷神(即雷公)让它修仙于四川峨眉山,一年十二个月成仙,号称雷公虫,大的重七斤,小的重五斤。此十二个雷公虫,在每年新年"祭雷节"那天,都要送至天庭。到了玉帝处,由玉帝给它们化成人身、鸡嘴巴、有眼、有手、有脚,有十二个写有子丑寅卯辰巳午未申酉戌亥的指头和有一对翅膀的神,分布在天庭十二个角的方位上,并与地底十二个地角神相互配合,在天上人间自由巡回,统管人们日常生活中的天时十二辰。在这十二辰中,凡人的二魂七魄,如有那魂魄碰上了地龙十二角神的某一个,那么人的阴魂就会被勾走,人就得病,家就受灾。病人往往不吃不喝,面黄肌瘦,发冷发热,胡话连天,吼叫不息,落魂失魄,倦眠不醒,精神失

法师布置坛场

常，被鬼缠住，而得“贤神病”（神经病）。此时必须备好祭祀驱赶恶鬼的酒、肉、香、钱等物，由巫师敦请雷神给病者消灾脱难或雷打火烧恶鬼解救病人。这种祭神驱鬼的仪式，即形成了今日的雷公舞。

据1991年《中国民族民间舞蹈集成》（贵州省黔南布依族苗族自治州卷）记载：小花苗崇拜雷神，认为是姜子牙的化身。统管人间天时十二时辰和凡人的三魂七魄。如有某人的魂魄碰上地龙十二角神的某一个，那么此人的阴魂即被勾走，而得“贤神病”（神经病）。此时必由巫师扮作雷神，为病人作法祛难：雷打火烧恶鬼，解救病人消灾脱邪。这种祭神驱鬼的巫术仪式，表达的是一种原始宗教的巫术情感、观念和理想，也是日渐形成今日雷公舞的基础。

雷公舞的生境

苗族巫舞——雷公舞主要流传在贵州苗岭山区，贵定小花苗聚居区。仅在贵定县宝山街道办事处定东乡双河村大兴寨、虎转田一带苗族支系“小花苗”中流传。定东乡位于贵定县东部，距县城10千米，东邻福泉市的黄丝镇，麻江县的坝芒乡，西与城关镇毗连，南接定南乡，北与新铺乡相连，是两州三县市五乡镇的结合部。海拔高度在960~1689米。平均气温在18℃左右，年降水量1100~1350毫米，属亚温热湿润气候，无霜期为290天，土壤质地以中壤和沙壤为主，天然草场资源和森林资源丰富。国土总面积64平方千米，辖3个行政村（2004年撤并前为6个行政村）58个村民组、56个自然村寨，8130人，少数民族人口占总人口的64%，是一个以苗族（小花苗）为主的少数民族聚居地之一。

雷公舞表演

双河村距定东乡政府6.5千米，与麻江县坝芒乡接壤，平均海拔为1215米，共有21个村民小组，21个自然村寨，728户，3154人，其中少数民族人口1476人，占总人口的74.5%，系苗族聚居村，全村现有耕地面积1481.22亩，其中田902.29亩，人均耕地0.4亩。土地瘦贫，主要以水稻、玉米、薯类、小麦为主，家庭饲养等。

雷公舞的表演

雷公舞包括法事巫术仪式表演和治疗病人全寨娱乐歌舞两大部分。巫术法事仪式包括安坛摆像、开坛请圣、跳神驱鬼、收坛送圣四部分;娱乐歌舞由吹笙跳乐、逗趣病人两部分组成。前者法事部分通过布置坛场,巫师执法器表演卜卦、洒水、划符念咒动作,敬请雷神和众位灵神下界受祭和以巫扮神、以舞降鬼的仪式表演,演绎雷公斩鬼驱魔、匡正治邪的神秘威力。待病人还魂,即进入仪式的最后部分焚符收坛,送回神灵。娱乐歌舞随着收坛送神、病人康复,众人吹起芦笙跳乐,逗趣病人欢庆,表演雷公消灾解难,一方乐土平安康宁的情景,苗家同胞也从这种意趣独具的舞蹈里获得审美上的愉悦。

刺杀茅草人

雷公舞的表演形式为以巫扮神,以舞降鬼。其表演大致分三段:迎神、跳神、送神。主祭人(巫师)戴着柳条编的上插红黄绿色的三角旗小尖尖帽,穿上坛师服,并在祭坛对面相距 20 米处安放一雷神像。在西方位安放茅草人一个。命身穿旗袍服的五位男子扮成神将站立于五个方位,每个间隔 4 米左右。一切准备就绪,巫师坐东向西,吹牛角三声,邀请天上神兵神将来临坐镇;后又朝地连吹三声,通告各地龙门神各站各位。然后巫师向"雷神""天帝"敬酒喝茶。敬毕,巫师即开始跳神,做着走步、弓步、马步、拱手作揖、绕杆转圈、刺杀、露牙、弹水、拜神、车轮滚、耍刀四方等动作,表示在巫师(雷神)的带领下,各路总兵杀向不愿低头的鬼神。待巫师命病人入场后,巫师又命八路总兵,手持标枪轮流向替身(茅草人)刺杀,其中哪位未刺中,要罚酒三杯。待全部刺中,巫师身背茅草人,念动咒语,顿时全寨点起火把,烧起硝烟,火灰撒成云雾,燃硝形成闪电,在硝烟弥漫中,众人一齐将茅人(替身)送往西方火化升天,让恶鬼服罪重做好事。随着送神的队伍,众人吹起芦笙,病人也尾随而舞,表示消灾消难、康复痊愈,舞蹈至此全部结束。

表演者头戴法帽,身着法衣,开脸画面,在按规定安排好的神案、神祇前且歌且舞,相互唱和,行诸舞吟,诙谐调弄,带有浓厚的宗教色彩。一般在迎神还愿时表演,用以驱赶疫鬼,为人求福医病,保佑平安,同时娱乐乡民。

雷公舞的特点

寄寓着小花苗深沉文化情怀和精神信仰的雷公舞,是强化小花苗社会行为规范和凝聚民族力的生动体现,也是传播小花苗历史文化知识的一种形式,为研究小花苗历史、宗教、民族迁徙、民俗、文艺等学科，提供了较为完整的活态资料和典型实例。

一是稀缺性。保留较为完整原始宗教法事的苗族巫舞在全省仅存两个（另一个是黔东南的“芒篙舞”），加之雷公舞仅在定东乡双河村的二个寨子王、罗两姓家族中活态传承，因此它具有稀缺性、本根性和不可替代性的特征。

二是神秘性。以小花苗精神信仰的雷神为崇拜对象；以巫师扮雷神行法事巫术，为病家逐鬼压邪为内容，呈现出该舞神秘性、娱神性和狞厉美的特征，为研究小花苗历史、宗教、民族迁徙、民俗、文艺等学科，提供了较为完整的活态资料和典型实例。

三是活态传承性。该舞至今仍保持着家族师徒传承的特点，具有活态传承性的特征。至今已传承 25 代。当然，近年来，随着时代变迁和现代文化的冲击及外出务工青年的增加和青年人学习雷公舞的兴趣减弱和老艺人的相继谢世，此舞已面临传承脱节、后继乏人的险状，急需抢救保护。

四是实用性。该舞伴随小花苗原始宗教（巫术）精神信仰民俗而产生和传衍，并至今仍在他们的生活中应用，具有对民俗依附性和实用性特征。寄寓着小花苗深沉文化情怀和精神信仰的雷公舞，是强化小花苗社会行为规范和凝聚民族力的生动体现，也是传播小花苗历史文化知识的一种形式，具有实用性教化作用的价值。

五是艺术性。雷公舞从既往的弥漫着神秘宗教色彩的酬神娱神活动，发展传衍至今成为苗族群众广泛参与的一种自娱娱人的民俗活动，使它具有群众性娱乐性文化活动的作用。

苗族搓梗仔采阿诗舞

“搓梗仔采阿诗”汉译意为“吹芦笙玩祭”，是瓮安县玉山镇罗家庄流传的苗族民间舞蹈。该舞蹈最初是以祭祀为主，后来，在不断的演变过程中，逐步发展成为以娱乐为主的自娱自乐的活动。尤其是在白苗族群的传统节日，如“三月三”“六月六”等活动中，跳起“搓梗仔采阿诗”，更是让整个苗山人声鼎沸，当舞蹈进入高潮时，人们更是情绪高涨，增添了民族节日的欢乐气氛。

“搓梗仔采阿诗”的起源与传说

“搓梗仔采阿诗”主要分布在瓮安县玉山镇白花村罗家庄。白花村四面环山，与江界河国家级风景名胜区相距 16 千米，12 千米的通村公路贯穿村内全境，连接六组十五寨。全村国土面积9.6平方千米,人口2278人,556户,主要居住着苗族、汉族。其中苗族988人,占全村总人口数的45%,有3个苗族村民组。村内树木郁郁葱葱,溪水潺潺,森林资源较丰富。海拔在950米以下,气候宜人,土地肥沃,物产丰富,人民勤劳朴实,文化底蕴深厚。2011年,白花村被第九届全国少数民族传统体育运动会组委会授予"贵州30个最具魅力民族村寨"称号。

白花村苗族少女

"搓梗仔采阿诗"是瓮安县白花村苗族特有的芦笙舞蹈,芦笙舞也是苗族同胞最喜爱的一种舞蹈。苗族芦笙舞历史悠久,种类繁多,流传甚广。在我国最早的诗歌总集《诗经》中就有"吹笙鼓簧,吹笙吹笙,鼓簧鼓簧"的诗句。《贵州通志·土司土民志》中说:"每岁孟春……择平地为跳场,鲜衣艳妆,男吹芦笙,女振响铃,旋跃终日。"把芦笙舞的欢快场面做了形象生动的描绘。

白花村苗族同胞是20世纪从云南楚雄逃荒来到贵州,在开阳县居住过一段时间,20世纪60年代搬迁至此定居下来,逐渐发展成为现在的村子,苗族文化世代相传,"搓梗仔采阿诗"也随着他们的迁入而流传至今。

"搓梗仔采阿诗"源于一个民间传说:从前,苗家的一个老祖婆给大财主帮工,财主心狠手辣,稍不顺心就对帮工拳打脚踢,甚至不给饭吃、衣穿。老祖婆受不了财主的凌辱和欺压,进行抵制,财主于是赶她出门。老祖婆咋个也不走,硬是要和财主斗到底。于是,财主叫人把她拖到堂屋里跪起,受刑体罚,就这样,财主把老祖婆活活地折磨死了。老祖婆虽死,但死而不服,阴魂不散。第三天,财主的堂屋里突然长出了一坨奇形怪状的大石头,吓得财主全身发抖。为了驱逐邪气,只得请来道士太师为她超度亡魂,以求得人畜安宁。当时,苗族群众没有文化,只得用心哑记道士太师唱的经文之类的调子,后来又用苦竹做成六道的芦笙,把经文调调吹奏出来,为此,吹芦笙的习俗就从此流传了下来。为了纪念那死去的老祖婆,白苗群众就定于每年的三月三,六月六立花杆,聚集一起吹芦笙,吹吹跳跳就演变成今日的"搓梗仔采阿诗"。

"搓梗仔采阿诗"的主要内容

在苗族的传统节日"三月三"和"六月六",苗族人民就会聚集在一起,在固定的地点立起花杆。花杆长二丈五尺长，用杉木做成，立花杆时所有在场的人，都必须肃立默哀，由一个长辈在花杆旁烯烛化纸，烧香祷告一番后，便把一块红布用绳子将其升到杆顶固定，然后人们便吹起芦笙围绕花杆跳“搓梗仔采阿诗”舞。

“搓梗仔采阿诗”舞

“搓梗仔采阿诗”整个舞蹈由“九龙钻洞”“五朵梅花”“插花”“打粑”等舞段组成。每个舞段开始时，均以自由走步起头，这种舞蹈动作潇洒，飘逸，整个舞蹈则以单腿小跳、微抬腿、微吸腿等舞蹈表演动作姿态为主，形成其轻松活泼、热情奔放的热烈氛围。

整个舞蹈由芦笙手领舞，众人伴舞的形式来表演，属芦笙导舞。芦笙手一边舞蹈，一边吹奏芦笙曲为舞蹈伴奏，音乐旋律柔和，节奏平稳。舞蹈音乐由“九龙钻洞”“打粑”两段组成，根据需要，可以任意反复吹奏数次。

舞蹈主要由“甲让昂考”（译为“九龙钻洞”）、“只丢耿榜”（译为“五朵梅花”）、“歹榜仔”（译为“插花”）、“梗打妥”（译为“打粑”）等舞段组成，动作丰富，多与人们日常生产劳动有着密切的关系，如插秧舞、薅土舞等是对苗族先辈农耕生活细节的捕捉，是田野劳动的艺术表演形式。

舞蹈动作主要以颤膝、抖肩、三步一抬和转圈等为主，以“三步一抬”为动作的基础：右脚起步，左右脚向前或侧方自由踏三步，第四步左脚原地自然踢出。舞蹈动作洒脱飘逸、轻快活泼、热情奔放、风格别致，再加上“哦吙”进行喝彩助兴，气氛更加欢腾热烈。全舞由芦笙手领舞，众人伴舞的形式来表演，属芦笙导舞。

表演者男穿长衫，系腰带，包头帕；女子穿白色上衣，下身配以苗族人层叠的蜡染褶裙，双手戴乡绣有花纹图案的套袖，胸前系绣花围腰，更显现出苗族人民代代流传的文化和团结向上的精神。

“搓梗仔采阿诗”的价值与传承

一是具有历史价值。“搓梗仔采阿诗”是白花村苗族同胞独有的艺术表现形式，它的每一个节拍与动作都在传达着苗民同胞的思想、情感，以及生产生活方式。通过音乐的旋律、舞蹈的肢体语言更直接、更形象地表达前人所从事的生活，以及对生活的愿望与态度。通过对“搓梗仔采阿诗”舞蹈的解析，我们能了解白花村苗民们的生活环境和民族迁移融合的历史。

二是具有文化价值。"搓梗仔采阿诗"舞蹈动作丰富，插秧舞、薅土舞等是苗族同胞在田野劳动的艺术表演形式，是对苗族先辈农耕生活细节的捕捉，从中使人感受到白苗族人的真、善、美，蕴藏着丰富的文化信息。

三是具有艺术价值。"搓梗仔采阿诗"舞蹈具有欢快的生活情趣、浓郁的劳动气息、深厚的民族感情、肃穆的宗教色彩和独特的民族象征。舞段中"九龙钻洞"，每人领头"穿九次洞"，动作形象生动，犹如"真龙过洞"。

四是具有娱乐价值。苗族历史上较为封闭，文化娱乐活动形式单一，跳舞则是一种较普遍的娱乐形式，在生活中占有重要位置，并在很大程度上传播和延续了苗族人民的传统文化，丰富了人民群众的文化精神生活。舞蹈在他们生活中有很高的娱乐价值。

虽然"搓梗仔采阿诗"具有多方面的价值与意义，但其传承仍然面临较大的困难。一方面，近年来，由于社会的变革和市场经济的影响，许多青年外出务工，对舞蹈兴趣愈来愈淡漠，加上会跳"搓梗仔采阿"舞蹈的老人们逐渐衰老和辞世，使舞蹈逐渐走向式微、甚至消亡，传承和延续面临着严重危机。同时，受外来文化的影响，在舞蹈中加入了其他苗族支系中的表演动作，所以此舞蹈要完整传承下去是一个很大的难题，将要面临失传。另一方面，苗族服饰的制作工艺较为复杂，许多工艺失传，如:上衣的花边没有人会做，裙子的加工流程也流失，仅存的只有老人留下的裙子、腰带，胸前小围腰带。

芦笙手、鼓手与领舞者

总之，目前会跳"搓梗仔采阿诗"的人越来越少，大部分都是一些上了年纪的老人，青年人几乎都不再会跳，同时，与跳"搓梗仔采阿诗"相连的苗族服饰的制作工艺也渐渐失传。因此，该舞蹈的完整传承面临危机，做好"搓梗仔采阿诗"舞蹈的保护工作已经迫在眉睫。

卷三　传统戏剧

国家级非物质文化遗产

荔波布依族傩戏

布依傩戏堪称现代戏曲的“活化石”,是历史、民俗、民间宗教和原始戏剧的综合体,蕴藏着丰富的文化基因。在傩戏表演中,有对原始生命的崇拜和生命意识的冲动,有色彩艳丽的傩画像、造型奇异的傩面具、夸张的舞蹈动作,原始的服饰、旋律悠扬的唱腔,配上各种民族乐器和道具,表现了布依人心灵深处深沉的忧患意识和对美好生活的强烈欲望,涉及布依族的民俗、音乐、舞蹈、美术、服饰、戏曲等的创造与认识,是布依族戏剧文化的集大成者。

布依傩戏的原生环境

荔波地处贵州广西两省区的交界处,地形聚集了贵州高原和广西丘陵的综合优势, 既有高山伟岸,也有丘陵柔缓,得天独厚的喀斯特地形地貌,使荔波成为中国南方喀斯特世界自然遗产地。境内有 4A 级国家重点樟江风景名胜区和国家级中国茂兰原始森林自然保护区,1996 年经联合国教科文组织批准纳入“国际人与生物圈网络”,素有“地球腰带上绿宝石”“地球之花、山水天堂”之美誉,2005 年荔波被评为“中国最美的地方”之一。

荔波全县总人口 16.75 万人,其中布依族人口 10.385 万人,占全县人口的 62%。荔波布依族人自称“卜越”,是先秦百越民族“骆越”的一支。“骆”是布依语“槽田”之意,史书记载骆越指广西北部的一支越族,以其居住地之地貌自称。布依族居住在荔波县河岸田坝两旁,地形地貌处于山区向丘陵过渡地带,形成了两山夹峙的一槽槽水田,他们世代生活在槽田之中,就自称“骆越”,意为生活在槽田旁的越人。《宋史》记载,早在宋代,布依先民就已居住荔波,现在县城城郊的“皇帝洞”,说的就是举兵反抗宋朝第一个自立皇帝,建立“大唐国”国号的布依族农民起义首领蒙赶。荔波布依族以清代雍正十年为界,之前归属广西管辖,之后归属贵州省管辖,布依族是荔波县历史悠久的世居民族之一。自古以来,布依族以稻作文化为主,主要居住在荔波的三大河流流域,即打狗河流域、方村河流域、三岔河流域,民居为典型的南方民族干栏式建筑,全县17个乡镇均有布依族人口分布,是典型的世居其地的主体民族。

布依族在长期的发展中,创造了丰富多彩的文化。其中主要有布依古文字、布依族古歌、杆栏式建筑、布依族节日等。荔波布依族的古文字散存于本民族的经书、傩书手抄本当中。据统计,全县正在使用的布依族经书在5000册以上,其中傩书在3000册以上。布依族古歌,大致分为古代叙事歌、情歌、酒歌、苦歌、丧葬歌等。在曲调上分为欢奶调和嗨调等,在唱法上有单人唱、双人唱或一人起唱,多人合唱,或者多人分组对唱等。杆栏式建筑俗称"吊脚楼",是布依族在荔波地区最普遍的民居,上面两层为木式结构,底层为土石墙基,后部分是土石夯成的地面,用于建造大灶、火炕、安放石缸、石磨、厨房之用,前半部是吊脚的木柱,直抵底层的石墩。以木梯或石梯上到二楼堂屋,底屋圈养猪牛。布依族节日主要有过春节、清明节、四月八、五月五、六月六、七月半、八月十五、九月九、腊月小年。最具布依族特色的节日,当为"四月八"和"六月六"。郑珍在150年前记载了荔波布依族的"四月八",布依人古时生产力低下,以耕牛为珍贵的生产力要素,为感谢耕牛对人的恩惠和帮助,认定"四月八"为牛的生日,那天让人伺候牛,用初嫩枫叶制成的"黑糯饭"喂牛,给牛放假一天,流传至今。现在荔波县阳凤布依族的"四月八"最为隆重,节日中以"黑糯饭"为主食,形成了荔波影响周边县乡的"斗牛节",观者每次上万人。

布依傩戏起源与内容

傩戏来源于古代的傩祭、民俗祭礼。傩祭源于古代的图腾崇拜,发展于古代的原始宗教仪式,史料记载傩戏出现距今已有2000多年。荔波布依傩戏,产生于唐宋年间,是布依人自然崇拜、图腾崇拜、祖先崇拜和神灵崇拜的综合体,是布依族人民"无子求子,有子求福"的还愿活动,反映了布依族在古代云贵高原严酷生存环境下,对生命延续的渴求,对后代繁衍的渴望,通过戏剧表达出强烈的族群壮大的愿望,这是一般的最普遍的对傩戏起源的阐释。

荔波县的"傩戏"最早用于布依"做桥""烧香""还愿"等"傩坛祭祀",流传至今已有半个世纪。在布依群众中,称傩戏为"桥"(大桥或小桥)。布依傩戏演出时间,"小桥"1~3天,"大桥"3~13天。祭坛分别挂上万岁天尊圣母、花林、托生、六乔、三元、社王、六官等神像画案,代表布依族信奉的神仙。傩戏演唱书为24册,以天尊圣母为主要题材。

傩戏活动分为坛内祭祀和坛外戏剧。坛内由傩书先生唱念,并挂36路神像画案,代表布依族信奉的36路神仙。唱的内容有万岁天尊圣母、花林、托生、六乔、沙罗、三界公爷、三元、师公、师傅、社王、三祖、孤独等神灵,每个神灵都有相应一张木刻面具。坛外戏剧也由傩书先生表演，剧目有《蒙官断案》《瑶伙计打山》《龙公卖牌》《杨家将》《朱买臣卖柴》《文龙妻等夫》《丁兰雕偶敬爷娘》《孟姜女哭长城》《梁山伯与祝英台》等。

布依族傩戏表演

荔波傩戏唱本，全部用布依话唱念。布依傩戏不只是一般的戏剧活动，其中所唱念的内容，包含有天地开创、人类起源的布依神话传说，有叙述历代帝王的历史故事讲唱，有 24 个独立成章的剧目，有荔波本土的故事，也有引进汉族故事，但均变成了布依语唱念的本土化戏剧了。后“傩戏”取材于中国古代征战故事，糅进神话传奇，杂以乡间吉语，融话剧、歌剧、舞剧为一体。剧中人物有“将军、先锋、文官、武官、副将、妇孺”等形象。傩面具均用木质雕刻成型，造型奇特、色彩神秘、栩栩如生，服装更是瑰丽多彩，其舞姿粗犷，娱人娱神，独具特色。

布依傩戏的艺术价值

布依族的历史典籍“经书”和“傩书”，是布依先生运用布依古文字记录，并全部用布依语言朗读来开展祭祀宗教活动的书籍。布依人称这些典籍为“摩经”和“过桥书”。布依傩戏及其唱本（布依傩书）具有很高的历史价值、思想价值、艺术价值、文化价值，是人们认识布依族的范本。

一是历史价值。傩书是布依族傩戏古老的典籍，全部使用布依语言说唱，剧本用布依古文字抄录，在布依族地区广泛流传。其内容记录了布依人民对天地开创、人类起源的传说。

二是思想价值。傩书是布依族祖先保留下来的“布依经书”和“布依傩书”，是世代传承布依傩师运用布依古文字记录并全部用布依语言朗读来开展傩戏活动的书籍，布依族人称这些典籍为“摩经”和“还愿过桥书”。它是代代传承的文化典籍，是研究布依族族群的哲学思想、宗教信仰、伦理道德、思维方式的民族古籍，对揭开布依族族群心理，了解布依族自然观和世界观具有举足轻重的地位。布依傩书是研究布依族哲学思想、宗教信仰、伦理道德、思维方式的珍贵资料，对揭开布依族族群心理，了解布依族农耕文化和世界观具有举足轻重的地位。

三是艺术价值。在布依傩戏活动中，融诗、歌、舞、话剧于一体，36 张傩画表现了布依族的精美绘画，戏中乐器有大鼓、马锣、大钵、小钵、包锣、小巧、点子、大号、

傩戏面具

唢呐等。穿着傩戏戏服,脸戴10多种木刻彩绘面具,唱着24个剧目,是音律优美、和谐押韵的布依语诗歌,配有夸张的舞蹈动作,它保存了原始的布依族民间乐器、木刻艺术和绘画。通过简洁明快、节奏整齐的舞蹈语言,表达了布依人的内心世界和审美观,表达了布依人生活中的喜怒哀乐和生产耕作狩猎战斗的动作模仿,具有重要的文化艺术价值。

四是文化价值。布依族傩戏中保存布依族世代敬奉的10多个神,其中万岁天尊圣母,三界公爷被布依人最为崇拜敬奉,在荔波布依族每个农家的香火上,都写有他们的神位,时刻上香,祈求禳灾得福,永保平安。傩戏保存了布依先民世代传唱的10多个剧目,广泛被布依族群众所接受,其中的惩恶扬善、劝人向善、孝顺父母、弘扬人间真善美的思想,构成了布依民族文化最具价值的内容,在潜移默化中成为布依民族的行为规范。荔波布依族文化,以布依傩文化为载体。而傩文化活动中,渗透了布依族人的语言、文字、观念、价值取向。要深层次地透视荔波布依族远古文化基因,则要从荔波布依傩文化中去寻找。

花灯戏(独山县)

独山花灯以灯、戏、唱、说兼容的独特风格,鲜明的地域文化和民族特色、优美的音乐曲调闻名于世。独山先后被国家文化部授予“全国文化先进县”“中国民间艺术之乡”称号。2008年,独山花灯成功入选国家级非物质文化遗产名录。

悠久的历史渊源

花灯的起源在我国有着久远的历史。据《隋书·音乐志》记载,炀帝大业六年(公元601年),杨广(即隋炀帝)为了夸示其国力富裕,乘突厥族的染干来朝,在洛阳端门街设“角抵大戏”,“总追四方散乐、大集乐都”。到了唐代,“元宵灯会”已形成隆重的节日，从宫廷到民间，都有着盛大的歌舞游乐活动，唐代的许多诗作，都记述了当时灯会活动的情况，如《全唐诗》中张肃远《观灯》诗："十万人家火烟光、门门开处是红装。歌钟喧夜更漏暗、罗绮满街尘土香。星宿别从天哗出、莲花不向水中芳。宝钗骤马多遗落，依旧明朝在路旁。"从这些历史的记载中，也印证了民间花灯艺人流传"灯从唐朝起，戏从宋朝兴"的"盘灯"唱词。

独山花灯表演

至于"元宵灯会"的习俗何时传入独山，在明末以前未发现可考史料，但徐霞客过独山时在日记中曾有一则"独山土官昔为蒙诏，四年前观灯为其子所弑"的记载（见《黔南丛书·徐霞客黔游日记》）。乾隆三十四年（1769 年）修成的《独山州志》始有"元宵灯火花炮家家争胜，上元日晚绅士乡民各至父母祖先坟茔上灯"的记载。由此推断，清康熙以前就有花灯在独山流行。独山花灯产生后，迅速在独山县周边流传开来。《独山县志》风俗篇载："上旬内（正月）街坊龙灯彼此争胜，尤以元宵为最，自十一日至十五日，土民具香楮，酒脯於祖墓前展拜曰：'上灯'。此后市人开张、书童上学皆择吉，乡村龙灯间有习灯唱者，或具帖赴某村庆贺或某村招之演唱，同曰：'玩年'。"清咸丰年间（1851 年），愿灯盛行独山城乡，歌舞中就带有戏的成分，如《打头台》已经由歌舞发展到人物，有故事情节的别具风格的"台灯"。"台灯"的出现，标志着独山花灯戏的形成。

总之，从上述相关记载看，独山花灯有着悠久的历史渊源。如今，在经历了500 多年活态流变的发展传承后，独山花灯迎来了大发展、大繁荣。独山人都以"花灯人"为自豪。在独山，不管是重大节庆或是祭祀活动，唱花灯都必不可少。"人人会拿花灯扇，个个会唱花灯调"，这是独山花灯普及化最真实的写照。

南路花灯的典型代表

独山花灯以其 20 余种扇帕动作，30 余种身体造型，40 余种音乐曲调，百余出传统和现代戏目，由原始的驱鬼避邪、祝神消灾、祭祀祈福的愿灯演变成为民间娱乐歌舞，最终发展成为独特的地方戏剧艺术，成为独山各族人民的文化财富。独山花灯产生于民间，长期流行于民间。它以载歌载舞、多姿多彩的表演形式；明快活泼、优美动听的唱腔旋律；浓郁的乡土气息和鲜明的地方特色，赢得了独山县以至黔南州各族人民的喜爱，在贵州花灯中独树一帜，自成体系，被人们称为贵州南路花灯的代表。

花灯剧表演

独山花灯素有农民艺术之称，不仅在于它具有浓郁的乡土气息和鲜明的地方特色，还在于它广泛地流行于农村，演员多为农民，常活动于农闲的古历正月，尤以元宵最为活跃。独山花灯由于长期植根于农村，它既无专业灯班、职业艺人，又是在一个比较封闭的环境中缓慢地发展，因此规范化、程式化的程度不高。但它始终保持着农民艺术特有的通俗、淳厚、朴实和明快，带有较大的可塑性，即兴创作的成分较多，同时长期活动于农村而受当地人们审美情趣的制约，对省外戏曲剧种风格的吸收较慢，使载歌载舞的形式具有较大的稳定性，并以此构成了自己的个性特色。

传统的独山花灯剧，既无场次和固定的台词，又无舞台指示，演员根据灯师说戏（摆故事），按固定曲调在台上即兴编词、演唱、说白，有戏、有话则长，无戏、无话则短，场景转换较多，结构比较自由。以反映旧社会妇女遭遇的大戏较多，“三小”（即小生、小旦、小丑）的戏占绝大部分，有价值的植根于民间生活、民间传说的小戏较少；公堂戏、武打戏更少，特别是武打戏，动作更为简单、粗俗。故此，独山花灯剧既不同于其他民间歌舞小戏，也不同于其他成熟的大剧种。

音乐是剧种的灵魂，唱腔是戏曲的标志。独山花灯的音乐结构形式为曲牌联套体，唱腔曲调数量较多，总计不下 300 余种。民间一般按演出形式分类，分作地灯（包括祭仪及歌舞）和台灯两类；若以功能划分，基本上分为唱腔、过场牌子、锣鼓牌子三大部分。独山花灯的主奏乐器是花胡（筒子略大和略长于京胡），其余有竹笛和月琴，近年来增加了大胡、扬琴、三弦、笙、甚至大提琴、黑管等西洋乐器，但使用的还不普遍，伴奏方法基本上是“跟腔走”。

独山花灯的表演也与其他戏曲有所不同，其特点是：“调子不离口，扇帕不离手，走路常拐扭，传神靠眼瞅。”它的舞蹈动作较多，有“岩鹰展翅”“鸳鸯扑地”“燕舞华堂”“蝴蝶扇”“矮桩步”“梭梭步”等几十种，演员们在表演中运用这些身段，使花灯的表演内容更加丰富。

独山花灯剧目保留至今的达五六十出，其中一部分是根据明清以来的唱本稍加调整编演的，如《金铃记》《蟒蛇记》等；另一部分是根据民间故事改编的，如《七妹与蛇郎》《双告状》等；也有一些是从别的剧种移植过来的，如《柳荫记》《三访亲》《铡美案》等；还有一些是独山花灯艺人自己创作的，如《双槐树》《三怕妻》等，其中大部分是中华人民共和国成立后才创作的新剧目，如《妇女矿工排》《春归校园》等。这些剧中《七妹与蛇郎》《三访亲》上演已超出百场，观众百看不厌。

独特的艺术形式

独山花灯产生于“社”的祭祀活动，在形成和发展的漫长岁月中，经历了一个由一元到多元的演变过程。从功能上划分为酬神和娱人，但两者经常互相混杂；从形式上划分为地灯和台灯。

地灯不择场地，是在台下演唱，故名地灯。地灯属于歌舞类，曲调明快、诙谐、接近口语，舞蹈欢快、朴质、优美、生活气息浓，只有锣鼓伴奏。主要用于驱鬼镇邪，招财求子，消灾除病，酬神还愿，故又名愿灯。地灯由一男一女两个青年同台演出。其基本套式是：男角先出场，经过整装后出发去邀请女方；通过门前喊话，应对女方提问、帮女方开财门、进门拜年，以及双方对唱对舞。从中表现男女青年的爱慕情谊，同时也融入喜庆祝贺的主题内容。

台灯是由地灯发展起来的，纯属娱乐性质，演唱于舞台上，故名台灯，亦名耍灯。台灯分花灯歌舞和花灯戏两类。花灯歌舞，曲调旋律流畅、情绪欢快、民歌风味较浓，舞蹈纯厚朴质、热烈、富于生活气息。

花灯剧是在花灯歌舞的基础上发展起来的，属于戏曲形式，能表现较为复杂的内容，有一定的故事情节，人物按角色穿戴戏装。台灯不但有锣鼓、还加入弦乐器伴奏。不像地灯那样是男女二人转，有一定情节。台灯的基本套式一般是由 4 人以上的女青年上台表演花灯集体舞，内容就是歌舞祝贺喜庆，热闹开场。

综上所述，可以看到，无论是观看地灯还是台灯，都犹如在游览独山花灯艺术的独特景观，观赏到两道亮丽的风景线。换言之，不看地灯和台灯，就领略不了独山花灯的深刻内涵和全貌，就欣赏不到贵州南部浓郁地方特色的独山花灯那迷人的景观。独山花灯以灯戏兼容的独特风格，鲜明的地域民族文化特色，优美的舞姿与曲调闻名于世，是独山人特殊的生活方式、民族个性与文化多样性的审美习性“活”的显现，展现了勤劳勇敢、淳朴善良的布依族人达观与进取的精神。

省级非物质文化遗产

福泉阳戏

“阳戏”是傩戏系统中戏剧表演因素更趋完备的剧种。民间把傩戏分为“阴戏”和“阳戏”,以酬神和驱邪为主的叫“阴戏”,以娱人和纳吉为主的叫“阳戏”。福泉阳戏全称是舞阳神戏,简称“阳戏”,即在祭祀仪式中进行若干戏剧性表演。举行阳戏神祀活动,一般先叩许信愿,然后还愿,因而叫“还阳戏”,又称为“愿戏”。

独特的起源与传承

福泉市位于贵州省中部,黔南为北部,东邻黄平县、凯里市,西和西北抵贵定县、龙里县、开阳县,南接麻江县,北与瓮安县相连。

福泉历史悠久。早在殷商时期,是梁州、荆州南裔或为牂柯郡国,春秋战国至秦汉置且兰,隋唐五代设宾化县,宋为黎峨里寨。平越之名始于明朝洪武八年(公元 1375 年),公元 1953 年将平越更名为福泉县,公元 1994 年撤县设市,现为福泉市。

福泉,地处京滇古驿道必经之地,历为兵家重镇。明朝初年,朱元璋的军队出征云南。曾在福泉建卫屯兵,屯田的士兵和南迁的移民带来了中原一代古老的傩文化。随着时间的推移,原始古老的傩文化活动中的“乡人傩(民傩)”就扎根于福泉,并以其顽强的生命力流传至今。

福泉阳戏是原始傩戏的一种,演出时多戴面具,延续至今有 600 余年历史,是中国傩戏中仅存的阳戏,是我国戏剧表演的雏形,被誉为中国戏剧的“活化石”。

福泉阳戏的所在地福泉市龙昌镇大水沟黄土哨村民组,地处群山环抱古木林立之中,是瓮安——福泉——马场坪——贵定——龙里——贵阳的必经之地。该处有 110 户人家,600 余口村民,绝大部分为汉族。明朝初年,朱元璋的军队出征云南。曾在福泉建卫屯兵,士兵和南迁的移民带来了中原古老的傩文化。他们远离家乡,对故土和亲人怀着深深的眷念之情。于是,用保留家乡的各种祭祀、习俗来保持心态的平衡和寄托对故土亲人的相思。原始古老的傩文化活动中的“乡人傩(民傩)”就此扎根于此,并流传至今。

独特的演出形式

福泉阳戏与其他地区阳戏的最大区别为:每次演出时要搭戏台才演,没有舞台不演,演出时还要挂“案子”(即舞台背景)。这充分表明,福泉阳戏已呈戏剧表演的雏形,它已经由酬神活动衍变为涉足文艺表演领域。

阳戏分为内坛和外坛,内坛主要是做法事,外坛主要是唱戏。阳戏内坛二十四戏,即二十四坛法事,为迎神、酬神、送神仪式。外坛二十四戏,主要是戏剧表演,常演的剧目为赐福戏、贺寿戏、仕进戏、婚娶戏、送子戏、逗乐戏等。祭祀仪式的淡化和消失,戏剧娱乐因素的强化是阳戏的重要特征。

下火海仪式

福泉阳戏演出剧目繁多,分为武剧和文剧两种。武剧主要有《李二郎销孽龙》《金角将军》《开山莽将》《白猿传艺》等。文剧则有《孟姜女》《龙王女》《柳毅传书》《霸王别姬》等。阳戏每个剧目都有很强的故事情节性,每个艺人将阳戏中虚幻的祭仪内容改为有形的实在情节,通过道白、唱跳、追打等动作穿插为一体,构成了一个体现悲欢离合、扬善惩恶、既矛盾而又统一的奇特场面,表达出短小完整的故事内容,在原始的戏剧中体现了现代戏剧表演的雏形。

阳戏正规演出每年举行三次,分别为农历正月、五月、六月进行,一场戏全部演出需要四天四夜。福泉阳戏每年三次的正规演出都具有特定的“纪念性”。农历正月间的演出一般都在正月初七、初八、初九、初十这四天。按民间的说法为初七是人的祭日,初八是谷子的祭日,初九是豆子的祭日,初十是棉花的祭日,其演出目的主要是乞求来年的好收成,如《土地判官》《安安送米》等。农历五月十三“单刀会”，为纪念关羽而专门演出与关羽有关的戏，如《白猿传艺》《桃园结义》《斩华雄》等。此次只演一天，并只在当地的关帝庙前演出，演出前要举行拜祭仪式。农历六月二十四日为传说中“二郎神”的诞辰，为纪念神话中的二郎神和历史上的二郎（川主、水神）而演出，祈求“二郎”庇佑一方平安。如《劈山救母》《开山大将》等。

此外，就是当地村民在还愿时请戏班子演出，时间和规模都是根据主人的要求而定，比起正规演出的规模就小多了。

福泉阳戏每次正规演出时都在举行“开坛”仪式，过程并不复杂，只是象征性的，相当于原梨园班子的那一套，俗称“开箱”，因其面具、服装、道具、案子都存放在箱内而得名。

剧目唱腔曲牌数十种（俗称“九板十三腔”）。阳戏演出时的音乐伴奏不用丝弦，全是锣、钗、鼓等打击乐器。道具与服装都很简单。福泉阳戏在表演时还要展示一些如赤脚“上刀山”“下火海”“捞油锅”等常人难以想象的绝活，其中有一种称为“莲花步”的表演动作，表演难度较高，动作极为复杂。其特点是讲求手势语言，具有强烈的模仿性、象征性等文化内涵。

独特的阳戏面具

面具是傩戏的主要标志。福泉阳戏一堂为36面，目前仅存留17面。福泉的阳戏非常有气势，热烈且颇具观赏性。福泉阳戏与周边省、市的阳戏比较，其不同之处在于，自始至终都戴面具而没有被涂面化妆所取代，这是其学术和审美价值可贵之处。其他地区的阳戏在演出时已由早期要头戴面具逐渐演化为涂面化妆表演，而福泉阳戏至今还是头戴面具演出，这也就是该处阳戏的独特之处。

阳戏面具

福泉阳戏面具的形态和神态都不重复，在造型艺术上特别注重不同角色性格的深层刻画，并以其独特的艺术造型体现凝重神秘实感，表现面具制作者的聪明才智。如有思贤如渴的“刘备”、忠诚刚直的“关羽”、性格暴躁的“张飞”、威风凛凛的“二郎神”、力拔泰山的“楚霸王”、铁面无私的“土地判官”、叱咤风云的“开路仙锋”等。

福泉阳戏面具与其他傩戏面具和地戏面具相比较，虽没有傩戏面具的原始古朴之风格，也没有地戏面具那样细致繁褥之表象。但是，在造型艺术上受中原文化和荆蜀文化的影响而呈现出社会生活中不同阶层的人物类型，是处于二者之间的另类造型艺术，趋向于世俗化、地域化和民族化的原始脸谱化，其艺术特征中呈现出写实性较强而神秘的色彩。

这些面具都是以木质细密、松软、不易开裂的白杨制作而成，在经过民间艺人大胆创造出风格形态各异的，融雕塑美、绘画美、工艺美和造型美为一体的面具上，那种原始古朴中闪露出的神秘、奇特、独异的美感不得不使人浮想万分，不能不被它那种深厚的历史美和地域美所震慑。其实，这些面具都是根据当时社会神话传说故事中的原形加以制作者丰富的想象雕塑成形的，并不像地戏面具那样有一定的制作模式，而是将乡民的社会生活、社会习俗、社会信仰、价值观等各种现象集中在面具造型艺术上体现出来。为此阳戏面具有两点突出的性质：一是通过不同的造型、彩绘来显示出某一角色的分类（文、武、男、女、老、少）性格特征。二是体现了当地村民对（戏中）人物的褒贬爱憎，鲜明地突出了该地域的人们对各种历史时期和世俗人物的评价和选择心理。

总之，福泉阳戏是福泉人民喜闻乐见的艺术形式之一，也是联系古代文明和现代文明的纽带，是当之无愧的“戏剧活化石”。福泉阳戏至今仍遗存了品类繁多、各具特色的大量原始文化信息。福泉阳戏不仅有观赏价值，给现代艺术以借鉴和启迪，还为宗教学、民族学、历史学、艺术学、人类学乃至东方文化研究，提供了十分珍贵的活材料，具有很高的文物价值、艺术价值、科研价值和商品开发价值。

花灯戏（福泉市）

福泉市阔龙水花灯艺术从群众中来，由老百姓自编自演、唱词浅显易懂、生动直白，唱的都是根据历史和现实的生产生活相关的内容，反映着农村生活、生产状况和思想发展状况，丰富着老百姓的文化生活，深受群众欢迎，常常是“一方响锣，十方惊动”，阔龙水村被黔南州文化局评为“文化艺术之乡”。

阔龙水村位于福泉市境北部，距县城35千米，这里主要是明洪武年间军屯者留下后裔繁衍生息的地方。牛场镇阔龙水村，位于福泉市北部，距牛场5千米，有7个自然村寨，11个村民小组，380户人家，1850多人，分别居住在福泉至黄平的公路两旁。

阔龙水花灯是省级非物质文化遗产，起源于清代，至今已有上百年历史。据《平越直隶州志》记载：“藜峨风俗，正月十三日前，城市弱男童崽饰为女装，双环低缀，翠翘金钗……每至一处，绕亭而唱。”灯会初建时期，演员只有两个人，一人扮演

舞台上的花灯戏

“唐二”,一人扮演“幺妹”,一面锣做乐器,一条围裙做戏服每逢春节开始演出,所唱的内容只有“参神”“开财门”“十打”“十送”等简单的几种,演出常用器具包括鼓、镲、琴、锣、笛、二胡、三弦等乐器和扇子、帕子等道具。

光绪末年,花灯艺人石荣清、谢国忠等十余人正式组建花灯会,每年春节走乡串寨“踩地灯”,即是花灯最初的艺术形式,可分为“地灯”“台灯”“愿灯”“灯夹戏”等几种。1932年,艺人石清荣、罗国宣组织成立阔龙水花灯会,阔龙水花灯又在原“地灯”的基础上增加了“台灯”和“愿灯”,表演程序分为“请水、安灵、踩门户、贺主人、拜香火、开财门、踩新台、打头台、扫台”等18个灯序;曲调分为“孟姜女、采茶调、双探梅、雪花飘、五更叹郎、采花调、门户调、贺调”等60多种。

花灯表演没有固定的唱词,一般都是据历史和现实的生产生活即兴而编,遇时而作。演唱形式分为独唱、对唱、合唱,演唱者随着鼓、镲、琴、锣、笛的音响,戴冠着须,提袍甩袖,吹胡瞪眼,嬉笑怒骂轮番上场独唱、对唱、合唱,把世上的美丑善恶、是非曲直和人间的悲欢离合、喜怒哀乐刻画得淋漓尽致。例如,用“祝英调”对唱抒情“梁山伯与祝英台,历山攻书把情怀;女扮男装未识破,相思病死想不开…”可谓情意绵绵;用“孟姜调”咒骂“有个秦始皇,强修万里墙,新妇孟姜女,寻夫离故乡。恨死秦始皇,残害范喜郎,气坏小孟姜,哭倒万里墙”,骂得淋漓痛快。民国年间,川剧融入花灯,称“灯夹戏”。收集整理了川剧折子戏《五家坡》《穆桂英》《三伯访友》等20多个剧目和50多种花灯曲调。相继排演了大型地方花灯戏《梁山伯与祝英台》《牛郎织女》《五台会兄》等剧目。中华人民共和国成立后,花灯剧团开始活跃,排演了古装花灯剧《刘三妹挑水》、现代花灯剧《一个好》等10多个剧目,经常在周边县市村镇巡演,并屡屡参加省州大型演出,获得多项大奖和观众喜爱。

清末到民国初年,花灯演出内容有所增加,开始采用“道筒”“二胡”等简单乐器。演唱的内容主要是将“梁山伯与祝英台”“天仙配”“孟姜女”“樊梨花”等历史传说和民间故事编成唱词进行演唱。

中华人民共和国成立初期,配合宣传婚姻自主和发展生产,歌颂党,歌颂社会主义,编演了“逼婚配”“红军不怕远征难”等剧目。20世纪80年代以来,随经济的发展,花灯艺术也得到很大发展,演出乐器增多,服饰多样,内容也更为丰富,将原先的花灯唱改为灯夹戏，表演形式也丰富多样，有歌有舞、有唱有跳。开始在周边县市巡演，受到越来越多群众的热爱。

花灯表演

总之，为保护这一古老的艺术形式，政府在阔龙水范围内已经命名了一批包括花灯表演者、乐师、编剧在内的民间艺人为民间艺术家，确认了相关传承人的地位。政府还把阔龙水水源小学命名花灯艺术继承人培养基地，确保花灯艺术后继有人政府加大力度对包括花灯在内的一批民间艺术进行保护，积极搭建平台，联系媒介，将这些艺术全面推向世界，让更多的人喜爱和关注花灯，让更多的人欣赏到这种古老的艺术。

马路屯堡地戏

屯堡地戏是中华民族传统文化的一朵奇葩，其曲目皆为武戏，唱胜不唱败，粗犷豪放，又具有很深的文化内涵。屯堡地戏曾多次参加国际艺术节，赴法国巴黎、日本东京等地做过精彩的表演，深受人们的喜爱，被国际学术界称为“世界戏剧史上的活化石”。

马路屯堡奇特的历史文化

奇特的马路屯堡文化历史，可追溯到600多年以前。明朝初年，朱元璋为消灭在云南的元朝势力及巩固对贵州的统治，于洪武十四年（1381年）、洪武二十一年（1388年）两次派遣30万大军“调北征南”，大本营设在今安顺市西秀区旧州一带。后来，又从江南诸省征调大批移民附籍，史称“调北填南”。这些征南将士和填南移民，一边操练军事，巩固后方；一边开荒种地，提供军需。在明王朝实行军屯、商屯、民屯大规模屯田制后，他们即在以安顺市西秀区为中心的周边县市长期定居下来，仍然一边操练，一边耕种，以防不测之变，于是就形成了一个又一个的村落。在长顺马路一带农村，凡地名一带“屯”“堡”“旗”“哨”的村寨，都是当年屯兵的驻

地戏演出

地，其村民大多为当年的屯兵后裔。600多年来，这些村落不因时代的变迁而变迁，终究形成了奇特的民风、民俗和独特的传统文化，至今令世人叹为观止。据马路乡马路村燕旗堡陈氏族谱溯源："一世祖随军南征到此，繁衍后裔，已十八世，六百余载。"由此可见，长顺境内早在明朝初年就有屯堡人的先辈们前来居住。

地戏就是当年明朝南征时随军开展娱乐活动及训练武功的一种形式，并保存延续地戏的形式，经历了一个漫长的历史过程；它源于古傩舞活动，这是一种军武戏，一种原始巫术舞踏。据《长顺县志》载："民众来自外省，当草莱开辟之后，多习于安逸，积之既久，武备渐废，太平岂能长保？识忧之。于是乃有跳神之举，借以演习武事，不使生疏，含有寓兵于农之深意。迄今安顺境内，盛行不衰。"

屯堡人依村寨门前或寨中空地为戏台，以憨直拙朴、粗犷自然的露天演唱形式，用唱、念、做、打的艺术手法，表现中国古代忠义历史故事和神话传说。傩戏表演时戴面具，演员头上罩有青纱，遮住面具，上身穿数件长衫；下身穿罗裙，头盔上或盘龙绕凤，或配野鸡翎子，装饰性强，具有浓郁的浪漫主义色彩，曾与驱鬼、祭祀等活动结合起来。一般每年跳两次——农历正月、七月。长顺的地戏盛行于马路、凯佐、新寨、营盘等地；傩戏盛行于威远、摆所、营盘、中坝一带。威远张家院的历史较长，为明初传入代表剧目《跳五显》，一般在农闲时演出。舞蹈有单人舞、双人舞、面具舞三种。

独具魅力长顺屯堡风情

在长顺县马路乡、新寨乡等地区，有相当数量的屯堡村落和屯堡人。屯堡人居住的地方，多以屯、堡、旗、场、所、卫、哨、关、卡等命名，颇具军事色彩。他们的建筑、服饰、语言、娱乐、饮食等都十分独特，至今仍保留不少江南明初意韵。屯堡人构成特有的屯堡文化，极具研究价值和观赏价值。

屯堡村落匠心独具。屯堡村寨的房屋多为石木结构，沿袭了江南三合院、四合院式样。木、石雕花工艺被广泛运用在房屋的屋基、天井、楼廊、风窗、扇门等关键部位。图案采用江南常见的人物、动物、花草纹饰，十分精美。门窄窗小，窗似射孔。朝门则呈外宽内窄的"凹"字形，凹壁上留着枪眼，顶部设"望楼"。整寨用石头围墙圈围,边上设碉堡护卫,是一座封闭性与防御性于一体的建筑群体,有极高军事功用。石头建筑的屯堡居民,具有强烈的军事色彩,村寨内部的巷子互相连接,纵横交错,巷子又直通寨中的街道,形成“点、线、面”组合的防御体系。靠巷子的墙体,留着较小的窗户,既可以采光,又形成了遍布于巷子中的深邃枪眼。低矮的石门,有一夫当关,万夫莫开的军事功能。这一切无不显示当时战争所需的建筑构成和屯军备武的思想。现在屯堡村寨中,仍残存着许多垛口、炮台。如今,马路乡的青山堡、新寨乡的安乐堡等村寨还可见其遗迹。

屯保人服饰自成一家。屯堡人的服饰,主要表现在妇女身上,屯堡妇女一直保留明朝时安徽“凤阳汉装”。她们的装束通常是宽衣大袖,大衣袍及长膝下。领口、袖口、前襟边缘皆镶有流绣花纹,腰间以两端垂于膝弯部的织锦丝带系扎。长发挽成圆网罩于脑后,上有玉簪等首饰。妇女婚否的区别在于:未婚少女梳长独辫;已婚妇女头上挽“凤头髻”,套上马尾编织的发网,别上银钗玉簪,缠绕白布包帕(老年妇女包青帕),身穿领、袖、襟均镶花边的宝蓝色大袖长衫,腰系青丝带,脚穿高帮翘尖绣花“凤头布鞋”。现在,其他地方只能在戏台上看到这种穿着打扮,在屯堡却是日常生活便装,其盛装、婚丧和节日盛装更有独特的魅力。

屯堡人的语言始终沿袭江淮母语特征。发音中翘舌音和儿话音很明显,南北方的人也易听懂。日常的口语对话中,大量使用谚语、歇后语,显得生动活泼,幽默有趣,喜欢讲歇后语和“展言子”。

屯堡人在饮食上也创造了自己的特色。如辣子鸡、豆腐乳、腊肉、香肠、血豆腐、油炸山药、酸藠头、干豇豆、松糕、窝丝糖等,都有其独特的色香味。马路村寨里还有一种名叫“花酒”的米酒,因倒在碗里时起花泡久而不散得名,是屯堡人的特酿,十分爽口醇香。

独特的长顺马路屯堡地戏

屯堡人称地戏为“跳神”,演唱时,表演者头戴面具插雉尾,身穿长衫,腰围战裙,背插靠旗,面罩青纱,操戈扬盾,边歌边舞。而具雕刻精美,色彩丰富,是很好的民间工艺品。

长顺县现有 14 支地戏队,他们表演的剧目主要有燕旗堡的《五虎平西》、马路场的《反山东》、王龙的《三下合东》、田旗堡的《生意龙征》、后格的《三国演义》、长坡的《岳传》、新场的《三国演义》、胡家堡的《四马投唐》、青山的《薛丁山征西》、砍马的《四马投唐》、竹林寨的《封神榜》、毛粟坡的《反山东》、花红的《薛仁贵征东》、洞上的《薛仁贵征西》。

演出时,演员们额上戴以简练夸张的“脸子”即木雕面具,身着长衫,背插小

走上舞台的马路屯堡地戏

旗,腰系战裙,手持木制短刀长枪,唱着原弋阳腔,仅借一锣一鼓的击奏,在一人启口、众人接腔的伴唱下,以人物上下更换时空变换,借三五步为万水千山,就竹鞭为金戈铁马,依桌椅象征高山要塞,在扬、开、合的厮杀,挡、架、翻、窜的格斗中虚实结合,形神兼备,产生极具击鼓进兵、鸣金收兵的古代战争景象,从而形成屯堡地戏特有的艺术魅力。

地戏的表演者全是男性,但女人却是最忠实的观众。每年春种秋收之际,或逢年过节之时,屯子里的地戏班子都要演上几天几夜。几乎每个屯堡村寨都有一堂地戏,较大的屯堡村寨有两堂甚至三堂地戏。每一堂戏都是连堂戏,演出一个故事可以长达十天半月。地戏在田间地头露天表演,每次演出都吸引了成千上万的观众,有的从几十里以外赶来,年复一年,百看不厌。

屯堡人称地戏的面具为“脸子”。脸子是地戏的灵魂,没有“脸子”就不能表演地戏。地戏的“脸子”都是用坚韧的丁香木或白杨木雕刻而成。各村寨都有地戏班子,“脸子”又是不可或缺的道具,每堂地戏多则一二百面,少则三四十面,需求量很大,所以就有了专事“脸子”雕刻的能工巧匠。地戏“脸子”的种类主要有五种,屯堡人称为“五色相”,即文将、武将、老将、少将、女将,此外还有道人、小军、土地、麻和尚等杂色“脸子”。“五色相”的脸子面部还连着一副带耳翅的头盔,凡是善良人的扮相都庄严威武,凡是凶恶人的扮相都狰狞恐怖。“脸子”的雕刻很讲究技法,有一整套规矩,比如说刻眉毛就要“女将一根线,少将一支箭,武将如烈焰”。面部的花样繁多,不仅五官个个不同,还可以随意雕刻上蝴蝶、花草、藤蔓等乡村常见物。傩戏面具,雕工细腻,色彩丰富,是精美的民间工艺品和旅游产品。

屯堡地戏曾经在全县各地风靡,真可以说家喻户晓,老少皆喜欢。每逢节日便有地戏队的精彩表演,并且每场总会被观众围得水泄不通。在 20 世纪 80 年代,不是屯堡人的各族人也能对地戏演唱的内容唱上几句,说出个一二三来。但随着改革开放的不断深入,经济社会的不断进步,大众传媒进入千家万户,人们就渐渐地淡忘了地戏的精彩。在长顺县县马路、新寨两个乡,如今仅残存着无统一组织、只限于自身村寨自娱自乐的约 10 支地戏队,且存在着表演者老龄化、面具服饰陈旧无新意、表演曲目单一等一系列问题。

灯夹戏

“灯夹戏”，即花灯夹川戏的一种艺术表演形式，是花灯与川戏饶有新意的巧妙组合，是一种匠心独运的嫁接艺术，主要流传于瓮安县平定营镇。灯夹戏具有鲜明的地方特色，是瓮安县宝贵的非物质文化遗产。

“灯夹戏”的历史渊源与原生环境

“花灯”起源于唐朝。相传在唐朝年间，老龙太子登位时，凑巧他母亲眼睛痛，经不少各地名医医治无效，于是老龙太子在菩萨面前许愿，如若他母亲眼睛能好，他将在京城玩花灯唱戏三天。许愿后，他母亲眼睛突然好了。老龙太子就命正宫娘娘扮花旦，文武大臣打和声在京城唱起了花灯。就如平定营灯夹戏唱道：“三千七百二十四盏花灯，正宫娘娘装花旦，文武百官打和声，万古流传到至今。”平定营镇人也就在唐朝时期就玩起花灯。清朝末年，四川民间艺人宋建章（当过师爷，戏曲科班出身）来瓮经商，把川戏传授于平定营地区，当地民间艺人李冬阳将花灯同川戏巧妙结合起来演出，收获良好的效果，得到群众的一致好评，“灯夹戏”便由此时流传至今。早在 20 世纪 50~70 年代，灯夹戏就先后参加安顺地区、遵义地区及黔南地区的民间戏曲会演，并多次荣获一等奖。2001 年，因“灯夹戏”独到的演出风格和表演形式及产生的社会影响，“灯夹戏”的发源地平定营村被黔南州文化局授予“先进文化村寨”荣誉称号。

灯夹戏演出盛况

平定营镇是瓮安的一个历史重镇，自古商贸发达，文化厚重。100 多年来，这里一直以牛马市场闻名全国。距瓮安县城约 18 千米，平均海拔 1270 米，平均气温 14.2℃左右，无霜期 260 天，森林覆盖率达 42%，境内草山植被、水资源丰富。全镇总面积约 88 平方千米。悠久的历史与厚重的文化为灯夹戏的孕育发展奠定了良好基础。

瓮安灯夹戏主要分布在平定营镇

平定营村。平定营村地处平定营镇政府所在地,辖上场口、塘坎、高家井、学校边、舒家湾、杨家坳、罗家营、老马坡、坡根、洗马滩、花江、后草坝、高枧坡、老寨坡、狗场坝、龙昌坡、班鸠寨、坡根18个村民组。

“灯夹戏”的主要内容

平定营灯夹戏主要是巧用一则花灯表演完毕后的空余时间,及时穿插一场川戏,花灯、川戏轮流出场,内容、形式接连更替,两班人马轮番出台,使观众眼花缭乱、目不暇接。

灯即花灯,又名“彩灯”“灯笼”,其种类繁多,有宫灯、挂灯、提灯等,形状有圆形、正方形、圆柱形、多角形等。它主要以木、竹、纸、绸缎等作为原材料,经彩扎、裱糊、刺绣、雕刻,再配以剪纸、书画、诗词等装饰制作而成的综合工艺品。

花灯的唱腔有两类,一类是略具雏形的板腔,艺人称“灯戏调子”。常用的灯戏调子有出台调、行程调、路调、数调、一字调、四平调等。一类是曲牌,艺人称“花调子”。常用的花调子有四小景、四季相思、月调、送夫调、送茶调、观花调、五更调等。

花灯演出

花灯又分为老花灯和新花灯。老花灯又叫串乡花灯,主要由旦角、丑角及乐师等人组成。“旦角”俗称“幺妹”,以前是由青年男子男扮女装,戴上假发、首饰,涂脂抹粉,系花裙,穿彩鞋,姿态飘逸优雅,改革开放后,也开始由女士直接来装扮(一般都是三四十岁的妇女)。表演过程中行小碎步,手持手帕,闻乐起舞。身段主要有风吹杨柳,双挽花,抬扇望月,雪花盖顶,黄鹰展翅等,步法有十字步,田字步等。“丑角”又称“唐二”,是花灯中的男主角,反穿皮背心,扎腰带,戴瓜皮小帽,手持手帕,手舞足蹈。表演过程中大步行进,转身迅速,有时呈半蹲状。花灯中“唐二”与“幺妹”的关系绝均是情侣关系。乐师包括鼓师、锣师、钹师等。观众中有能演唱的,也可参与演唱。老花灯的唱词有花灯起源、拜年等。其过程有送金银、开财门、拜新年。

新花灯又称坐台花灯,形成于中华人民共和国成立后。新花灯继承了老花灯的唱腔,但其表演以花灯舞蹈为主,演出时手执折扇,灵活运用各种步法、手势,以及耍扇的技法,形成清新活泼的艺术特色。其表演以“扭”为特点,演员常用折扇为道具表示情感。舞蹈的步法有四方步、野鸡步、梭步、碎米步、矮桩步、妇田步、快上步等；扇子耍法有小花扇、大花扇、交扇、盖扇、差扇、扑蝶扇等；身段有犀牛望月、膝上栽花、黄龙缠腰、海底捞月、雪花盖顶、岩鹰展翅等。新花灯的唱词以歌颂共产党、歌颂社会主义新中国及宣传国家政策为主。

戏即川戏，由昆曲、高腔、胡琴、弹戏、灯调五种声腔组成。

昆曲，指川剧的昆腔，由来自江苏的昆曲演变而成。江苏的昆曲（简称"苏昆"）于明代后期流入四川。入清以后，随着朝廷大量移民和入川官宦、社会名流嗜好昆曲，携带家班成风，昆曲也随之入川。昆腔到了四川后，保留了原先的曲调，但为适应四川观众的观赏需要，唱白都改用了四川方言，成为"川昆"，并与高腔、胡琴、弹戏等声腔及川剧锣鼓相结合，以"二下锅""三下锅"的组腔形式进行演出，或以"昆头子"（昆腔曲牌与其他声腔的组腔方式）融入戏中。同时，又习惯地把吹腔融进昆曲声腔。昆曲就是在长期与四川方言、民间音乐、川剧锣鼓的结合中，逐渐演变为具有四川演唱特色的昆曲川昆。

高腔，从江西弋阳腔发展而来，是一种一唱众和的徒歌式声腔，不托管弦，吟唱口语化，而且曲牌众多，又有帮腔、打击乐（锣鼓伴奏）烘托，特色鲜明，个性突出，深受四川人民喜爱。它与四川方言及本地的秧歌说唱等民间艺术结合，不断丰富自身表现力，形成了自己的独特风格。

弹戏演出

胡琴腔，又叫"丝弦子"，因由"小胡琴"为主奏乐器，所以得此名，它从徽调、汉调发展而来，并吸收了陕西汉中二黄的成分，也是西皮、二黄俱全，但是它的腔调、板式、过门等都有自己的特点，而且是用四川方言演唱的。胡琴腔在四川流行约在清乾隆年间，之后，与四川方言、音乐，尤其是川剧锣鼓及与其他声腔相结合，逐渐"川化"。

弹戏又叫"川梆子""盖板子"，它是秦腔在四川的流变。秦腔入川较早，有一种说法是明末清初李自成、张宪忠入川时带入的。

灯调，源自四川民间灯会习俗和民间歌舞、音乐，它在发展过程中，吸收了南北小曲。

平定营传承的川戏主要有《三击掌》《送行》《穆桂英挂帅》《拜新年》等剧目。

平定营灯夹戏于每年正月初九起灯，起灯时，所有戏班子成员在班主的带领下，身着戏装，跪拜在花灯菩萨（牌灯）面前，插香点烛、烧钱化纸，待供祭完毕后方可演出。正月十五是“化灯”的日子，戏班子成员要敲锣打鼓，重新燃烛烧纸，站成一排恭敬祭奉花灯菩萨，然后化灯结束。

灯夹戏大多采用锣鼓、二胡、板胡、京胡、快板、笛子等民间乐器进行伴奏，根据花灯、川戏的特点吹拉弹唱、混敲混打，轻重缓急，颇有节奏。击鼓者双手持棍，围鼓击打，指挥乐队，使表演出神入化，令人叹为观止。

“灯夹戏”的主要特征与价值

灯夹戏是花灯夹川戏的一种艺术表演形式，具有多方面的特征。

灯夹戏弹奏

一是独创性。“灯夹戏”是巧用一则花灯演出完毕之间空隙时间，为了不冷场，紧接着穿插川戏出场演出，做到花灯，川戏两班人马轮流演出，轮流化妆，换衣，休息，从而达到演出时让人们欣赏两种不同风格的节目。此独创在戏曲当中别且一格，是一场风格独特的佳景戏。

二是艺术性。平定营“灯夹戏”，即花灯夹川戏的一种艺术表演形式，是花灯与川戏饶有新意的巧妙组合，是一种匠心独运的嫁接艺术。灯夹戏的特点是巧用一则花灯表演完毕后的空余时间，及时穿插一场川戏，花灯、川戏轮流出场，内容、形式接连更替，两班人马轮番出台，“灯中有戏”“戏中有灯”，说唱结合，寓教于乐，别具特色。这种独具风格的表演形式，令人赏心悦目、流连忘返，收到了超常的艺术效果。

灯夹戏除了具有上述特征外，也具有如下价值。

一是历史价值。灯夹戏在平定营镇产生和发展已有100多年的历史，它由祭礼活动与民间花灯、川戏综合为一体，别具特色，对于研究川黔文化融合具有一定的历史价值。

二是精神价值。灯夹戏戏曲故事中大都提倡尊老爱幼、舍生取义、崇善尚美的美德，以祭礼活动与民间歌舞、戏曲综合为一体，蕴含着区域民族认同的文化观念和人文意识，体现出村民赖以生存的文化根基和维系民族团结的精神纽带的特殊价值。

三是文化价值。灯夹戏从流传至今深受群众喜爱，其中的很多作品都是提倡尊老爱幼、舍生取义、崇善尚美的，有利于弘扬优秀中华传统美德。

卷四 曲艺

省级非物质文化遗产

水族双歌

水族双歌，水语称为“旭早”，它是水族人民喜闻乐见的一种说唱艺术，演唱于婚丧嫁娶、立房盖屋、节日宴会等场合。受独特的地理环境、生产生活方式和民俗民风的熏陶，“旭早”成为一种别具风采并深受水族人民群众喜爱的曲艺艺术。双歌根植于水族群众的生产生活中，与水族人民生息相关，是水族人民智慧的结晶，对于研究水族的民族文化发展史有重要价值，并在民族学、民俗学、美学及中外文化艺术交流研究方面有重要的学术研究价值。

水族双歌的原生环境

三都水族自治县位于贵州省黔南自治州，是西南省区南下出海的重要通道之一，也是桂林、贵阳、昆明达樟江国家级喀斯特森林保护区旅游线路上最便捷的通道。县境处于云贵高原的东南斜坡，地势自西北向东南倾斜，平均海拔在 500～1000 米，最高为西北面的更顶山，海拔 1665.5 米；最低处是坝街附近的都柳江出境处，海拔 303 米。境内山岭连绵，溪流交错，其间夹着若干起伏的丘陵和平坝，在总面积中耕地占 9.4%，林地占 55.6%，草山占 29.7%，水面占 1.3%，有“九山半水半分田”之称。县境内森林资源得到较好保护，森林覆盖率 50.08%，是全省十个重点林业县之一。属中亚热带温润季风气候类型，特征为夏长冬短，春秋分明，夏无酷暑，冬无严寒，年平均气温 18℃，无霜期平均为 328 天，年平均降雨量 1349.5 毫米。县境内有尧人山国家森林公园、都柳江省级风景名胜区、5 处省级文物保护单位，还有古朴迷离的民俗民风和令人神往的自然景观，旅游资源别具特色。

三都被称作“像凤凰羽毛一样美丽”的地方。这里原始、古朴、神秘、奇秀；这里山清水秀，绿树成荫、气候宜人，资源丰富。碧波荡漾的都柳江像一条闪光的玉带，把水乡点缀得美丽动人，水族人民把它比喻为“像凤凰羽毛一样美丽的地方”。水族是中华民族大家庭中的重要一员，全国水族人口约 40 万人，其中 20 多万人聚居三都境内。在长期的劳动生产和生活中，水族人民创造了优秀的历史灿烂的文化,其中,水书被誉为“象形文字的活化石”,是我国拥有本民族古老文字的17个少数民族之一。

在人类发展的历史长河中,水族人民在长期的生产生活实践中,创造了丰富多彩的民族文化和独特的民族风情。水族有自己的语言、文字和历法,有“端节”“卯节”等传统节日,有古朴典雅的“干拦式”建筑,有工艺精湛、闻名遐迩的水族马尾绣、剪纸、服饰和风味独特的传统饮食,有一泻三迭的中和飞瀑、浑然天造的塘州仙人桥、通天测地的“晴雨石”、玄机难解的“产蛋崖”、闻歌起舞的“风流草”等。同时,还有都江古城垣、羊福摩崖墓群、引朗石板墓等名胜古迹,很有研究和开发价值。

水族双歌的主要内容

双歌是水族人民在生产、生活过程中所创作、演唱、传承的一种民间歌谣,它不仅形式独特,而且内容丰富,与水族人民社会生活紧密相连。

水族双歌集体演唱

双歌是水族典型的民间说唱文学,水语称为“旭早”,“旭”即歌,“早”意为双、对,意思是成双成对演唱的歌;也有的称“旭凡”(“凡”即故事,故事歌之意),意为有唱有说的歌,也即是说唱综合艺术这两种叫法,是分别从不同侧面对双歌特点所进行的概括。通常一首完整的双歌可分为说和唱两部分,而一套完整的双歌对唱至少应当包含有一次出歌和一次答歌相配而成,所唱的歌每组都呈偶数,尤其是寓言式的双歌一般需要相辅相成的组歌对唱,才能完整地表达某种情感。

通常双歌的内容可概括为以下几种类型:相互谦赞、表现水族传统美德;相互爱慕,感激婉谢的情意;抒发离别的动人感情;对假、丑、恶的揭露与规劝等。双歌取材广泛,除了汉族的民间传说外,大部分都是反映水族地区的自然风物、历史故事、人际社交、事理时政等,内容十分丰富。

双歌一般分为两类:一类是敬酒、祝贺、叙事类的双歌。这一类双歌在演唱时往往是一唱一和,即唱一首和一首,歌首的两句有固定的起歌和歌尾,也有基本固定的两句颂扬性衬和。另一类是寓言性双歌。寓言性双歌包括说白和吟唱两部分，说白部分主要是对吟唱部分的介绍，双歌的说白相当于序言或小引，起到介绍吟唱主体角色的情况，引出故事或直接叙述故事的作用。双歌的说白一般有三种形式：一是以很精练的语言道出故事梗概，或说明吟唱目的；二是说白内容比较完整，有时间、地点、角色及其相互间关系及活动情节等；三是说白通过较复杂的情节描述，角色间的矛盾冲突构成生动感人的故事，并常常蕴含着一定的哲理性与讽喻意义。说白之后，紧接着就是吟唱，吟唱是双歌的主体，是内容的叙述和情感表达的载体，吟唱部分因题材大小、内容及情节的繁简，而长短不一，短的每组双歌唱段不过20行左右，长的可至上百行。

双歌演唱

双歌除说白和吟唱外，在二者之间还有一种衬腔。衬腔由听众唱，是大家共知的固定格式，如“流海业喂，流海育喂”（意为所有你的亲戚朋友喂，所有我的亲戚朋友喂）等衬腔，其目的主要是烘托场面气氛，振奋精神，抒发情感，表示呼唤，调节节奏，同时也给演唱者以舒缓、回旋与思考的短暂机会。衬腔的另一个重要作用，在于它突破慢板吟唱造成的单调与枯燥的格局，弥补无器乐伴奏的缺陷，使得整个演唱更加充满情趣。

综上所述，双歌是水族传统文化长期积累的结果，也是了解水族人民心理，探讨水族传统文化的一个重要窗口。双歌蕴含着水族人民独特的审美价值，蕴含着水族传统文化的精神价值、思维方式、想象力和文化意识，体现着水族的生命力和创造力。双歌在弘扬民族精神、传递水族文化、丰富民族生活等方面起到了不可替代的重要作用。

双歌的艺术特征

双歌是水族人在生产、生活中创作、演唱、传承的歌谣，反映了水族民间信仰中的图腾崇拜、自然崇拜和巫术崇拜，折射出水族文化的厚重感与多元化。双歌是水族人民在历史发展进程中，用歌声表达丰富的情感，抒发对生命的畅想，歌颂真善美，鞭挞假恶丑。双歌无论在思想上、艺术上还是在民族文化传承上，都有其深刻的文化内涵。因此，双歌具有以下几方面的特征。

一是双歌具有思想性特征。双歌内容多样，富有哲理，内涵深刻在反映军事、时政类的双歌中，表达出水族人民的疾苦与反抗斗争的历史，具有强烈的人民性；在赞歌、情歌、婚礼歌中，表达出对父母、生存环境等的赞美，对美好爱情的憧憬或爱情受阻的忧虑；在富含哲理内涵的双歌中，则表达水族人的聪慧、睿智及对美好生活的追求。双歌的思想内涵，反映出水族人具有博大的胸怀、深邃的思想、坚韧乐观的精神，以及水族人对生命的至高境界的追求和享受快乐创造美的生命历程。

二是双歌具有历史性特征。双歌是水族音乐的重要载体之一，它直接反映水族的历史，也是认识水族的文化、历史、社会、民风民俗的宝贵资料。双歌作为水族一种民间说唱文学，特别受到水族人民的喜爱，它不仅内容丰富、题材多样，且以一套规则的语音符号和便于记忆的媒介形式，在水族社会历史中代代承继，从而使得水族优秀的传统文化得以记录和传承。双歌所演唱的许多题材都带着水族历史的印迹，且大多都比较集中地反映了在都柳江两岸定居以来，水族人民为民族的繁衍和发展，农耕生产的艰辛历程，也反映了水族稻作文化的不断发展和耕种方式的不断进步。因此，双歌的内容有的是水家人经济、文化历史性进步的忠实反映，有的是展现水家人独有的训世为人、张扬民族美德的民族观念和优良传统。

三是双歌具有群体性特征。双歌是水族文化流传的重要形式，也是增强民族凝聚力的精神源泉，它具有独特的社会功能。双歌用音乐语言记载着本民族的起源、造物、迁徙、历法、祭祀等生产活动和社会活动，反映着水族的社会组织结构、伦理道德观念和理想情操；双歌是水族人民对美好生活的讴歌和向往，也是他们生产生活场景的艺术化记录；双歌是水族青年相互表达爱慕的语言，也是真实地反映水族人对情感、人性、婚姻等的基本观念和认识。由于双歌记录和诠释着水族的历史进程和情感体验，人们产生对水族族群的认同感，也能成为增强族群凝聚力的重要因素。在水族千百年的历史发展进程中，他们逐渐分化形成了具有自己本支系的语言和风俗习惯，但双歌这一流动的语言所表达的情感是共同的，各支系的人们可以通过双歌表达自己的喜、怒、哀、乐，联系人与人之间、村寨之间的友好交往。

四是双歌具有强烈而鲜明的艺术特色。双歌不仅在思想上具有丰富的文化内涵，而且在艺术上也非常成熟，其深刻丰富的内涵与完美形式的高度融合堪称双剑双璧。其歌词独具特色，歌词内容丰富，重章叠句，应变性强。其音乐形态诸因素合乎逻辑，恰当地传达了水族民歌所表达的思想内容。

布依八音

布依八音(又名布依八音弹唱)。布依八音弹唱,2009 年被贵州省人民政府列为第三批省级非物质文化遗产名录,它是平塘县布依族群众长期流传在民间的一种曲艺表演形式,是布依群众历史发展的见证,又是珍贵的、具有重要价值的文化资源。

布依八音弹唱的文化背景

平塘的十乡九镇,都有布依族人口居住。布依族人口数量在 4000 人以上的乡镇有克度、西凉、甘寨、者密、牙舟、塘边、掌布、通州、苗二河等;人口总数超过 10000 人的有白龙乡、摆茹镇、平湖镇。

远在唐宋之期就从古百越族系中分化出来的布依族,由于传统稻作文明的熏陶,很早就形成了成熟的歌舞文化。

布依八音弹唱

民间流传的布依族神话、故事、寓言、谚语、诗歌、童话等口头文学,传颂着民族的历史,表现了布依族人民的勤劳勇敢。布依族的歌有“大调”和“小调”,“大歌”和“小歌”之分,不同的区域有不同的称谓。“大歌”和“大调”,多为族群历史叙事歌和传统古歌;“小调”和“小歌”多为情歌。按不同的社会功用分,有玩表歌、布摩歌、古歌、民歌、酒歌和传授知识的种棉歌、种麻歌、染织歌、立房歌等。山歌是布依族民歌最常见的表演形式,多用于青年男女之间传情达意,内容有相会、赞美、求爱、初恋、热爱、送别、成婚、失恋、抗婚、盟誓等。一般用汉语唱,四句为一段,歌词是音乐化的诗,朗朗上口,容易保存和流传。从这个意义上说,布依的民间山歌,可称得上中国古代“曲合乐曰歌”的遗存,是语言、音乐和诗的完美结合。

布依族的民间舞蹈亦多以本民族生产生活习俗为“根本”进行创作,代表性的有《三人粑棒舞》《四人粑棒舞》《刷把舞》《打粑棒》《舂碓舞》等。

布依八音弹唱的主要内容

布依“八音弹唱”，俗称“八大行”，是世代流传于境内清水一带布依族聚居区的一种民间曲艺说唱形式，由8人分持月琴、八角琴、三弦琴、大胡、中胡、京胡、竹笛、竹点八种乐器边奏边唱而得名。曲目多为先辈流传下来，诸如《欢乐的节日是今天》《庆丰收》《今天闯妹恰恰合》《插秧歌》《走进歌场一般平》等，具有浓郁的生活情调和地方色彩；乐谱调式多为唢呐调，保留下来的计有50余首。由于八音弹唱所奏曲目流畅自然、调式生动活泼，演奏气氛热烈，深受当地布依族人民喜爱。在乡下，凡遇红、白喜事，进新房、祝寿等，都会去助兴演唱。

布依八音弹唱技艺

近年来，随着对地文化的发掘和保护不断加强，八音弹唱日渐引起外界关注，声誉日高。继2005年获黄果树杯首届“多彩贵州”歌唱大赛黔南赛区民间唱法第一名后，又获“2006多彩贵州旅游形象大使选拔大赛”平塘赛区“夕阳无限奖”、2008年“多彩贵州”歌唱大赛平塘赛区原生态组第一名，2009年被贵州省人民政府列为第三批省级非物质文化遗产名录。

卷五　传统体育、游艺与杂技

省级非物质文化遗产

瑶族民间陀螺竞技

陀螺技艺与瑶族人民的生活息息相关，是瑶族人民自发开展的一项娱乐性体育活动。瑶族男人无论大小，都会玩这种游戏，并以此为乐，充分体现了瑶族人民在特定的生活环境中讲求娱乐、热爱运动的强烈愿望。这项活动集智巧、勇力、竞争、团队精神和娱乐性于一体，无论是在历史学、民族学、民俗学，还是在体育究竟、民间工艺等方面，都具有很高的研究价值。

白裤瑶："人类文明的活化石"

白裤瑶是一个历史悠久的长期深居高山密林，至今仍保留着狩猎、捕鱼和刀耕火种方式的古老民族。白裤瑶精美的瑶帛、独特的服饰、动听的歌谣、粗犷的舞蹈、古老的传说和独特的婚俗，仍遗留着母系社会向父系社会过渡阶段的社会文化信息。白裤瑶被联合国教科文组织认定为民族文化保留最完整的一个民族，被称为"人类文明的活化石"。

瑶山瑶族先民由于受统治阶级压榨摧残，避居深山，迁徙无常，过着游耕兼狩猎的山地耕猎型生活。境内岩石嶙峋，土质瘦薄，缺乏水源。宜耕地大部分是刀耕火种的"火捞地"，自然条件恶劣。现在瑶山瑶民的生计类型开始由山地耕猎型向集约农耕转型，农作物以玉米、小米为主。

瑶山地区男女青年通过自由恋爱结婚。在恋爱过程中一般女青年较为丰动，每当她们相中了男青年，就乘赶场或走亲的场合有意拿到男青年的一点东西作信物。在女方的邀约下，每逢月夜或赶场天晚上，男女谈情唱歌，若男女情愿，便交信物，作为定情。男家便请家族长老到女家求亲，女方乐意，收下礼物，双方商定结婚吉日。到时候男方携带两份薄礼，即两只鸡，几斤酒肉，并约上几名歌手几个姑娘去接亲。饭后女方也请几名歌手和几个伴娘，带上 12 把摘糯谷作陪嫁。当晚，男家备办"吊席"（即在屋内牵 3~5 根绳索，将木板置于绳索上以为酒席），宴请宾客，对歌达旦。次日，新娘随同送亲队伍返回娘家。3 天之后，新郎派人把新娘接回，亲友欢聚饮酒，第4日鸡鸣时分，男方拆下“吊席”，婚事就算了结。

白裤瑶

白裤瑶是个能歌善舞的民族，他们用歌声来表达自己的甜酸苦辣，用舞蹈来表示自己的喜怒哀乐。白裤瑶的起源及演变，历史的重大记事及所有的生产生活，几乎都浓缩在白裤瑶的情歌和酒歌里，世代相传。最受本族人尊敬崇拜的瑶族长老和寨主各个精通情歌、酒歌。白裤瑶的歌腔调低沉婉转，像吟诗诵咒，又似诉情咏叹，似春燕呢喃又似孤雁哀鸣。那低沉苍古神秘深远的腔调里，让人感到这个民族一定是从很久远很古老的历史长河中走来的。

白裤瑶的节日主要有过大年（春节），瑶山地区过大年以正月初一和十五这两天较隆重。节日期间村村寨寨广泛开展打陀螺玩年。因此，瑶山的年节，也称为“陀螺节”。尝新米节，大多在新稻谷将成熟时节，尤以糯谷成熟即将开镰收摘为最好的日子。

瑶山的年节："陀螺节"

在荔波县瑶山乡，瑶族男子善于打陀螺、敲铜鼓、吹牛角、斗鸟等娱乐活动。尤其是对于打陀螺，在当地，不仅小孩子玩，青年人玩，甚至壮年、老年人都兴味浓烈地投身这个活动，参加这个游戏。玩陀螺成了瑶族人民日常生活的一部分。特别是春节，从正月初一开始，赛陀螺序幕拉开，比赛异常激烈，直到正月十五赛出当年的瑶山陀螺“明星”为止。

民间陀螺竞赛

陀螺瑶语叫“将”（音），它的玩法与其他民族的玩法有很大不同，其他民族的打陀螺是依靠鞭抽，而白裤瑶的陀螺是靠玩者的腿、腰、胯等合力通过绳索放转，然后，极其熟练地将长长的细绳缠绕在陀螺之上，奋力向外抛出，陀螺在不远处的空地上，高速地旋转，称为打陀螺。

瑶族陀螺竞技主要分为比准和比旋两种。比准：把比赛的队员分为两组，一组把陀螺放在规定距离的地方3~5米，用绳索旋转陀螺投放在指定点上；另一组则在线外，拿陀螺瞄准正在旋转的对方陀螺，击中者为胜。击打方法是，用

2~3米长的麻绳包绕陀螺,单手握在手中,当对方旋放陀螺后,在规定的打击线以外,把手中的陀螺打对方的陀螺。比旋:两人一组,分为多组。首先,两人同时旋放陀螺,比旋转的时间,最后倒下的为胜;其次,由胜者与胜者对旋,采取淘汰制进行,持续时间最长者为最终胜利者,有些技艺高超的选手还可以将陀螺放在手上旋转,进行精彩的表演。

陀螺竞技传承:从游乐活动演变为民族体育项目

陀螺是瑶族人民不论男女老幼都十分喜爱的一项运动,经过漫长的历史过程,打陀螺从最初的游乐活动演变成为一项民族体育项目,完全融入瑶族的民族文化当中。

但是,随着经济社会的发展,由于瑶族地区耕地极少、基本难以解决温饱,家庭收入基本要靠做工,因此很多年轻人都选择了外出打工养家糊口,这直接造成了人才的流失。因此,像打陀螺这样一项受到瑶族男女老少喜爱、几乎全民参与的民族体育项目,近年来却在传承和发展上遭遇了不小的困难。

如何让这项浸透着民族文化底蕴的传统体育项目能够得到传承和发展,成为摆在贵州省各级民族、文化、体育等部门面前的大问题。为了确保陀螺项目能够传承下去,贵州省和黔南州出台了一系列的政策。

如今,在政府推动下,陀螺项目的传承和发展得到了很好的推动,态势良好。

首先,通过参加体育赛事,促进陀螺竞技的发扬光大。一方面是通过举办全国高水平比赛、将外省高水平队伍请进来,进行比赛交流、提高自己的水平;另一方面是请高水平教练指导,通过走出去参加比赛,通过多交流进行提高。

陀螺竞技训练

其次,在全省建设少数民族体育训练基地。联合教育、民族部门联合打造训练基地,通过政府主导的行政手段来开展民族体育进校园活动。另外还有配套的激励保障措施,如获得好成绩的运动员政府确保给予奖励,在就业上也给予保障。此外还积极进行推广普及,将竞技项目成为大众项目,黔南州每年都举办一次传统陀螺和竞技陀螺的比赛。

最后,采取进校园的方式,使得青少年都参与这一项目中,使项目得到健康快速的发展。

卷六 传统美术

国家级非物质文化遗产

水族马尾绣

马尾绣是水族独有的民间传统刺绣艺术，是现存最古老又最具有生命力的原始艺术之一，是水族妇女世代传承的、以马尾为重要原材料的一种特殊刺绣技艺，也是研究水族民俗、民风、图腾崇拜及民族文化的珍贵艺术资料，被称为刺绣的“活化石”。2006年6月，水族的马尾绣、端节和水书一起被列入国家第一批非物质文化遗产名录。

“绣”出来的文化记忆

贵州省三都县是全国唯一的水族自治县，位于贵州省黔南布依族苗族自治州东南部。水族自称“睢”，发祥于睢水流域，族称“睢”，由此得名。殷商亡国，水族先民举族南迁，逐步融入百越族群（也有说水族本身就是百越民族的一支）。秦定鼎中原，发兵征讨岭南，水族先民举族溯流进入都柳江、龙江上游的黔桂边境一带生息，初步形成当今分布格局。贞观三年（629年），李唐王朝在水族地区设置应州，治下所领都尚、婆览等5县，以及环江州等均为水族生息地域。随后设置以安抚“睢”族群为主体的羁縻抚水州，族称由“水”代“睢”。水族马尾绣是水族妇女世代传承的以马尾作为重要原材料的一种特殊刺绣技艺，水族人民把马尾绣视为本民族优秀文化遗产的代表，视为水家妇女智慧才华的集中体现。马尾绣背带与马尾绣花鞋等制绣制品，都是水族文化模式的物化形象。

水族地区的马尾绣起源于何时已无文字记载，也无考古实物作证，只有民间的一些传说。传说龙女见水家妹子坐在沙滩上绣花，也想来凑热闹。她随手捉来一条鱼，吹一口气使之变成白马，跨上它来到水家姑娘中间，扯下几根马尾作丝线，与姑娘一起绣起花来。水家姑娘们惊叹这位来客手艺好，请她传授绣花新方法而流传至今。当然，马尾绣的产生，主要应与水族有养马、赛马的习俗相关。水族自古以来就有爱马、养马的习俗，时至今日，马在水族日常生活中仍然享有特殊的地位。水族男女大多自幼学习骑术，并且都是在山野丛林中纵横驰骋，骑技极为精湛，尤其是在水族传统节日里,男子们赛马,女子们身着马尾绣盛装参与节日活动,成了最美丽动人的习俗。

马尾绣工艺特别,艺术价值极高,最能体现水族妇女工艺技巧和审美情趣,它集中展现了水族民间美术的工艺价值,蕴含民俗文化的内涵。通过马尾绣可以窥视出水族服饰艺术的精华,概括出水族服饰的要义,释读出水族文化的丰富含义。一幅精美的马尾绣作品,往往能表达一个愿望、讲述一个故事,凝聚源自远古的那一段深刻的"文化记忆"。马尾绣是水族人民长期以来形成的生活、梦想、品质的化身。背带与绣花鞋是最具水族代表性的绣品。背带水语又称为"歹结",通体绣花,工艺完整,不仅美观,而且结实耐用,是母亲给女儿准备的最好嫁妆,也可能是早期陪伴每个水族妹子一生的唯一最珍贵的礼物。因为,每个女子只能接受娘家送的一条马尾绣背带,就算改嫁再生孩子,娘家都不会再送背带。马尾绣绣花鞋是一种翘尖布鞋,制作工艺十分复杂,精美别致,堪称精美的工艺品,同时也是水族妇女备感荣耀与得意的嫁妆与财产。水族妇女不惜花费浩瀚的工程去精心制作一件背带、一双花鞋,反复体验与先祖的情感联系,对自己民族的历史和传统文化的高度珍惜和眷恋,对生命热忱的鼓舞,对美好幸福生活的祝愿。用这种审美形式去凝聚这种集体无意识的深层情愫,去完成民族繁衍的使命和体现个人生存的价值。

身着马尾绣的水族少女

"绣"出来的制作技艺

水族马尾绣是一门水族独有的传承千年的民间刺绣技艺,由聪明贤惠的水族妇女世代相传。马尾绣工艺独特,制作精美,尤其是以马尾作为主要材料应用于刺绣艺术,在其他民族刺绣工艺中十分罕见,其独特的工艺价值也因此显现出来。在形形色色的刺绣艺术品中,马尾绣的独特之处在于用马尾刺绣,这种以丝线裹马尾制作图案的刺绣方法,有两个较为明显的好处:一是马尾质地较硬,柔韧性好,易于造形变化,能使图案不易变形;二是马尾不易腐败变质,经久耐用。另外,马尾上含有油脂成分,利于保养外围丝线光泽。

马尾绣的制作方法通常是将两三根白线缠绕在马尾上(白色马尾最佳),然后用缠好的马尾盘在已描绘好的花纹轮廓上,接着在白线条的凹缝处绣、挑、补、梭各种彩色丝线,刺绣艺人凭自己的生活积累及艺术修养,在布面上挑绣各种图案。所绣的这些图案还只是一个空心的框架,还需要由螺形绣或结线绣来填充,最后再缝上金光闪闪的金线,一共要经过 52 道工序才算完成。

马尾绣的制作过程非常繁杂,具体可以分为六个步骤:第一步,制作马尾线。即用丝线(多数以白色为主)将 2~3 根马尾绕裹起来,做成马尾线。第二步,固定框架图案。用一颗大针将马尾线穿好,再用另一颗稍小的针穿上同色丝钱,然后一边用马尾线在布面上镶成各种图案,一边用穿有丝线的小针专门将图案固定在布面上。第三步,"填心"。即用各色丝线(多以黑色、墨绿色和紫色为主)将固定好的图案空隙部分填满。第四步,镶边。用橙色和墨绿色丝线在四周挑成"花椒颗"的镶边图案。第五步,订"金钱"。在绣品上订上闪亮的小铜片以增加绣品亮度。第六步,装订。由于马尾绣制作工序烦琐细致,并且每一步都是纯手工制作,人们为了方便操作,便将绣品分解成若干小片,待每一片都完工后,再用针线将它们按次序钉在一起。六道工序完工后,一件完整的马尾绣工艺品就做成了。

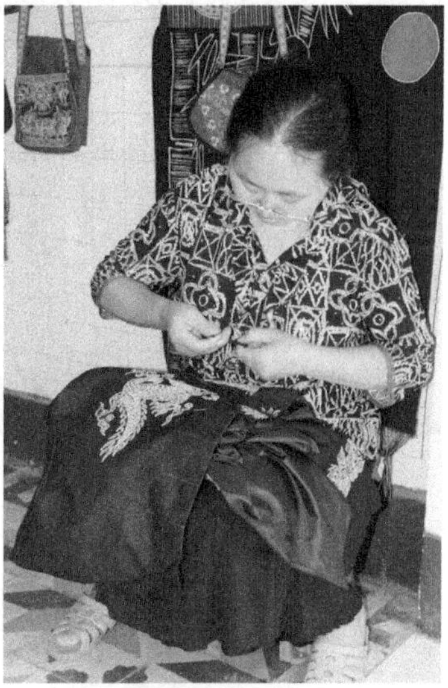
马尾绣制作技艺

"绣"出来的实用精品

马尾绣工艺主要用于制作背小孩的背带、翘尖绣花鞋、女性的围腰和胸牌、童帽、荷包、刀鞘护套等绣品,都是非常实用的艺术精品。马尾绣绣品在水族人民的生产生活中具有深远影响,马尾绣背带、马尾绣尖角鞋、马尾绣童帽等,除了具有实用价值外,在水族生活礼仪中也具有不同的特殊意义。

"歹结"背带是水族地区公认的最好背带之一,水族人常常把是否拥有马尾绣背带看作是否体面和富有的标志。马尾绣背带上半部为主体图案,由 20 多块大小不同的马尾绣片组成,周围边框在彩色缎料底子上用大红或墨绿色丝线平绣出几何图案,而在上部两侧为马尾绣背带手,下半部为背带尾,有精美的马尾绣图案与主体部位相呼应,"歹结"成为通体绣花的完整艺术品。制作这样一件"歹结"要花一年左右的时间。水族中老年妇女制作"歹结"尾花,一般不用剪纸底样,而直接在红色或蓝色缎料上用预制好的马尾绣线盘刺绣,综合运用结绣、平针、乱针,灵活自如,图案美观耐看。马尾绣"歹结"背带的突出特点就是不用剪纸图案做底样,只凭经验完成。首先将两三根马尾合股,用白色的比马尾毛还细的丝线(把丝线剖拆成丝来用的)缠裹成"马尾线"。然后刺绣者凭着自己的想象,用彩色马尾线在

马尾绣作品“双凤朝阳”

背孩带上镶拼成各种几何图案和花草鸟雀图案骨架(图案主要是极富弹力的牛角花、水车纹、花椒纹、回纹、斜纹、方格纹、鱼骨纹),再用针穿上白线将图案固定。最后用结线绣和螺线绣将图案骨架填满,谓之“补花”,再缀上闪亮发光的“金线”,于是便构成一幅结构完整、形象生动、色彩鲜明、缜密精致、豪华富贵的美丽画面。黑、红、黄、白几色对比,形成层次分明的视觉效果。

总之,水族马尾绣是水族刺绣中运用较多的技法之一,也是水族最古老、最具特色、最负盛名的一种刺绣,其工艺精湛,立体感、艺术感极强。水族生活中的很多物件都绣有马尾绣,尤其妇女背小孩用的背孩带,穿的绣花鞋,将水族马尾绣的艺术价值体现得淋漓尽致,具有浓郁、独特的民族风格,展现了水族妇女娴熟的刺绣技艺。

水族剪纸

都匀水族妇女剪纸是随着服装的装饰需要而产生的,主要用作刺绣花的底样,常见的有围腰花、衣袖花、衣肩花、背扇花、小孩帽花、鞋花等。它们生活气息浓厚,风格朴实,具有鲜明的民族特色,反映了水族人民对现实生活热爱和渴求生活美好和幸福的愿望。

水族生境:剪纸的原生文化土壤

水族主要生息于珠江水系中上游的都柳江和龙江流域、云贵高原上苗岭山脉东麓雷公山南麓一带,苗岭山脉中的云雾山及其支脉八瓣山盘亘其间,总面积为2388平方千米,人口约41万人(2010年普查)。这一区域的水族人口约占全国水族总人口的80%,对应的行政区划为贵州省黔南布依族苗族自治州境内的三都水族自治县、荔波县、独山县、都匀市,黔东南苗族侗族自治州境内的榕江、雷山、黎平、丹寨、从江等县,其中三都水族自治县聚居着全国半数水族人口。该区域年平均温度在14~18℃,年平均降雨量为1200~1400毫米,全年日照数在1077~1255小时,风向夏季多为东南风,冬季多为西北风,属亚热带季风气候。

水族生息的区域有秀美的自然景区。贵州省有15个国家级自然保护区,其中4个在水族地区,即荔波茂兰喀斯特原始森林保护区(已列入世界自然文化遗产保护名录)、荔波县樟江国家重点风景名胜区、三都水族自治县瑶人山国家森林公园、独山县紫林山国家森林公园。水族地区风光优美,而且水族文化生态也保存得最为完整。复杂多样的地形,湿润温和的气候,富饶的物产,独特的文化,为水族剪纸的产生奠定了坚实的基础。

水族剪纸

水族剪纸广泛分布于水族地区的每一个村寨。比较集中的区域,当属贵州省黔南布依族苗族自治州境内的三都水族自治县水中和镇、水龙乡、三洞乡、塘州乡,都匀市奉合水族乡、阳和水族乡、基场水族乡,荔波县水利水族乡、水尧水族乡、佳荣镇,以及独山县本寨水族乡、水岩乡一带的水族聚居村寨。其中,都匀市奉合水族乡被评为贵州省剪纸艺术之乡。

都匀剪纸:南派剪纸的杰出代表

奉合水族乡水族剪纸艺术世代相传,主要以装饰衣服、围腰及船形鞋的图案用。由于长期的、而且是自幼学习,绘画与剪纸在水族农民同胞中十分普遍。大部分当地妇女可以不需要事先绘画,用剪刀就能直接剪出栩栩如生的花样图案。图案主要以花、鸟、虫、鱼、民居、山水、田园风光及几何对称图案为主。据有关部门统计,目前参加过市、乡两级剪纸比赛的人数为30余人。而该乡能凭剪刀直接在纸上剪出图案的,相对较好的有60余人。该乡1994年被贵州省文化厅命名为"剪纸艺术之乡"。

水族剪纸的内容非常丰富,题材绝大部分取于生活,图案有人物、花鸟、瓜果、鱼虫、走兽及几何纹样等。这些都是水族人民生活所熟悉的东西,是劳动人民所喜闻乐见的。剪纸图案的造型除了注重表现对象的特征外,另一特色是对形象的创造富于想象力,如龙的形象千变万化,不拘一格,龙身上可以添小鸟的翅膀,牛角可以长在龙的头上,龙头可以加上鱼身,锦鸡的尾羽可以变成一束含苞待放的花蕾。

水族剪纸作品

剪纸中龙的形象极其丰富，有团龙、蛟龙、走龙、飞龙、游龙、牛角龙等图案。由于龙身可以曲折，因此可以任意变化，适应各种构图的需要，纹样不受固有的杠杠所束缚，富于想象力和幻想色彩。勤劳智慧的水族妇女具有卓越的创造能力，她们经过艺术上再创造，把龙的造型减去其威严肃穆的封建气氛，而变得淳厚可爱，再不是那种张牙舞爪，神圣不可侵犯，作为象征皇权的龙了。在水族剪纸图案中常会出现一些老鼠、蜈蚣、泥鳅、水爬虫、金龟子、毛毛虫等形象，这些形象经过创作者的加工和美化，变得非常有趣可爱，耐人寻味。

自然纹样也是水族剪纸经常采用的题材，以蝴蝶、鸟雀、花卉、瓜果、鱼虫等为多。花卉中有荷花、菊花、牡丹花、层层花等；瓜果类中有石榴、桃、枇杷、金瓜、葫芦等。她们在对日常生活的环境、接触的事物长期观察中，创造了许多乡土气息浓厚的民族剪纸图案。有些花卉和果实常和水族人民自己美好的愿望相联系，如牡丹、荷花、石榴、桃、金瓜、葫芦等，都象征着幸福和吉祥。鱼也是反映水族人民对美好生活的向往，含有“连年有鱼”“吉庆有余”的意义，这与汉族人民用谐音和隐喻的方法一样，从而对鱼的寓意有相似之处。在水族图案中，以鱼为题材的图案非常普遍。这些剪纸图案题材一方面本身有着象征意义，另一方面也与他们居住的地域环境密切联系，靠近山区者图案常是花卉、鸟雀等；靠近江边者多为鱼、虾、蟹等。有的剪纸与本民族历史、习俗相联系，包含一些神奇的传说，如蝴蝶是水族人民尊敬的形象，在《枫木篇》中叙述蝴蝶妈妈来自枫树，生下 12 个蛋，蝴蝶是老祖宗，家里有了争吵，蝴蝶来就不争吵了。蝴蝶图案反映了水族人民对蝴蝶的崇拜。

韦帮粉:水族剪纸艺术的杰出代表

被贵州省文化厅命名为“剪纸艺术之乡”的都匀市奉合水族乡奉合村，有一位勤劳朴实、心灵手巧的普通水族农家女子，名叫韦帮粉，她不需要描绘，凭一把剪刀即能剪出山水人物、飞禽走兽、花草树木等各种图案，她的剪纸深受当地群众的喜爱。而且，她的剪纸艺术走出了贵州，走出了国门，是水族剪纸艺术的杰出代表，被誉为“中国水族剪纸艺术家第一人”。

韦帮粉生于 1954 年，从 7 岁起就在母亲的熏陶下学刺绣，8 岁时自己就能独立在背带、围腰上完成绣花的整个工艺过程，为日后的剪纸打下了坚实的基础。也就在这一年，她开始迷上了民间剪纸艺术。当时，村里的许多妇女都会用纸剪成花鸟虫鱼之类的东西，绣成漂亮的围腰、背带。小小的韦帮粉就经常站在她们身边偷师学艺。

经过多年来的反复揣摩，用心苦练，加上绣花的扎实功底，韦帮粉的剪纸艺术不断提高。当地的斗牛场景，鸡、狗嬉闹情趣以及门神的风采等，在她细致的观察、丰富的想象和灵巧的手上变得栩栩如生。但这并没有使韦帮粉感到满足，在一位热心的同乡人帮助下，她开始外出推销自己的剪纸作品。1985 年，韦帮粉大胆走出山门，每逢星期天都到都匀城摆摊，在街头根据顾客的要求现剪现卖，一元钱一张，很受欢迎。这给当时的都匀人带来了久违的民间艺术清风。剪纸不仅使韦帮粉从一名普通的水家妇女成为享誉方圆百里的“民间剪纸艺术家”，而且使她的家庭摆脱贫困，走上富裕路。1995 年，韦帮粉索性到都匀城里找了一处固定地点专门从事现场剪纸出售。无论是国内游客还是国外游客，她都笑脸相迎，用不太纯熟、带着水族腔调的汉语招徕顾客，仔细琢磨顾客的要求，力争做到需要什么就剪什么。因此，她的剪纸作品深得顾客喜爱。一时不会剪的，她便抽出时间去找城里的美术老师请教图案要领，她的剪纸作品因此打开了销路，收入日渐丰厚，家庭生活越过越红火。

韦帮粉和她的剪纸作品

韦帮粉在继承老人们传统剪纸（装饰服饰用）的基础上，突破传统构思（花、鸟、图案），大胆创新，使实用性剪纸向艺术剪纸过渡。1988 年，韦帮粉的剪纸作品《背带花》参加黔南州剪纸大赛，荣获三等奖。1989 年，剪纸作品《农民劳动图》《鸟兽》《背带花》参加了首届全国剪纸展览，荣获三等奖，受到观众和专家的好评。1990 年，韦帮粉的剪纸作品《背带花》在贵阳剪纸联展中被评为三等奖。随后，韦帮粉的剪纸被都匀市文化馆发现。1991 年年初，文化馆派出两名同志，随同韦帮粉到广州参加天津市艺术学会在广州举办的剪纸联展。1991 年，韦帮粉的剪纸作品《水族背带花图案》在中国民间文艺家协会、中国剪纸学会联合举办的“首届中国民族民间剪纸大赛”上，韦帮粉的剪纸作品《水族背带花图案》获得三等奖。同年，她的剪纸作品在黔南妇女剪纸艺术比赛中被评为一等奖。1992 年 2 月,她的剪纸作品《神话人物》《鸟兽》两件作品荣获中国民间剪纸大赛三等奖;同时《神话人物》《青龙与白龙》两件作品被天津市艺术博物馆收藏;作品《神话人物》入选“中国民族民间艺术展”,并送往瑞典玛尔摩市展出。1995 年,韦帮粉应邀赴广州参加中国百绝博览会,现场献艺,现剪现售,受到中外客人称赞。2000 年 7 月,由贵州省博物馆邀请,韦帮粉前往北京,参加《2000 年北京贵州省文化活动周》,作现场剪纸表演。2004 年 10 月,韦帮粉的剪纸作品《农家乐》荣获由中国工艺美术学会民间工艺美术委员会、湖南省民间文艺家协会等单位联合主办的“2004 年全国剪纸邀请赛”特等奖,同时还被大赛组委会评选为全国十把“金剪刀”之一,成为贵州省剪纸“金剪刀”称号唯一获得者。2006 年 8 月,在“2006 多彩贵州旅游商品设计大赛、能工巧匠选拔大赛”中,韦帮粉的剪纸作品获都匀市赛区第一名、黔南州赛区第二名、贵州省评选第一名。

在自己剪纸致富的同时,韦帮粉没有忘记家乡的同胞姐妹。除毫无保留地传授技术外,还为当地的水族文化产品——水族服饰、水族银饰等找销路,如今在她的影响和带动下,依靠剪纸或经商走上致富路的同村妇女不下 20 人。

卷七 传统技艺

国家级非物质文化遗产

牙舟陶器烧制技艺

牙舟陶器是贵州陶瓷艺术中的“精绝”之作，是黔南布依族苗族自治州平塘县的著名工艺品。牙舟陶色泽和谐，古朴典雅，其雅拙敦厚的造型，沉稳而斑驳釉彩，具有鲜明的地方民族风格，使其成为我国陶瓷艺术领域内一个别具一格的品种。牙舟陶器作为贵州民间艺术的代表，具有很高的艺术收藏价值，曾多次参加全国性的展销会及交易会。2008 年牙舟陶瓷烧制技艺被列入国家第二批非物质文化遗产名录。

牙舟陶器的产生和发展

牙舟陶瓷产生于明代洪武年间，距今已有 600 多年历史了。据平塘县志记载：牙舟陶始于明洪武十六年。当时明朝为了进攻云南残余的元朝势力，大量屯军进住贵州，后来屯军与当地人通婚，渐融入当地布依族中，牙舟的制陶技艺就是这个时期从汉族地区传入的。中华人民共和国成立后成立了“牙舟陶器生产合作社”，将制陶业全部集中的牙舟镇，“大炼钢铁运动”时砍倒了两人才能合抱的大树，大树根下发现了古窑遗址，有大量陶片出土，印证了牙舟陶技艺已有数百年历史的记载。

到了清末，牙舟陶已具相当规模，产品远销东南亚国家。民国时期进入鼎盛期，有 100 多家小作坊，48 座陶窑，产品大量销往川、滇、黔、湘、桂等地，并有传教士将牙舟陶带到欧洲。1949 年以后，牙舟陶瓷得到了较快的发展。1955 年生产的产品有 35 种，产量达到了 19 万件；1965 年，生产的品种增加到了 70 种，产量 19 万件；1978 年生产的产品增加到了 120 多种，产量达到了 25 万件。在这一时期，牙舟陶瓷不仅产品数量增加了，质量也得到了较大的提高。

牙舟陶作品

从 20 世纪 60 年代开始，牙舟陶多次作为贵州陶瓷工艺的代表作在北京、上海、广州等地展出。1974—

1983年是牙舟陶最辉煌的时期，在专业美术工作者帮助下，设计出许多新产品，品种达到280余种，年产量30万件，作品多次参加出国展览和全国性展览，并数度获奖，中央新闻电影制片厂和省电视台拍摄了专题片，多家全国性重要报刊作了报道，中国美术馆民间部先后收藏了100多件牙舟陶作品。1978年在北京"全国第二次工艺美术展览会"上，中央美术学院陶瓷系主任梅建鹰教授把牙舟陶誉为"全国工艺美展陶瓷展品中最有特色的展品"；1983年在北京召开的中国国际旅游会上，经44个国家1000多名代表推荐，"鸡纹双耳罐"被评为旅游纪念品优秀作品，获轻工部发给优秀作品证书及金质奖章；1984年在全国工艺美术品评比中，"方纹奶罐"产品又获轻工部优秀作品奖；1985年、1986年，"鸡纹双耳罐"和"方纹奶罐"分别获国际旅游奖、轻工部百花奖和贵州省"黄果树杯"奖；2006年获"多彩贵州"旅游商品大赛三等奖等。

牙舟陶器的工艺流程

制作流程：成型

舟陶工艺精湛，以造型古朴敦厚著称，在中国陶瓷界独树一帜，极具观赏性和艺术性。牙陶瓷原料黄而黏，上釉烧制后的陶器，呈现自然龟裂纹，犹如出土文物，均保持本民族特色，实用价值高，既是生活用品，又是工艺品。时至今日，牙舟还以古老的轮制法制作，并沿袭着以龙窑烧制的传统。牙舟陶瓷的制作工艺通常需要经过原料开采、加工、成型、修坯、装饰、施釉到烧制等一系列复杂工序，才最终形成独具特色的陶瓷制品。

牙舟陶器的特征及价值

牙舟陶器原料有黄泥、白泥、青色泥三种，在制作陶坯时多数采用快轮成形及手工捏法，系典型民族传统工艺，艺人可以根据生活经验和丰富的想象制作出实用的茶壶、盆、杯子、碟子等生活用品，以及栩栩如生的马、牛各种工艺品，展现出民间艺人的独特魅力。尤其是使用本地的玻璃釉能自然流淌，在烧制过程中随着温度的变化而产生的自然裂纹，保持着古朴、深厚迷离的独特风格，在陶制工艺品中的一枝独秀。从总体上看，牙舟陶器具有如下特征。

一是原料特征。牙舟镇属中亚热带季风湿润气候,冬无严寒,夏无酷暑,热量丰富,雨量充沛,无霜期长,四季较为分明,光照资源丰富,是牙舟陶瓷制作理想的气候,保证一年四季都有阳光照射,有利于陶坯自然干燥。牙舟镇盛产陶土,"白胶泥"地质储量647万吨,"紫陶泥"地质储量2250万吨,为制陶业提供了充足的原料。牙舟镇盛产的优质陶土,具有就地取材,呈色雅致,可塑性强,釉附着性好,烧成范围较广等优点;牙舟陶采用的釉料也具有就地取材,易于加工,造价低廉,釉色沉稳等优点。这些都为牙舟陶工艺提供了良好的物质基础。

二是龙窑烧制特征。烧制牙舟陶使用的窑子叫龙窑,也叫阶梯窑,或爬坡窑、梭坡窑,多依山势而建,形成一弧圆排形的窑洞,座座相连,将半成品堆放在窑子的泥板架上,泥板架共7层,每层可放10件,根据釉和泥土质量,将耐火差一点的先放进窑子,耐火强的后放(靠近火口),然后密封洞口,在第一个洞口点火遇热,温度达到1000℃后,便可以依次添加柴火,温度均匀上升,至20~24个小时后,便可以冷却出窑。

龙窑烧制

三是技艺特征。由于当地有丰富的陶土资源和独特的制釉原料,加上布依族丰厚的传统文化,逐渐形成了独具特色的牙舟陶技艺。布依族是水边的民族,以龙、蛇、鱼、虾、蟹等水生物和水鸟为崇拜物,一些传统的牙舟陶产品体现了这种图腾意识,"盘龙油灯""双龙香炉""蟹篓篮""鱼形口笛""蟹形玩具"都是以水中生物为题材的作品。牙舟陶造型古拙、质朴、手法自然、不假雕饰、有一种趣味开成的韵律感,散发着浓烈的乡土气息,流淌的彩釉互相融合,映衬使牙舟陶显得五彩斑斓,自然形成的开片和窑变更增加了牙舟陶的魅力。

四是产品特征。牙舟陶属自然龟裂的玻璃釉型工艺,主要分为餐具、用具和玩具三大类。其中,杯、盘、壶、虎、牛、狗、马等可供家庭摆设、装饰用,又称美术陶。牙舟陶产品多为生活用具及陈设品、动物玩具和祭祀器皿,造型自然古朴,色彩自然,玲珑剔透。这种陶器质地纯朴,色调优美古雅,不施釉而有光泽;又由于有一定透气性储存食物不易腐烂变质,伏天泡茶,几天不变味,是一种富有地方民族特色,价廉物美的产品。

除了具有上述特征外,牙舟陶还具有以下几方面的价值。

一是实用价值。牙舟陶广泛用于当地布依族的日常生活之中,如饮食用的餐具、茶具、酒具、盐辣罐、泡菜坛、烟杆斗,照明用的油灯,祭祀用的香炉,读书人用的笔筒、笔洗、砚滴、笔架,装饰环境用的花盆、花瓶、花篮,作为儿童玩具的口笛等。

二是经济价值。牙舟陶在历史上曾广销省内外,国内外,曾长期作为牙舟镇的支持产业,对当地的民族经济发展起到了较大的推动作用。牙舟陶工艺主要分布在平塘县牙舟镇及周边的高寨、小寨、新寨、冗平和抵楼(长寨),鼎盛时期有龙窑48座,100多户从事制陶业。合作化后制陶业全部集中到牙舟镇,有高寨、小坝窑、瓦寨窑、大卫窑等5座龙窑,随后又增加新窑、窝凼窑、大卫新窑,共有龙窑8座。目前,在牙舟镇有小窑2座,从事制陶业的人家有20户。这些,都成为这些家庭主要的经济收入来源。

三是研究价值。牙舟陶工艺保存了一些早已失传的古代制陶术,是研究我国古代陶瓷史的活化石。牙舟镇还是平塘县的几个布依族世代聚居的区域之一,丰厚的民族民间文化传统为制陶艺术地域特色的形成,提供了理想的文化环境。一些牙舟陶传统作品反映了布依族的一些民风民俗和图腾意识,为地域文化和民族文化研究提供了依据,牙舟陶的历史还能为研究布依族的移民史和屯军史提供难得的资料。

四是艺术价值。牙舟陶器工艺精湛,以造型古朴敦厚著称,在中国陶瓷界独树一帜,极具观赏性和艺术性。牙舟陶以黄、白、绿、紫、棕、褐色为基调色,以玻璃为基础釉,各色互相配合。产品多为生活用具及陈设品、动物玩具和祭祀器皿,造型自然古朴,线条简洁明快,色调淡雅和谐,具有浓重的出土文物神韵。在设计上选择蜡染、刺绣、桃花图案,以浮雕的手法体现,富于装饰性,凡鱼、兽、虫、鸟等玩具,色彩自然,玲珑剔透。

枫香印染技艺

惠水枫香染图案整体清新明快、画面精细,装饰纹样吉祥,图案风格自成体系,手工技艺一脉相承,其青、蓝、白的色调和图案、风格契合了布依族的民族性格,承载了深厚的民族文化内涵,被周边布依族群众,包括苗族同胞所认同。由于其图案极具感染力,其色泽与青花瓷器极为相似,因此被喻为“画在土布上的青花瓷”。同时被誉为“布依族不需出土的文物”,具有很高的观赏、收藏价值,也具有一定的科学、文化价值和实用价值。

枫香染的起源与发展

惠水枫香染的起源有着悠久的历史。据《宋史》四九三卷载:“南宁(今惠水)物产名马、朱砂、蜡染布……”,文中所指蜡染布即雅水布依枫香染是也。南宋时期,枫香染就被定为贡品,进贡朝廷达十三次。精美的图案造型,深得大宋皇室喜爱。1083 年,宋神宗赵顼亲笔御题“天染”二字(史记性文章《天染》已先期面世),赐予当时的布依族御匾“天染”。遗憾的是,咸丰庚申“天染”御匾失于火毁,晚清《大唐志》有记载,这场大火同时也把布依族的最高荣誉毁掉了。民国初年是枫香染的鼎盛时期, 有记载:“染件车运马驮入市,日染千匹,候染长队备取……”

雅水的布依人说:“枫香染是上天赐给他们的礼物。”在民间,关于枫香染有一个美丽的传说。古时,小岩脚心灵手巧的布依姑娘织得一手好布。一次偶然的机会,她把织床摆到屋侧枫香树下,飞梭走线间,忽然,一大滴枫树油脂滴下来,正落在织好的布匹上。经过后期的印染后,油脂滴落处出现了意想不到的美丽图案。从此,当地人通过这个启示,取得独特的印染技法。

枫香染以其独特的手工技艺,20 世纪 70 年代初就引起了媒体的关注,《人民日报》(海外版)、中央电视台、吉林电视台、贵州电视台等多家新闻媒体都先后到雅水镇小岩脚对枫香染进行专题采访和报道。2006—2007 年,枫香染在“多彩贵州”旅游商品设计能工巧匠大赛中,获省、州、县三级奖项。2007 年 5 月,惠水布依族枫香染手工技艺,申报第二批贵州非物质文化遗产名录成功获批。2008 年 3 月,惠水布依族枫香染手工技艺,申报第二批国家级非物质文化遗产名录成功获批。同年 8 月,惠水布衣枫香染又在“多彩贵州”黔南赛区比赛中,获全州第二名;9 月赴贵阳参加贵州省总决赛获全省第三名。2009 年 3 月,贵州省民族博物馆到雅水征集枫香染两件、农民画两件作为永久性收藏。

枫香染的工艺流程及特色

惠水枫香染制作技艺是依存在以布依族人民群众为主体,为美化日常生活纺织品而产生的古老封染手工技艺,流传于贵州省惠水县城东南部,雅水镇播谭小岩脚是其主要产地。传统枫香染手工技艺能在小岩脚得到原生态地传承,是由于这里地处边远山区的特殊地理位置所致。惠水枫香染,类似蜡染,是惠水地区民族传统印染工艺之一。

枫香染制作采用枫香树脂作防染剂,用植物蓝靛做染料的一种古老的民族工艺,其制作方法是用老枫香树脂加入适量牛油,用文火煎熬后过滤而成的枫香油作封蜡,用毛笔蘸即时溶解的枫香油在自织的白布上描绘图案,再用蓝靛浸染,枫香

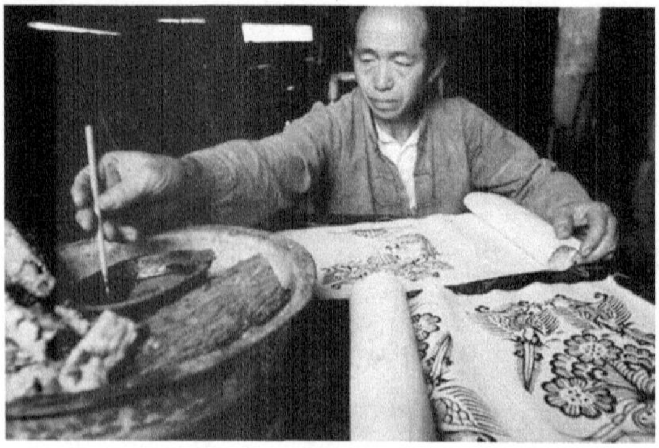
描绘图案

染通常要分两次封染，为得出图案中所需的浅蓝色。染色完毕后用沸水脱去油脂，再用清水漂洗、晾干、碾平。惠水县的布依族、苗族群众喜爱的枫香染制品，有衣裙、背扇、挎包、被面、门帘等。

惠水枫香染制品，要求绘制出的图案，结构严谨，线条流畅，明快大方，变形得体，主次分明，特征突出，装饰趣味性强，具有鲜明的民族风格，纹样的变化也很丰富。枫香染的图案较为丰富，有几何图形，也有龙、凤、花、鸟、鱼、虫等。民族民间的风俗习惯是将人们朴实而纯真的感情和对美好生活的无限向往，融入花纹图案中，融入枫香染工艺品中。绘制的“鲤鱼窜珠”，隐喻年年有余；绘制的“喜鹊与梅花”，暗示喜上眉梢；以仙桃象征长寿，以白鸽象征和平，以旭日东升象征党的领导，既保持和继承了传统的风格，又有了时代的创新。由于它一直保持原始的制作工艺，因此具有很高的收藏价值、研究价值、审美价值。

枫香染传承人的典型代表

在现代枫香染艺人中，要数杨通清最为有名。杨通清生于 1913 年，14 岁时开始跟从父学习枫香染手工艺，先学用枫香油画图，继学染色、漂洗，最后学习设计图案纹样。杨通清 15 岁始入私塾读书，兼练书法、绘画，写得一手好字，喜欢吟诗。他学到 25 岁时才掌握了前人整套工艺的精髓，随后正式开业从事枫香染手艺。他用毛笔沾百年古枫香树油在白布上作画，或曲或直，或粗或细，运笔自如，能将自然界中的鸟、兽、鱼、虫及花卉、树木等经艺术变形后，绘出美丽的图案。

枫香染作品

中华人民共和国成立后，随着人们生活水平的日益提高，枫香染手艺也日趋兴隆。人民衣食足、文化兴，各族群众对枫香染工艺也有了新的要求，杨通清的枫香染也别开生面。他除了重新整理民间喜爱的传统图案，如“双毒哦我唐岸”（汉语意即“双凤朝阳”）、“都别看母”（汉语意即“鲤鱼含珠”）、“都勒看抱”（汉语意即“二龙抢宝”）、“双督利”（汉语意即“双凤结缘”）等纹样外，还根据不同民族的习俗、爱好和特点，在染制时，因族别而异，分别设计了不同的图案。有的苗族同胞喜欢粗犷、朴实的纹样，如“嘎喷江那母”（汉语意即“大瓶花”）、“奶帛”（汉语意即“莲花”）等；又有的布依族同胞喜爱纤秀、细腻的图案，如“郎堂浪江罗布”（汉语意即“太阳菊花”）、“都迷哇哦定”（汉语意即“反翅蝴蝶”）等。这些都是他的代表作。这些图案，形象生动，象征着吉祥如意、幸福长寿，深受各族人民群众的赞赏和喜爱，购买其制品的不仅有本县的群众，在毗邻的长顺、罗甸、平塘、贵阳花溪等周边县市的村寨中，也颇享盛名。

进入 21 世纪之后，枫香染逐步被人们所淡忘，随着老艺人杨通清的去世，枫香染的最后一代传人就是他的两个儿子杨光汉和杨光成了。杨光汉和杨光成两兄弟自幼在父亲杨通清的艺术熏陶下，十六七岁时开始学习枫香染，用一年的时间就跟父亲学会了这一祖传的工艺，随后他们的父亲把毕生的所学和技艺全部传给了他们兄弟俩。两兄弟经常交流技艺，并且在传统的基础上进行大胆改进和探索，他们的作品可与其父的作品相媲美。

枫香染的传承与保护

枫香染制作过程由于费工、费时，原材料紧缺，制作成本高，因而传承和保护非常困难。首先，缺乏枫香染的传统教育及人才的培养，传承渠道不畅。现在做枫香染的人很少，年轻人不愿学，该技艺濒临失传。过去枫香染技艺有着传男不传女，传内不传外的规矩，现在这套规矩改了，仍没有人愿意学。其次，群众性保护枫香染的观念意识淡薄，对枫香染的价值缺乏正确的开发利用。很多百姓对什么是非物质文化遗产不明白，尤其是在年轻人的眼中，认为这些都是没有用的、过时的东西，更甚者认为枫香染对自己的经济状况没有多大改变，因此大多报以一种无所谓的态度。由于思想意识不到位，缺乏正确的认识，无形中加快了枫香染的消亡速度和加大了对其的保护难度。最后，人力、财力不足，传承困难。非物质文化遗产的保护工作是一项复杂的系统工程，需要投入大量的人力、物力和资金。为了传承枫香染技艺，当地几个有枫香染技艺的民间艺人以雅水镇文化站为载体，义务办班培训枫香染技艺，免费让群众实地学习，但由于资金太少，起步非常艰难。

保护和传承非物质文化遗产，为当地经济和社会发展提供精神动力和智力支持，对于培育和弘扬民族精神，增强人民的凝聚力，维护社会稳定具有重要意义。为了更好地保护和传承这一古老的民族文化，雅水镇人民政府结合镇情实际，对布依枫香染的保护和传承制订了详细的工作计划。

一是举办培训班，培养人才、传承布依文化。把身怀枫香染绝技的老艺人请出来，采取传、帮、带的办法，通过举办培训班的方式，免费提供培训场地和原材料，由简入繁使之懂得画稿、浸染、脱脂、漂洗技术，同时在雅水中心学校（中学、小学）挑选有绘画基础、绘画爱好的中小学生参加“布依枫香染”传承班。

二是走产业化道路，开发布依文化产品。成立“布依枫香染”农民合作社，由枫香染艺人牵头，政府动员职工入股方式，组建枫香染合作社。打造成为展示枫香染原生态制作基地、旅游景点，扩大其生产规模，走产业化发展之路。可以开发的枫香染产品有枫香染服饰系列、枫香染壁画挂件系列、枫香染包袋系列、枫香染商品包装系列、枫香染馈赠佳品系列。同时带动农民画、布依剪花、布衣扎染、民族土花布、手工绣品等工艺品的开发，使产品有地方特色、有民族特色、有时代特色。

三是成立枫香染技艺保护协会。由政府牵头，枫香染老艺人和学校美术老师为成员，收集民间枫香染作品，编写枫香染的培训教材和历史。

四是加大宣称力度。在县城涟江广场开设民族旅游工艺品窗口；同时，在新建的文化服务中心建布依枫香染展览馆（相关藏品征集工作已经展开）；另外，申请雅水“布依枫香染之乡”，营造国家“非物”故地品牌效应。

都匀毛尖制作技艺

都匀毛尖又名“白毛尖”“细毛尖”“鱼钩茶”“雀舌茶”，是贵州省的著名茶叶，被誉为贵州三大名茶之一，中国十大名茶之一。都匀毛尖茶产于贵州都匀市，据史料记载，早在明代，都匀产出的“鱼钩茶”“雀舌茶”已列为贡品进献朝廷。都匀毛尖茶外形条索卷曲，色泽鲜绿，白毫显露；内质香气青嫩；汤色清澈，滋味鲜浓，回味甘甜，叶底淡黄明亮；具有优质绿茶特色。

都匀毛尖茶的历史与传说

中国十大名茶之一的都匀毛尖茶，其制作技艺流传于贵州省黔南布依族苗族自治州州府都匀市。都匀市位于北回归线至北纬30°这一世界生产绿茶的“黄金纬度”，是国内唯一兼具低纬度、高海拔、寡日照的地区。土层深厚，疏松湿润，内含大量有机质，就此孕育出独一无二的都匀毛尖茶树品种。都匀毛尖茶历史悠久，以贡茶、名茶闻名于世。清乾隆年间都匀知府宋文型的《重建西岳庙碑序》记载都匀有官办茶园；清代莫友芝的《题茶户壁》专门描写了都匀茶农以独特方式制茶；民国

《都匀县志稿》记载，都匀毛尖茶在1915年巴拿马赛会得优奖；1982年，在商业部的全国名茶评比会上被评为“中国十大名茶”。

毛尖茶茶芽

关于都匀毛尖的来历，在民间有一个美丽的传说。传说很久以前，都匀蛮王有九个儿子和九个姑娘。蛮王老了，突然得了伤寒，病倒在床，他对儿女们说：“谁能找到药治好我的病，谁就管天下。”九个儿子找来九样药，都没治好。九个姑娘去找来的全是一样药——茶叶，蛮王问：“从何处找来？是谁给的？”姑娘们异口同声回答：“从云雾山上采来，是绿仙雀给的。”蛮王连服三次，眼明神爽，很快病就医好了。他高兴地说：“真比仙丹灵验！现在我让位给你们了，但我有个希望，你们再去找点茶种来栽，今后谁生病，都能治好，岂不更好？”姑娘们第二天去到云雾山，未见到绿仙雀，也不知道茶叶怎么栽种。她们在一株高大的茶树王树下求拜三天三夜，感动了天神，于是天神派一只绿仙雀和一群百鸟从云中飞来，不停地叫：“毛尖……茶，毛尖……茶。”姑娘们说明来意，绿仙雀立刻变成一位美貌而聪明的茶姐一边采茶一边说：“姊妹们.要找茶种好办，但首先要做三条：一是要有一双剪刀似的手，平时可以采药，坏人来偷茶时，就夹断他的爪爪（方言，手的意思）；二是要能变成我这样的尖尖嘴，去捕捉茶林中的害虫；三是要能用它医治人间疾苦，让百姓健康长寿。”姑娘们说：“保证做到这三条，请茶姐多多指点。”茶姐拉着这群姑娘的手，叽叽咕咕，指指划划，面授秘诀，姑娘们一阵欢笑，高兴得边唱边跳《仙女采茶舞》。

姑娘们终于得到了茶种，她们回到都匀后头一年种在蟒山顶，被冰雹打枯了；第二年种在蟒山半山腰，又被霜雪扎死了；第三年姑娘们种在蟒山脚下。由于前两次的失败，这次他们更加精心栽培，细心管理，茶苗长势越来越好，而变成一片茂盛的茶园，人们就叫这地方为茶农。为了不忘记绿仙雀的指点，后来这茶就取名叫“都匀毛尖茶”。都匀蛮王

祭茶神

有了这茶园，国泰民康。但不知过了多少代，传说到了明洪武调北征南的时候，有一支官兵驻扎在都匀薛家堡。由于水土不服，很多士兵都病倒了，上吐下泻，喊爹叫娘。当地一位布依老人晓得这病情后，就主动带上盐、茶、米、豆，煮汤给官兵喝，一连三碗，终于把病治好了。

都匀毛尖的生境与文化特征

都匀地处贵州高原东南斜坡的苗岭山脉南侧，以中低山为主，岩石性质主要是磷酸盐岩石和石英砂岩。地势起伏，西高东低，北高南低。平均海拔 1000 米，海拔最高点和最低点相对高差 1421 米。都匀地理纬度较低，海拔高，为亚热带高原山地季风湿润气候。四季分明，冬无严寒，夏无酷暑，降雨丰沛，雨热同季，湿度较大（常年日雨量>0.10 毫米的日数达 188 天以上），日照偏少（1159 小时/年，日照百分率为 26%），立体气候明显。常常云雾笼罩，阴雨绵绵，漫射光丰富。都匀的土壤大部分为酸性或偏酸性，土层深厚，疏松湿润，内含大量的铁质、磷酸盐、锌、硒等能提高茶叶品质的稀有元素。这种独特的自然环境十分有利于茶树的生长，现仍存乔木或半乔木型野生茶树原始群体，如斗篷山、清塘、江洲和大定等地的高树茶。这种独特的自然环境使得茶树品种具有发芽早、出芽叶茸毛多、肥厚柔嫩、持嫩性强，内含物丰富等特性。

抄制茶叶

都匀少数民族茶文化底蕴深厚，还保留有擂茶等食茶遗风，有泡煨结合、煮淬结合、烤冲结合、配置多种佐料的拌煮炒结合等多样的烹茶方式。苗族有“早上喝碗油茶汤，不用医生开药方；晚上喝碗油茶汤，一天劳累全扫光；三天连喝油茶汤，鸡鸭鱼肉也不香”的顺口溜；布依族提亲讨八字时要用毛尖茶，建新房时将茶叶放入大梁中以示吉利，在传统节日用茶祭神、祭祖等。有反映都匀毛尖茶悠久制茶和贡茶历史的《毛尖茶》《熙春和贡茶》等民间传说，有布依族《细细毛尖挂金钩》《敬茶歌》等歌曲。优良的茶叶品质，独具特色的民族茶文化，为都匀毛尖茶成为历史贡茶和名茶奠定了坚实的基础。

都匀毛尖的加工工艺

都匀毛尖的原料需为清明前后初展的一芽一叶，芽叶长度不超过 2 厘米、色泽为深绿或浅绿，形似雀舌。并且要在太阳出山前将原料背回，薄摊晾晒在阴凉通风的光滑木板上，让嫩叶失去表面水分。炒茶有6道工序：①杀青。用上等青杠柴将铁锅烧至最佳温度时投入茶青，双手迅速抛炒，使茶青去提青草味。②揉捻。保持炒锅的温度在100℃左右，采用单把揉的手法将茶叶推揉成条。③搓团。以搓汤圆的手法，按某一特定方向将茶搓成茶团。④提毫。茶团在两手掌中摩擦滚动，致使茶条相互摩擦起毫。⑤烘焙。当茶条紧细卷曲、白毫显露时，放入锅中烘焙。⑥干茶精选。取出成品茶，当水分干至八成白毫显露，用白皮纸包好，置于底部装着木炭的陶瓷土缸内“干燥”，半月后取出即可。

茶叶杀青

都匀毛尖茶的特征与价值

都匀毛尖主要产地在贵州省都匀市附近的团山、哨脚、大槽一带，这里山谷起伏，海拔千米，峡谷溪流，林木苍郁，云雾笼罩，冬无严寒，夏无酷暑，四季宜人，年平均气温为16℃，年平均降水量在1400多毫米。加之土层深厚，土壤疏松湿润，土质是酸性或微酸性，内含大量的铁质和磷酸盐，这些特殊的自然条件不仅适宜茶树的生长，而且也形成了都匀毛尖的独特风格。

都匀毛尖有“三绿透黄色”的特色，即干茶色泽绿中带黄，汤色绿中透黄，叶底绿中显黄。成品都匀毛尖色泽翠绿、外形匀整、白毫显露、条索卷曲、香气清嫩、滋味鲜浓、回味甘甜、汤色清澈、叶底明亮、芽头肥壮。其品质优佳，形可与太湖碧螺春并提，质能同信阳毛尖媲美。茶界前辈庄晚芳先生曾写诗赞曰：“雪芽芳香都匀生，不亚龙井碧螺春。饮罢浮花清爽味，心旷神怡功关灵！”

关于都匀毛尖茶的浸泡方法，也非常讲究。第一步是烫杯后，取茶入杯。此时较高的杯温已隐隐烘出茶香。第二步是沿杯壁注入适温的水，至杯容量1/3（也可少一些，但需覆盖茶叶）然后微微摇晃茶杯，使茶叶充分浸润。此时茶香高郁，不能品饮，不过恰是闻香最好的时间。第三步是稍停约两分钟，待干茶吸水伸展，再沿杯壁注入适温的水几乎至满。此时茶叶或徘徊飘舞，或游移于沉浮之间，别具茶趣，开始品饮。最后，待茶汤还剩1/3左右时，再续入适温、适量的水，接着品饮。

同时，都匀毛尖还有多方面的价值：一是历史价值。作为中国十大名茶之一，都匀毛尖历史悠久，同其他名茶制作技艺一样，为中华文明的延续发挥了巨大的作用。二是文化价值。都匀毛尖是当地的布依族、苗族、水族等少数民族在长期的生活中不断总结和创造出来的,带有鲜明的地域文化特色。三是工艺价值。毛尖茶生产技艺流程复杂、独特,每道工序的细腻程度和要求之高,在全国名茶中独树一帜。四是科学养生价值。都匀毛尖茶含儿茶素、黄烷醇等有益物质,常喝不仅可以强身健体,还能促进脂肪类物质的转化及吸收。同时还具有抵抗癌症、降低胆固醇、生津止渴等多方面的功效。五是经济价值。都匀毛尖是按照传统手工技艺制作的,其形、色、香、味俱佳,是打造都匀毛尖茶高端品牌的重要承载体。

省级非物质文化遗产

布依族土布制作、扎染工艺

罗甸布依族土布色泽古朴、花纹美丽奇特、布料厚实耐磨,具有冬暖夏爽,透气吸汗等特点,是布依同胞制作衣物和床被、床单等的上好布料。它同时是婚嫁中馈赠宾朋的佳品。土布制作历史悠久,具有丰富的文化内涵,充分表现着布依族同胞对幸福生活的向往,研究它有助于研究布依族人民的历史。

土布制作、扎染工艺的原生环境和历史渊源

罗甸位于贵州省黔南布依族苗族自治州南部,距省城贵阳 168 千米,州府都匀 188 千米。东南接广西壮族自治区天峨、乐业两县。地势北部高,中部蒙江沿岸次之,南部红水河河谷受河流侵蚀切割,地势低洼,多为低山山地。一般海拔 600~800 米。蒙江由西北至东南斜贯县境,注入红水河。红水河畔是布依族人民的发祥地。罗甸布依族居住的地方属于典型的喀斯特地貌,地下河、溶洞遍布全境。那里山川秀美,民风古朴,风情浓郁,文化资源丰富且独具特色。罗甸属亚热带气候,年平均气温 19.6℃,夏季炎热,春秋次之,冬季温暖,植物可常年生长。适合栽种棉花,且种出的棉花棉质很好。

布依族来源于古代的“濮越”人,秦汉时期由越人北上进入贵州。南北盘江、红水河流域是布依族先民濮越人的发祥地。红水河古称牂牁江。《贵州古代史》考其国境,包括今乌江以南延展到两广大部分地区。战国时期牂牁国衰,其北部夜

郎国兴起，直至西汉末年。分布在这一地域的布依族先民，是牂牁国的主体民族之一。东汉至两晋南北朝时期，布依族被称为“夷濮”。唐宋元时期布依族被称为“西南番”“番蛮”“西谢蛮”“南谢蛮”等。自明清到民国前，布依族被称为“仲家”“仲苗”“夷族”等。在本民族内各地的布依族之间又有很多互称。如望谟县称贞丰县的布依族为“濮拉”（布依语），贞丰县的称册亨县的布依族为“濮央”，册亨县和罗甸县称望谟县的布依族为“濮曼”，县境内各区之间的布依族又彼此称为“濮洛”“濮榜议”等。1953 年，经本民族共同商议一致同意以本民族的自称为“族”称，定名为布依族。

布依族同胞以前没有自己的文字，史书上也没有记载布依族同胞纺花、织布起源于何代。千百年来他们都是通过口传心授，母传女，师传徒，织布、雕花、刺绣、做扎染的技艺传承至今，不断发展。也许这些技艺同他们的发展史一样源远流长。布依族人民自古以来就自种棉花、自纺、自织、自染、自裁、自缝衣服。全家穿衣从挖地种棉直到用手工缝制成服装全由妇女承担。每家每户都有纺车、织布机、染缸、染料（监靛自种）。各地区的妇女织出的土布常常喜欢拿来攀比，手工、技艺高超的妇女，纺出的线、织出的布质量要比一般妇女胜出许多。纺纱、织布、扎染的技艺小女孩们从小就开始学，聪慧的女孩十三四岁就能熟练地掌握这门技艺了。

土布制作、扎染工艺的流程及相关器具

一、土布制作流程

其主要流程为：①弹棉花并加工成条状。②纺线、挽线、上白芨浆、煮线、晒纱。③染纱。④绕线果、布线、定格、梳理、绕轮、布经线。⑤梭子放置纬线，用摆子撞实。

晾晒土布

二、染绘土布流程

布料织成后,有些可直接裁剪成各式服装和其他用品,有些则需要进一步染绘成各种花色品种,富有装饰性的图饰花布。罗甸布依族土布的床单花布主要运用各种扎染技术进行染绘。其主要流程为:①在白布上绘图,主要图案有花草树木、飞禽走兽等,也有鸳鸯戏水、龙凤呈祥等。②用各种扎染技法进行处理,主要有缝绞法和捆扎法,也兼有各种自由扎法。③浸染、晾干、扳线、镶边,完成染绘。

三、相关器具

(1)土布制作的主要器具和设施。脱籽车、弹棉器、纺车、挽线器、绞车、布线器、布线支架、分线器、小竹桐、织布机、大活轮、小活轮、梭子、竹块等。

(2)扎染用的器具和设施及原料。染缸、染料(主要是蓝靛,补助一些红、黄、紫等色料制剂),雕扎针、线、白土布等。

土布制作、扎染工艺的特征、价值与传承

罗甸土布制作历史悠久,千百年来它解决了布依族人民穿的问题。而扎染工艺又充分表现着布依族同胞对幸福生活的向往,具有丰富的文化内涵。因此,罗甸土布制作、扎染工艺具有多方面的特征。

一是乡土性特征。罗甸布依族土布从原材料种植到织染、绣工艺流程,直至使用者,都在布依族内进行,具有鲜明的乡土性特征。

二是多样性特征。罗甸布依族土布的制成品类型多样,有织成的各色花布,有织、染、绣一体的各色花布;其用途也有多样的区别;有各种年龄段的区分(如老年人、青年人、小孩的用布多色皆有不同),如不同物品的区分(如服装和床上用品用布不同),有文化功能的区分(如婚嫁用小花格布、丧葬用大花格布)等。

三是艺术性特征。罗甸布依族土布做工精致,风格典雅,具有鲜明的布依族艺术风格,与其他地区其民族的相似品有很大的差异性,因此人们往往购置以作为馈赠佳品。

四是女性化特征。罗甸布依族土布制作的全流程,从原材料种植到最后成品都由布依族妇女实施,布依族女性从小就参与到这个流程之中,成为传承主体,终其一生;土布制作的多样性更多体现在女性服饰和女性用品的范围;因此,布依族土布制作所显现出来的文化风格具有鲜明的女性化特征。

罗甸布依族土布制作、扎染工艺除了具有上述体制外,还具有一些重要的价值,主要表现如下。

一是历史价值。有了濮越人就有土布制作,扎染技艺,所以研究这门技艺的发展有助于研究布依族人民的历史,研究中国古代织染技术的历史,研究布依族妇女

生活史等。

二是实用价值。衣食住行是人生的四大要素，土布的主要价值在于它从古至今解决了布依族人民穿的问题。使人们有了遮羞御寒之物。

三是文化价值。土布制作、扎染技艺，传承至今其制品越来越精美，众多色彩相间的土布，绘制花草树木、飞禽走兽美丽的床单，凝结了古今布依同胞的智慧。它们当中的每一件制品都具有丰富的文化内涵。

四是经济价值。土布色泽古朴、花纹美丽奇特、布料厚实耐磨，具有冬暖夏爽、透气吸汗特点，是布依同胞制作衣物和床被、床单等的上好布料。20 世纪七八十年代曾一度供不应求。

罗甸土布制作、扎染工艺虽然具有多方面的特征和价值，但由于受经济全球化的影响，这门技艺现在面临濒危的绝境，若再不保护抢救，我们的民族文化之花将会消失。

土法造纸工艺（惠水县）

惠水芦山手工土纸制作工艺是一个已有几百年历史的原始造纸工艺，多少年来一直吸引着众多的专家学者、画家、文人和游客。作为人类文明的一种原始文化，人们把它称为“博物馆”。这个属人文历史类的露天造纸博物馆，至今仍展现种种原始的文化产物、劳作工具，以及有关造纸人所信奉的种种仪式，令观赏者大饱眼福，并从中感悟到人类进程的悠悠岁月、缓缓流动的空间和绵绵不绝的生命源泉。

据考证，芦山造纸始于明末清初。清乾隆年间开始兴旺，造纸人家由 3 户发展到 10 来户。一家有七八个窑子，月产草纸 300 余斤。当时是人工用碓舂竹麻，极为原始。民国初年发展到近百户，人舂竹麻已发展为牛拉碾和水车碾。到 20 世纪 40 年代造纸更为兴旺，已有 150 多户人家造纸。常年生产用的窑子有 300 多个，抄纸的槽子已发展到 180 个，牛拉碾和水车碾 60 多架，年用竹子 300 多万斤，年产草纸 100 多万斤。如今，草纸仍畅销省内各地，但生产规模仅及过去的 30%左右。每逢芦山、硐口赶场天，山民并把竹子和桦叶扛到市场上，造纸人家便逐一收购。

芦山河岸到硐口、羊马一带，河流迂回百转，两岸垂柳依依，鹅鸭戏水。一座古老而优雅的石孔桥静卧溪河两岸，水映小桥如画舫，带有几分江南水乡的韵味。过了石桥，就是一片开阔的坝子，那些高高低低、大大小小的草屋、平屋错落有致。这

漂洗竹麻

就是造纸的牛拉碾坊、水车碾坊及抄提纸浆的简陋作坊。房顶长满了无名的绿色植物和苔藓。造纸人家的院落里,有加工竹麻的木碓和立着或躺着的竹子。

整个旷野上数十个蒸煮竹麻的大窑星罗棋布,神秘而辉煌,古朴而雄健。人们已无法考证它成为这种格局的年月。还有那些浸泡桦叶的土坑,浸漫竹麻的石灰坑,一切都显得苍老而原始。

这造纸的水就是从这溪河上游称为“大龙洞”的阴河里流出的,清澈而透亮。它流到这里被造纸人筑坝修渠后,分成多条渠流推动木轮,推动水车,漂洗竹麻,抄纸打浆。

生产草纸的原料是糯竹、藤竹,配料是桦叶、石灰和水,造纸人往往统称“竹麻”。这种土纸吸水性很强,且非常洁净。

芦山手工土纸制作的工艺流程主要表现为:先是采料,将生产土纸的原料糯竹、藤竹在太阳下曝晒,晒干后再用木碓把全部竹子舂成片状。造纸艺人把这些造纸竹料称为竹麻。再将竹麻放到石灰水里渗透,随后放入大窑里填满,让牛踩紧、踩实,烧大火昼夜蒸煮 40 天,熟烂后捞取出放入河沟里漂洗,洗干净后再次放入窖池让牛踩紧踩实,使其发酵 30 余天后,加入足量清水浸泡 10 余天。之后再将竹麻放到水碾槽里碾碎成糊沫状,竹麻毛料制作就算完成了。

水碾槽碾碎竹麻

将加工好的竹麻放入水槽里泡以清水,加入一定比例的桦树叶、石灰水搅拌成纸浆,便开始用竹帘抄纸。每抄一次就得到一张湿漉漉的土纸。当抄纸堆集到一定数量后,即用千斤桥将水榨干,然后把湿纸一张一张揭起,晾在竹竿上直至晾干。土纸制造出来后,要按照一定的尺寸规格切割整齐,切割完毕后,还要用木槌将土纸打松软,使其软和,方便使用。

桦叶是抄纸不可缺少的配料,对这种野生植物,造纸人由于一个神圣的传说而

抄纸

有一种神秘的认定。据说祖先造纸不成张，历经千辛万苦，每天都把造纸人急得汗流满面、口水直淌。有一天，口水正好滴在抄起的纸上，这抄纸人一下便把纸分成张了。后来用桦叶泡水掺和，纸才能分出张来。据说这个方法是天上的王母娘娘教的。世世代代，造纸人一直记着一句民谣“先人抄纸不成张，王母娘娘送药方”。所以，造纸人家对老天爷和造纸先师顶礼膜拜，铭刻于心。

土法造纸工艺（长顺县）

位于长顺县白云山镇翁贵村的造纸业始于清朝乾隆年间，是贵州造纸业的发祥地，被誉为蔡伦造纸“活化石”。翁贵古法造纸在大山深处得以完好地保存，至今仍鲜活地在翁贵民间流传，造出的宣纸深受书画家的喜爱，并用于古典书籍的修复。

600多年前，明朝采取“调北填南”的政策，中原文化与江南文化也随之传入贵州。当时的广顺州（今长顺县）距省府贵阳咫尺，造纸原料构树（也称楮树）满山遍岭比比皆是，该树种具有速生、扦插繁殖、适应性强、轮伐期短的特点，其树皮是造纸的高级原料，材质洁白。有了充足的原料，工匠们便开始寻找造纸所需的水源，终于在翁贵村西面的姊妹山下发现了一股清泉，称龙王泉水、龙王井，其流水充沛、清澈见底、冬暖夏凉、长年不断。于是在此设槽建坊，并建龙王庙，立蔡侯（蔡伦）牌位奉供。这里也就成了贵州最早的造纸基地。如今，依山傍水而建的造纸作坊，清澈的泉水从山洞里奔涌而出，哗哗地冲向一个立式水

乍料

轮,在流水的冲力下水轮带动水磨转动,宽大的磨臼里平放着上道工序加工后的原料,任凭快速旋转的石磨碾压成穰,然后进入下道工序。水磨,是我国最古老的生产工具,是珍贵的历史文化遗产。翁贵造纸作坊至今仍在沿用千年的水磨,不仅有效利用了水能,降低了造纸成本,而且是无污染的环保工具。

据《广顺州志》记载,清代中叶,长顺县的造纸业以上规模,产品有“盖公纸”(皮纸)、“竹廉纸”(竹纸)、夹纸、黄草纸等,其中,“盖公纸”因其色泽雪白、细致绵扎、质量优良,远销至北京作为朝廷科举考试和衙门张榜纸。当时曾记载:“货于他省者唯纸,以其绵结经久,异于南纸,以褚皮为之,出翁贵者上。”被史家认定保存下来的清廷试卷纸源于翁贵。乾隆年间翁贵纸被列为地方税上纳,且为朝廷贡品,史称“翁贵纸”。翁,父也,指造纸先师蔡侯;贵则指纸的质量高,故以“翁贵”为名,并沿用至今。在翁贵,至今仍传唱着古老的《翁贵造纸歌》。

翁贵造纸传承古法,是按照古法造纸技术,从山上采原料到出成品纸,共有 4 个步骤 72 道工序。明朝宋应星在《天工开物·杀青》中,全面系统地总结了备料、制浆和抄纸等一套完整的造纸工艺,翁贵古法造纸工艺至今保留和沿用了《天工开物·杀青》中记载的工艺流程。土法造纸作坊生产的白纸,主要原料是构树皮。全手工操作,工序复杂而细致。主要步骤:湿料,将干构皮在水里浸湿浸软。可料:“一可”就是“一打”,重 5 千克左右,可料其实就是理顺归类,即将长的、短的、粗的、细的各归为一可。泡料:将理好的料一可一可地按顺序排放在水里浸泡一星期 。浆料:在一个准备好的水池里放入一定量的熟石灰搅匀后将渣汁劳出,将泡过的构皮一可一可地拿出来(不能理乱)放在浆池里面浸泡几分钟,从浆池里拿出来后又一可一可地理顺放置在一个能够排水的地方直到水滴干为止。蒸料:滴干水后又放在蒸窑里蒸,蒸料要分两次,第一次蒸一个星期后,底下的已蒸熟面上的部分没熟又要重新全部拿出来把面上的翻到下面再继续蒸上一个星期直到完全蒸熟为止。洗料:将蒸熟的构皮放在清水里用脚踩,目的是把构皮中的黑水和表层的黑壳去掉。漂料:一可一可地排放在河里(流动的清水)浸漂一个星期使其漂净漂软,将料挤干。扬料:放到清水里清洗,这个时候构皮中的渣汁已经全部去掉。曾白也叫乍料:把去渣的料放到绒水窖里蒸煮一天一夜,早期是用石灰,后来是用纯碱,曾白后用手一可可地扭

可料

干。打料,扭干后用木对打成料皮。囊洗:将料皮装进能够滤水的料袋里,再放入清水里用料粑在料袋里来回蠕动,直到料皮被蠕散出现清水为止,然后挤压成料巴。操纸:将料巴放入盛满水的水槽里然后用木棒在水槽里不停地搅拌,直到料在槽里搅匀叠为止,搅拌时还要放入一定量的糯叶水(糯叶水能够起到光华和隔离的作用)。然后

打料

用竹帘在水槽里来回地摆动,拿起竹帘时一张薄薄的纸就粘在了竹帘上,然后将帘子反过来将纸粘贴在准备好的平板上,这样一张一张地叠在一起。叠至 1000 张左右用平整的木板盖上压干。晒纸:这是烘干过程,挤压后再拿到纸烘房里面一张一张地揭下来贴在纸背上烘干。用剪刀修去毛边,100 张叠在一起成一刀纸。打捆:20 刀放在一起打成捆便于存放和运输。其中每道工序里面还有许多小细节,有的工序要反反复复经历多次。

翁贵纸雪白、薄而轻,但纸张柔软,不易破碎,保存时间长,一般情况下,可以保存上百年甚至几百年。翁贵纸有单纸和夹纸两种。单纸是在抄纸时,用竹帘在纸槽里左右各打捞一次抄出来的纸;夹纸又分为双层夹纸和四层夹纸,是抄纸时,用竹帘左右各捞两次和四次所抄出来的纸。

翁贵造纸几百年来,一直保持着最为原始的古代造纸作坊的特点,其主要靠两种方式传承,一是家族传承,这是翁贵造纸最主要的传承方式。几百年来,这里很多工匠都是全家老小世代造纸。翁贵现存 5 户造纸之家,最长的已有 12 代,最短的已有 2 代。另一种是招工学徒传承。最初翁贵只有几架造纸槽,后来由于需求量大增,产品供不应求,全家人忙不过来,就对外招收学徒,学徒经过三五年的学习,最后一部分人也就成了工匠。翁贵作坊就是靠这两种传承方式,从产生到发展至今,持续了几百年,为各个时期造就了一批又一批的造纸传人。

长顺县翁贵村古法造纸工艺有着较高的文化价值,包含物质和非物质文化遗产的内容。目前,长顺县古法造纸工艺已列为省级非物质文化遗产保护名录,正积极申报国家级非物质文化遗产。联合国开发计划署为表彰长顺县为"千年计划目标"做出的贡献,2010 年,上海世博会上国际信息发展组织授予长顺县古法造纸和千年银杏"千年贡献奖"。

随着经济社会的发展,再加上生产的纸张主要是民间用纸,用途并不广泛,同

时成本攀升，造纸利润并不高，很多造纸工匠宁可外出务工，也不愿意再从事这个行当。年轻人根本不愿意学。如今掌握造纸技术的村民，多半都是上了年纪的人。因此，该村多数造纸作坊，已经破败不堪。翁贵村 140 多户人家中，以前几乎家家户户都从事造纸。近年来，在工业纸张的冲击下，全村从事造纸的农户如今仅剩下 3 家。对此，针对这一情况，长顺县有关部门已制定相关规划，拟投资 20 万元对翁贵村造纸作坊遗址进行修复；并出台扶持措施，引导和鼓励村民投身古法造纸行业，让这一宝贵技术得以传承和开发。

长安布依族土布扎染制作技艺

长安布依族土布扎染手工制作工艺主要流传于长安乡，基本属自产自用。土布扎染的浸染过程与枫香染、蜡染基本相同，但印花技艺则自成体系，独具特色。

原生环境

长安乡东面与打引乡接壤；南面是长顺县敦操乡；西面与长顺县睦化乡比邻；北面是王佑镇。辖地略呈东西走向：东西长约 9 千米，南北宽约 6.5 千米，总面积 44.9 平方千米。乡政府所在地距县城 62 千米。总面积为 44.9 平方千米，总耕地面积 6710.75 亩，其中稻田 6328 亩，旱地 383 亩，人均占有耕地 0.62 亩。

长安乡乡内为低山丘陵封闭性盆地，四面高山环绕，森林茂盛，海拔在 800~860 米，大小河流汇集于盆地之中，平均降雨量为 1250~1300 毫米，无霜期为 297 天，月平均气温为 16.7℃，雨量充沛，水田连片，土壤肥沃，是惠水县优质米的主要产区之一。

长安布依族是好客的民族，他们常用酒来表达自己的好客、无私、友好、热情，但敬客酒的习俗又依村寨不同，形式和内容也不相同。布依族敬客，先由男主人向客人敬酒，每人必须先喝两杯，寓意“你是用两只脚走来的”。这两杯酒都要一饮而尽，第三杯开始，主人便可随意。待到一定时候，其主人便同姑娘、媳妇们一起上阵，手持酒海（盛酒的土钵）、酒碗站立客人身后以歌敬酒。先从长者开始敬完一轮，再反方向敬一轮。有的好客者，为挽留客人住下，妇女们就会选择一“关键”客人，力促将其灌醉，使得“群龙无首”，只好乖乖留下。布依人家真情可谓“酒如其人”，令人陶醉。

绞扎手法

扎花原名扎疙瘩，即在布料选好后，按花纹图案要求，在布料上分别使用撮皱、折叠、翻卷、挤揪等方法，使之成为一定形状，然后用针线一针一针地缝合或缠扎，将其扎紧缝严，让布料变成一串串“疙瘩”。

扎染用的布料过去完全采用布依族自家手工织的较粗的白棉土布，现在土布已较少，主要用工业机织生白布、包装布等布料，吸水性强，质地柔软。扎染所用的自纺自织的土布，一般都是用四踏板的织机织成，布匹纹理呈回字形，当地群众称为颗粒布。在绘制图案时，先将土白布平铺于桌面或石板上，用圆珠笔或彩色粉笔即兴绘出各种图案。传统图案基本为花鸟虫鱼，现在也把汉字、拼音甚至英语融入传统图案中。图案绘制完毕，用白棉线穿针打结，按白布上图案的脉络将布对折，再在折痕处往内折一小道边，然后用穿好的针线，沿着折痕缝扎。

扎花是以缝为主、缝扎结合的手工扎花方法，具有表现范围广泛、刻画细腻、变幻无穷的特点。它是通过纱、线、绳等工具，对织物进行扎、缝、缚、缀、夹等多种形式组合后进行染色。其目的是对织物扎结部分起到防染作用，使被扎结部分保持原色，而未被扎结部分均匀受染，从而形成深浅不均、层次丰富的色晕和皱印。织物被扎得愈紧、愈牢，防染效果愈好。它既可以染成带有规则纹样的普通扎染织物；又可以染出表现具象图案的复杂构图及多种绚丽色彩的精美工艺品，稚拙古朴，新颖别致。扎染以蓝白二色为主调所构成的宁静平和世界，即用青白二色的对比来营造出古朴的意蕴，且青白二色的结合往往给人以“青花瓷”般的淡雅之感，而平和与宽容更体现在扎染的天空中。

染色技艺

浸染采用手工反复浸染工艺，形成以花形为中心，变幻玄妙的多层次晕纹，凝重素雅，古朴雅致。缝扎好后，就可以染色了。缝了线的部分，因染料浸染不到，自然成了好看的花纹图案，又因为人们在缝扎时针脚不一、染料浸染的程度不一，带有一定的随意性，染出的成品很少一模一样，其艺术意味也就多了一些。

土布扎染手工制作工艺品

土布扎染主要是用蓝靛浸染。主要染料来自苍山上生长的寥蓝、板蓝根、艾蒿等天然植物的蓝靛溶液，尤其是板蓝根。以前用来染布的板蓝根都是山上野生的，属多年生草本，开粉色小花，后来用量大了，染布的人家就在山上自己种植，好的可长到半人高，每年三四月收割下来，先将之泡出水，注到木制的大染缸里，掺一些石灰或工业碱，就可以用来染布。其加工方法是将采来的蓝叶放入缸中加水泡3天左右捞出。用盆将适量的生石灰加水搅拌溶化后倒入缸中，加自酿米酒一斤搅匀，沉淀后，将水倒出，舀出缸底的靛蓝装入桶中备用。干靛加水稀释后，当地群众还将适量的植物土茯苓的根茎洗净捣烂放入，可使染料颜色加深。配好的染料放置七八天后就可用于染布了。

浸染前先将布放入清水中浸泡透拧干多余的水分折好放在石板或板凳上锤打平整，然后提住布的一头慢慢放入缸中，用木棒将布压入缸底，一小时后捞出置于槽状木板上，木板的一头倾斜搭在缸沿，布上多余的水就顺着缸沿流入缸中。放置一小时后，再次将布放入缸中浸染，如此反复多次，两天后将布捞出用清水洗净晾干，再重复前面所说的程序浸染。直到达到所需的颜色，然后用清水反复漂洗、晾干。染好的布匹晾干后，将缝扎的线用剪刀或锥子轻轻拆开，再次清洗，锤打平整晾干。此时，所绘图案花纹显露，其染料的渗透非常自然，图案色彩明暗地自然过渡，十分美妙。整个工艺制作过程完成。

浸染，即将扎好"疙瘩"的布料先用清水浸泡一下，再放入染缸里，或浸泡冷染，或加温煮热染，经一定时间后捞出晾干，然后将布料放入染缸浸染。如此反复浸染，每浸一次色深一层，即"青出于蓝"。浸染到一定的程度后，最后捞出放入清水将多余的染料漂除，晾干后拆去缬结，将"疙瘩"挑开，熨平整，被线扎缠缝合的部分未受色，呈现出空心状的白布色，便是"花"；其余部分成深蓝色，即是"地"，便出现蓝底白花的图案花纹来，至此，一块漂亮的扎染布就完成了。"花"和"地"之间往往还呈现出一定的过渡性渐变的效果，多冰裂纹，自然天成，生动活泼，克服了画面、图案的呆板，使得花色更显丰富自然。

水族九阡酒酿酒技艺

九阡镇盛产九阡酒，九阡家家户户都有酿酒的习惯。九阡酒已经形成了一种独特的九阡文化象征，也是水族人民的文化象征。九阡独特气候生产的糯米、清亮的水昔河水、多种草药制成的酒曲，加上传统而古老的酿造技艺生产的九阡酒，呈现琥珀般一样的棕黄晶澈，酒度低而不淡，落口爽净、酒味绵长，喝后不口干、不伤头，成为当地村民自饮和待客的佳品，并形成了独特的酒文化。

悠久的历史传承

水族酿酒历史悠久，有2000多年的历史，有文字记载的有1700多年。

关于九阡酒的来历，在水族群众中流传着一个古老动人的故事。据传，很久很久以前，有九位贫穷的老婆婆来到水族聚居的地方乞讨。好客的水族群众热情地周济照料她们，拿出糯米饭、糯米粑供她们食用。她们感受到水族群众热情好客，就把酿酒技术传授给水族人民，化作九位仙女飘然而去。人们为了纪念这九位仙女，就把按照仙女传授的技术酿成的酒称为九仙酒，后来把水族聚居的地方叫作九仙镇，汉译为“九阡酒”。

九阡酒自诞生以来，一直是以家庭作坊进行生产，其独特而古老的酿造技艺却靠着一辈一辈的口传心授得以传承下来。而真正大规模生产，则是在中华人民共和国成立以后。九阡酒厂建于 1952 年，全称为贵州省三都水族自治县九阡酒有限责任公司，属民营企业。1957 年，三都县女副县长带九阡酒进京敬毛主席，毛主席夸九阡酒“好香、好甜、好酒”，九阡酒因此一举成名。1987 年建成酒厂后进行批量生产，年产量 200 多吨。现贵阳、北京等都有经销窗口，九阡酒已成为全镇经济发展的支柱之一。

2009 年，九阡酒酿造技艺被列入贵州省级非物质文化遗产。2010 年 9 月 9 日，上海世博会“九阡酒主题日”世博会组织授予“千年九阡酒”金奖。2010 年世博会期间，九阡酒作为上海世博会国际信息发展网馆唯一指定用酒、贵州省世博办官方指定礼品、世博贵州活动周唯一迎宾酒。2010 年，世界妇女峰会，九阡酒作为国宴用酒在上海招待芬兰总统及全球妇女精英。2010 年，九阡酒被中华人民共和国商务部授予“中华老字号”称号；2010 年，九阡酒被上海世博会博物馆永久收藏和展示。

独特的酒文化与原生环境

九阡酒的酿造对周围环境，尤其是土壤、水质、空气环境要求极高。只能在位于世界自然遗产地的月亮山原生态保护区的九阡镇，严格用月亮山泉水（月亮山生态区的水质为 II 级可直接饮用水质）、水族原生摘糯、土陶坛、纯手工进行酿造，也不允许添加其他任何非生产过程中带来的物质，否则口感将大打折扣。

水昔村利蒙寨位于三都水族自治县南部的九阡镇，离九阡镇有 7.5 千米，是一个依山傍水的宁静村落，这个潘姓水族人聚居的村寨就是三都九阡酒作技艺流传地的中心。绵延起伏的群山像个天然的屏障将利蒙环抱起来，清澈柔和的水昔河从寨外涓涓流过，利蒙交通相对闭塞，与外界沟通较少，特殊地理环境使得这种水族古老的酿造技艺在简易操作制酒工艺盛行的今天得以留存下来，因为当地的水族人相信，只有在这样的环境下制出来的九阡酒，才具有一种神秘的力量，让人们强身健体，益寿延年。

当地习俗在女儿出生时将九阡酒窖藏,到女儿出嫁时才取出待客,这种酒俗称水妹红九阡酒。窖藏多年的水妹红九阡酒,开坛时香气四溢,颜色金黄带红,用筷子轻挑,千丝万缕,原来已浓缩为蜂蜜状,饮之醇香味美,沁人心肺,实为酒中珍品。

九阡酒密封窖藏

水族人民在平时除用九阡酒解乏消遣自斟自饮外,凡有亲月来家,必以酒相待,主人家不仅殷勤劝酒,还邀请乡邻、亲友来作陪,酒酣耳熟之际,主人还与客人喝交杯酒以示亲热。水族“交杯酒”又叫转转酒,喝酒时,主人、客人与作陪的人围成一个圆圈站起来,每人都用右手把自己的酒碗或酒杯送给下家,同时用左手接住上家送来的酒碗或酒杯,大家就同时喊一声“秀!”便将自己的酒一下子灌进了下家嘴里,而自己同样被上家灌了酒。“秀”是水语“干杯”的意思,一声“秀”,每人都喝一碗或一杯酒。醇香的糯米酒,是水族闲暇生活的享受,也是礼尚往来、增进感情的介体。

神奇的酿造工艺

九阡酒的酿造工艺独立成一套标准,既不属于糯米酒,也不属于黄酒,而是“其他发酵酒”。九阡酒是一流的纯糯米香酒,中国水族独特传统工艺酿造。100%的纯糯米原料、100%的天然泉水酿造、100%的无添加剂、100%的水族传统工艺。九阡酒与茅台酒一样,只能用当地的糯米与泉水酿制,这样酿造出来的九阡酒,饮之则醇香味美,沁人心肺,实为酒中珍品。

水族民俗每年五月五(端午)采药,六月六制曲,九月九烤酒。从端午到六月六,村村寨寨妇女全部出动,由懂药的老妇带领,上月亮山原始森林采集多种野生草药,最后集体起来,熬成药水,加入米团、面团、麦麸、糖壳等,捏成颗粒,制成酒曲。酒曲制好后,接下来的用料、工艺也特别讲究,必须用当地特产红糯、摘糯配以月亮山中的优质泉水为原料,在九阡镇独特的气候环境中进行酿造,出酒后以土陶坛密封窖藏酿。

制曲(即做酒药)是九阡酒制作中最关键的一部分。做酒药的100多味草药全部采自水昔附近的山上,采药一般在端午后到谷熟前的这一段时间里,这时农活不太忙,酒药的质量也是最好。采药前,寨中德高望重的老奶奶就要召集附近所有烤酒人家的妇女来开会,约定好后,请水书先生选个“杜翁”(即好日子),大家一齐上山采药。酒药分粉剂和汤剂两种。粉剂的药要量很大，一般大家先集中采够晾晒好后，才又重新请水书先生选定采汤剂草药的日子。通常5~8人一组，每组各采几样药，采哪几样都是事先分配好的，采得后，集中综合，平均分给每个组，以组为单位制作酒曲，一般要一整天的时间。大都选在组员中较有制曲经验的老人家里，先将草药熬成药汤，再将米面、苞谷团、小米、米糠、红稗等搅匀撒上药粉，然后注入药汤调到适度，压实。由领头的“牙”（老奶奶）一手执芭茅草，一手执砍刀，边砍边念：“今天我们做药，随便哪个咒什么，都不会影响，我们的药是最好的酒药啊！”然后将其捏成团摆在铺上稻草的簸箕上，铺满后再覆以一层稻草接着盖上布，放在角落里让其发酵后取出晾晒到干透。酒药做好后请水书先生再一次选定这批酒药第一次酿酒的日子，出酒了，请寨上德高望重的老奶奶喝新药酿出来的第一杯，一口饮尽后她大喊：“我们的药成酒啦，成好酒啦！”然后作醉酒状向后倒去，众人皆呼：“药成酒了！药成好酒了。”遂将药分发到各家，用袋装好置于梁上通风处。

九阡酒歌舞展演

烤制九阡酒一般选在每年的3~4月或打米过后，这个时候的气候适宜于酒曲发酵。上好的九阡酒，皆选用当地产圆头糯米，经筛选浸泡一天，放入甑中蒸熟晾凉后取酒曲拌匀放入缸中发酵3~4天，出酒酿后，先取出3~4斤酒酿备用即可上甑烤制。这时烤出的酒是清亮无色的，需取原先备用的酒酿放入锅中小火熬制到起泡呈糖色加入酒内，才算完成九阡酒的所有制作工艺程序。

云雾贡茶手工制作技艺

云雾贡茶以其卷曲披茸，色泽银绿，汤色绿黄，瀓香气浓郁，味醇浓爽，回甘力强，叶底嫩绿黄明亮的高雅品质，成为海内外茶叶家族中的“皇后”。国内著名茶学暨主评专家沈培和先生，1991年欣然为其挥毫定位为“茶中极品”，1997年中国佛教协会会长赵朴初先生品尝贵定雪芽后，即兴题写“佛茶”等诸多殊荣。

云雾贡茶的原生环境

贵定云雾贡茶，产于中国苗岭贡茶之乡——贵州省贵定县云雾山主峰，《辞源》载："云雾山，在贵州贵定南。为苗岭山脉主峰，乌、沅、盘三江之分水岭。山多危峰峭壁，云雾弥漫，故名"。如今的云雾山依然群山环绕、沟壑纵横，云雾缭绕、四季分明，热量适中，雨量充沛，属典型的高海拔、低纯度、寡日照产茶区。

贵定县位于贵州省中部，地处东亚季风区，属中亚热带季风湿润气候，年均气温15℃，冬无严寒，夏无酷暑，雨量充沛，平均相对湿度80%，年降雨量1107.9毫米，无霜期为282天，雾日数182天，常年晴间多云天气，阳光散射，漫射光多，有利于生产高品质绿茶。土层深厚肥沃，有机质含量高，植物种类繁多，地形类型多样，适宜茶树生长。形成了林茶相间的相对封闭的生态系统，为茶叶生长提供了有利条件。贵定县是"中国苗岭贡茶之乡""中国酥李之乡""中国娃娃鱼之乡"，拥有雨雾鸟王优良茶种。

古茶山指的是贵定县南端的云雾山，山中至今还有大量的野生茶树，是贵州史及至中国茶史的"活化石"。虽无文字记载，但在斗篷山生态环境保护区和贵定境内茶山村寨附近的山坡土坎上，至今还保存许多古茶树。1979年初夏，在斗篷山海拔1960多米处的二道岩老树林边沿发现一棵大茶树，其树干高5米以上，干粗直径45厘米，树围124厘米。这一发现，如获至宝，并取样送贵州省茶科所化验，该茶树只有简单的儿茶素，无复杂儿茶素，且角质层细胞组织排列致密，木质坚硬重实，属野生性状。随后经省多名茶叶专家确定为野生茶树，树龄千年。这一发现进一步佐证了贵定是茶的发源地之一。贵定县鸟王村海爬苗是贵州苗族的一个支系，人数极少，保留了自己独特的生活习俗，是较早发现茶树和利用茶树的民族之一。

云雾贡茶的悠久历史

清乾隆五十五年（1790年）刻立在云雾镇鸟王村关口寨的贡茶碑，碑云"贡茶及敬茶斛交，其余所生之茶，准行停止，以免采办之累；有以办茶为名，下乡勒索者，许尔等指名禀究；拨银四百二十两，收集发交殷实之户，生复再年购办该处贡茶"。足以佐证了贵定"贡茶"、敬茶数百年，种茶和制茶上千年。

贵定县建县已有2100多年历史，茶文化底蕴深厚，有几千年的种茶史，千余年的贡茶史，500多年的佛茶史，素有"南北两宝"之称，即南宝云雾贡茶；北宝白云佛茶。位于贵定县南端的云雾山、斗篷山，北端阳宝山都是中国古老的茶山，山中至今还有大量的野生茶树，是贵定悠久茶史的见证和"活化石"。除云雾山外，县境内还有9座大山名叫茶山，不带"茶"的许多地方也产茶，历经沧桑的古茶树佐证了

云雾山贡茶亭

贵定县是古老的茶区，独具特色的地方优良的鸟王茶树种群，生产出品质独特、外形美观、与众不同的云雾茶，又称鸟王茶，是云雾山区苗族同胞祖辈以来精心呵护的名饮山珍，早在隋唐时期就成为皇家贡品。

当地的海葩苗民生产的清明茶，早在唐朝时期，就成为皇家贡品，明清时期成为八大名茶之一。乾隆五十五年（公元1790年）苗族同胞为保护和发展云雾贡茶，特将官府批复文告刻碑立于云雾山上至今。康熙《贵州通志》（1673年）记载："黔省各属皆产茶，贵定云雾山最有名"，光绪年间，贵州巡抚献贵定云雾贡茶两匣给朝廷"一匣献给皇上，一匣献给老佛爷"。

清嘉庆十年，苗族通报为保护贡茶生产，同时为避免侵犯"贡茶"行为的发生，又立"云雾贡茶产地地界碑"一块，不仅进一步界定了云雾贡茶的原产地范围，而且最重要的是进一步佐证了贵定云雾贡茶的历史。

佛茶文化传承圣地

贵定云雾贡茶，在唐、宋、元、明、清均为朝廷贡茶，是贵州省唯一有碑文记载的贡茶。

贵定云雾贡茶品质的特点为特种绿茶，紧细、卷曲、显毫，匀整、绿润，汤色绿黄清澈、香气嫩香、滋味鲜爽、回甘力强、叶底嫩匀、鲜活明亮。

贵定云雾茶制作工艺为每年于清明前后，开园采摘嫩芽"鸦雀嘴"，采用民间传统的手工炒、揉加工方法，经三炒、三揉、揉团、提毫、温火慢烘，保持其原芽的鲜锐、形状和茸毫，精工巧制、精湛独特，成品茶条索紧卷弯曲，嫩绿充分显毫，外形匀称美观，形若鱼钩，茶汤亮绿，汤色清澈，浓酽明亮。

贵州十大名茶之一的贵定云雾贡茶，其产地贵定县有几千年的种茶历史，在隋、唐、宋、元、明、清时期，该地所产茶叶成为贡品上贡朝廷。在其漫长的发展历程中，留下了许多趣闻逸事和史书掌故，阳宝山便是当地茶文化盛极一时的地方。贵定县城北面的阳宝山，在明朝时修建了莲花寺，规模宏大，香火旺盛，被誉为西南三大佛教圣地之一。佛门与茶有不解之缘，无庙不种茶，无僧不嗜茶。康熙《贵州通志》载："屡著灵异，来朝者众，遂为名山，山产茶，制之如法，可供清缀。"阳宝山所

云雾茶制作工艺竞赛

产茶叶,因产自莲花寺开山鼻祖白云大师亲植茶园,当地人也称白云茶。每当置身山中时,就仿佛听到一曲“茶与名山古刹”的交响曲。

阳宝山盛产茶,属“贵定云雾贡茶”系列。清末,贵州巡抚林绍年入朝进献给慈禧和光绪帝的“贵定云雾贡茶”,多产于阳宝山。茶艺由白云僧和丘禾实共同研制,又分云雾茶、白云茶、白鹤茶等绿茶佳品,并一直由山僧掌控着该技术及延续传承。1997 年,一代宗教大师赵朴初品饮此茶,陶醉之余,挥毫书下“佛茶”两个大字。

贵定云雾贡茶属恢复性历史名茶,全炒青型卷曲绿茶,富含多种营养成分。清明节前后采摘的“鸦雀嘴”嫩芽经三炒、三揉、提毫、提香、文火慢烘,用传统工艺和现代先进技术相结合精制而成。制作好的茶叶,其特征:形美——卷曲、显毫、匀整;色泽——干茶翠绿、汤色黄绿、叶底嫩绿;香气——板栗香、蜂蜜香,回味甘甜,滋味浓厚。《茶道》载:“饮用云雾茶,不仅能生津止渴、退热解暑、提神醒脑,而且具有减脂降压、抗癌、美容抗衰老之功效,是纯天然保健饮料和馈赠佳品。”

水族银饰制作技艺

都匀水族银饰的制作技艺充分体现了水族既质朴、含蓄,又聪明能干、智慧机巧的民族个性。其成品是水族“配在身上的图腾”,成为水族族群认同的重要标志之一,被视为美好、勤劳和富有的象征,具有重要的文化价值。都匀水族银饰制作技艺历史悠久,工艺复杂而有特色,饰物所体现的阴柔秀美,所蕴含的民族性格、审美心理、宗教信仰,成为了解水族社会的一个窗口,具有重要的研究价值。

水族银饰的生境

贵州省黔南布依族苗族自治州州府都匀市,全市总面积 2274 平方千米,总人口 50 万,有布依、苗、水等 33 个少数民族,占总人口的 67.08%。

在都匀市东南部，都柳江上游，毗邻三都水族自治县西北部的基场、奉合、阳和三个水族乡，历史上俗称“套头”。这里温暖湿润，高山谷深，水流环绕。从古至今，与外界沟通较少，构成民族民间文化生长发展的独特地理环境。

基场、奉合、阳和三个水族乡，面积261.5平方千米，占都匀市总面积的11.5%。三个乡辖24个村201个自然寨共38725人，其中水族有117个自然村寨，人口19081人，占人口总数的49.3%，是都匀市水族的主要聚居地。三个乡分别距市中心37千米（奉合）、47千米（阳和）、58千米（基场），都匀至三都的支路——小马公路穿境而过。这里的属亚热带季风湿润气候。地形属于中低山山地区，海拔540~1650米，相对高差1110米，是市境内切割深度最大的地区。居民点沿着河谷两岸分布，高山地区人烟稀少。

由于境内重峦叠嶂，地形错综复杂，交通相对闭塞，从古至今，与外界沟通较少，构成民族民间文化生长发展的独特地理环境。

这里的水族妇女和其他地方的水族一样酷爱银饰，在日常生活、婚嫁、祭祀乃至重大节庆中都保留着穿戴银饰的习惯，在民间歌谣、传说故事中流传着浓郁的特色银饰文化。

水族妇女银饰文化

这里更是水族地区传统银饰的制作中心，制作技艺经祖辈流传至今，在基场乡水族银匠家中还保留着一个古老的非常特殊的龙形模具。这里有许多著名的能工巧匠，造出的银饰的造型和纹样既古朴又精美，反映着水族深刻的文化内涵。由于白银是珍贵物质，所以这里的银饰加工习俗很特异甚至神秘，关起门来操作，不让别人观看。

历史上，银饰加工在水族地区分布广泛，现以黔南布依族苗族自治州的都匀市基场等三个乡为核心。三都廷牌乡、塘州乡和丹寨合心乡等有少数水族工匠从事银饰加工。

现在，这里的水族还流传《铜鼓古歌》《雷公斧》《鱼龙姑娘》等与银器工艺关联的古歌和神话传说。在基场乡水族银匠家中还保留着一个古老的非常特殊的龙形模具。

水族银饰的工艺流程

水族银饰所有饰件都通过手工制作而成，工艺复杂，包含铸炼、锤揲、錾刻、焊接、花丝、清洗等环节,有 20 多道工序。工艺水平极高,是水族民间独有的技艺,而花丝工艺则是水族银匠的拿手绝活。

水族银饰制作

水族银饰全部手工制作,有炸珠、錾花、焊接、花丝、清洗等工艺。

都匀水族银饰的纹样以鱼纹和龙纹为代表,以线造型。线之自由不驯,不求形似,但求神似,突出意境。开合有序,形成了完整的、饱满的、单纯的外形,而其内形变化仍不显单调。线的轨迹生成了不同形状、大小和量感的面。

当然,都匀水族银饰加工属于家庭内部传承,无法择优而授。近十多年来,受现代社会意识冲击,导致愿意学习该手艺的人一代比一代少。所以,这门特色技艺的发展前景不容乐观,有必要加强保护工作。

水族豆浆染制作技艺

豆浆染是水族人民在长期的生产和生活实践中逐步形成的,深深扎根于水族群众之中,体现了水族古老的历史文化信息和本土文化,具有鲜明的水族特色和广泛深厚的群众基础,是水族人民智慧的结晶。水族豆浆染源远流长,风味古朴,是流传于水族民间的艺术品,不仅深受当地群众喜爱,也正逐步受越来越多中外专家学者的高度关注,是中国民间美术的一朵奇葩。

水家布:豆浆染的原料

豆浆染所用的黄豆及蓝靛皆为纯天然植物性染料,在水族农村地区随处可得,价格便宜,布匹一般都选纯棉手工家织“水家布”(即九阡青布)。水族妇女织的“水家布”,纱质精细均匀,所染青、蓝、绿色皆深透耐洗,早在百年前就闻名远近。“水家布”除平纹布外,他们还能织出“人字纹”“斜纹”“花椒纹”和“方格纹”等多种纹样。

水族女服多以水家布缝制，无领大襟半长衫或长衫。长衫过膝，一般不绣花边。而节日和婚嫁盛装与平时截然不同。婚礼服上装的肩部一圈及袖口，裤子膝弯处皆镶有刺绣花带，包头巾上也有色彩缤纷的图案。头戴银冠，颈戴银项圈，腕戴银手镯，胸佩银雅领，耳垂银耳环，脚穿绣花鞋。新娘子往往被打扮得花枝招展，风度翩翩。此外妇女刺绣的背带更有艺术性。说是“带”，实际上是一块刺绣华丽的“T”形帘子，上端两边有带，帘子的大小可包住幼儿。它是将白色马尾缠绕上白丝线，再加上其他彩色丝线，先把各种图案分别刺绣好，最后将绣好的图案拼镶到背带布料上做成的。背带美观实用，是母亲对出嫁女儿最好的礼品。

水族男女衣服多以青、蓝两色为主。男子穿大襟无领蓝布衫，戴瓜皮小帽，或青布包头。老年人着长衫，头缠里布包头，脚裹绑腿。妇女穿青黑蓝色圆领立襟宽袖短衣，下着青布长裤，衣裤四周镶花边，系青色绿花围腰，穿绣青布鞋；节日穿裙子，将长发梳成一把斜绾头上；盛大节日或宴会时，戴各式各样的耳环、项圈、手镯等银饰。

涂上豆浆在图案上

从种棉到织布印染及成衣，水族妇女都能一手操持。水族妇女用豆浆印染花布，其方法类似蜡染，很有特色。豆浆染的技法特点及效果，类似于蜡染，但与蜡染相比，它具有印染成本低、工效快、可批量生产的显著特点。水族人民发挥聪明才智，以农家随处可得的黄豆作为原料，利用黄豆的成浆原理，于白底的土布上，将所需的各种图案涂上豆浆，待晾干之后，将整匹白布放入靛缸中浸染，再用清水进和脱浆处理，一幅蓝底白花的豆浆染就做好了。

总之，水族在服饰色彩上的特殊审美观，一方面，与他们谦恭含蓄、感情内向的伦理道德规范有关；另一方面，他们欣赏的色调与他们生活的绿色自然环境是和谐一致的。因为蓝色、青色是冷色，往往同浓荫、清泉等的清爽柔和相一致，在他们心理上产生安定和平之感。

豆浆染：古老而独特的手工印染技艺

水族人民独特的豆浆印染技艺，相传已有 700 年的历史。他们先将硬纸板镂成各种花鸟及几何图案，然后将模板平铺于白布之上，再刷上特制的黄豆浆，待豆浆干透后即浸入靛液缸中浸染，最后洗净晒干刮去豆浆，即呈现出蓝底或青底白花图案。

将图案贴在作为底子的白布上

豆浆染以黄豆为原料，首先选好上好的黄豆，用锥将其弄碎后，再用筛及簸等工具加工出最细的豆粉。将适量生石灰兑上温水澄出清石灰水，然后把加工好的豆粉放入盆中，徐徐注入石灰水，边加边不停地搅拌，把豆粉调成糊状。在豆浆中加入石灰水，一是为了增加花纹的白净度，二是可以有效防止虫蛀。把上好的手工织土布（以传统的花椒纹或斜纹布为最佳）平铺在石案或木案上，然后在布上根据需要放上刻着花样的模板，对整齐后，将调好的豆浆均匀地抹在模板上刮平，揭起模板。一幅凹凸有致、呈蛋黄色、散发着豆香的带有图案的布品就出来了。这个过程很快，像油印机一样，几分钟印一床。然后，妇女们带着染上豆浆的布匹回家晾晒干后，再拿到染蓝靛的地方染色后捞出，拿到附近的小河里，用竹片刮掉豆浆并清洗之后，原先附着豆浆的地方呈现白色，这样一幅蓝白或黑白相间的水族豆浆染就做好了。

保护和传承：豆浆染的未来

水族豆浆染是曾广泛流传于三都水族自治县境内的一种古老而独特的手工印染技艺。做好的豆浆染成品呈蓝底白花或黑底白花，具有一种朴素的美感，在相当长一段时间里，豆浆染装点和美化了水族人的生活。豆浆染制品广泛用于水族人的生活中，特别是床上用品一般都是豆浆染制品，不但柔软舒适，而且花样古拙朴素。如被单、被面、帐沿、枕套，背小孩的背带及背包，甚至衣物等。图案一般都以水族传统图案为主，如铜鼓图案、蝴蝶图案、棉花图案、鱼图案、凤凰图案等，这些图案都与水族人的生活息息相关，表现了他们向往宁静和谐生活的美好愿望。

将染上豆浆的白布晾干

以前豆浆染兴盛时期，在流传地三洞乡赶场天有近20个豆浆染摊位，印一张一元，一天收入近百元，现在摊位仅存一两个，进入20世纪90年代，来做豆浆染的人逐渐少了，到最近几年，几乎没有人再问起，而他那几套用牛皮纸和牛胶做成的模板，也被束之高阁，集满了灰尘。同时，由于没有文字记载，一般都是以口传心授的方式传授，给豆浆染的传承和发展带来了极大的障碍，存在流传的局限性，随着全球化趋势的加强和现代化进程的加快，水族豆浆染受到了现代化都市文化的影响，加上交通的进一步改善，物流带来了价格便宜而色彩多样的工业化产品。人们花很少的钱在市场上就能买到各种色彩绚丽的工业染织品，豆浆染逐渐淡出了人们的视线。再加之豆浆染工艺烦琐，工期长，受现代商品的冲击，现在已很少有人制作，面临濒危，急需抢救和保护。

2005 年以来，三都水族自治县加大了对民族民间文化，特别是非物质文化遗产的保护力度，把水族豆浆染列入了县级名录，加以系统的普查和保护。这将使水族豆浆染重新焕发新的生命力，从而得到更好的保护和传承。

苗族谷蔺布制作技艺

苗族谷蔺布制作技艺是贵州中部称为“谷蔺苗”的苗族支系传统手工纺织技艺，分布在惠水一带。明清以来“谷蔺布”就著称于世，直至今天这种古老纺织手工技艺，还流传于贵州省惠水县城东南部，摆金镇鸭寨村、谷把村的苗族妇女中。苗族谷蔺布制作源远流长，历史悠久，是贵州中部地区苗族传统手工纺织技艺的典型代表。

谷蔺布历史渊源与原生环境

苗族谷蔺布历史悠久，其渊源可追溯到宋代，最早见于文献记载在清朝乾隆时期。清乾隆《贵州通志》记载：“谷蔺苗男女皆短衣，妇人以青布蒙鬓，工纺织，其布最精密，每遇场期出市，人争见习之，有谷蔺布之名。”清朝嘉庆年间李宗昉在《黔记》四卷中载：“谷蔺在定番州属，男耕女织，所织布最精细，谚云‘欲作汗衫裤，须得谷蔺布’。”可见，谷蔺布有文献记载已有三四百年的历史，其纺织工艺水平之高，闻名于省内外。

惠水县地处贵州省中南部，黔南布依族、苗族自治州西部。东与贵定县、平塘县接壤；南和罗甸县为邻；西与长顺县交界；北和贵阳市、龙里县毗邻。东西长 72 千米，南北宽 68 千米，总面积 2470 平方千米。地势北高南低，平均海拔 1100 米，

纺纱

境内有大小河流259条,总长968千米。主要河流涟江、摆朗河由北向南贯穿全境,孕育了素称贵州第一大坝的7万亩涟江大坝。惠水资源丰富,民族文化多姿多彩,是著名的布依民歌《好花红》的故乡,素有贵州高原上的“鱼米之乡”“小江南”等美誉。

摆金镇位于惠水县东南部,309省道横贯境内,系都匀至惠水、长顺、贵阳至平塘的公路交叉点,乡村公路四通八达,是惠水县东南部地区的旱码头。是一个以苗族、布依族为主体的,具有浓郁的少数民族风情特色的乡镇,境内民风淳朴,人民勤劳,自然资源丰富。

谷蔺布是对该地区苗族历史研究的重要物证,具有较高的学术价值。同时,因其品种丰富,工艺精湛,耐磨耐用,不抽纱不掉线,为当地苗族群众所喜爱,具有十分重要的实用价值。

谷蔺布的工艺流程

谷蔺布的纺织制作工序复杂。完成一匹谷蔺布的成品需经过30多道工序,主要包括弹花、滚压、纺纱、桄线、浆线、捻线、纺织、浸染、晒干、过碾等,如此谷蔺布制作才算完成,这样染的青布靛透红,光泽鲜艳,独具特色。

浸染

谷蔺布的特点及价值

谷蔺布在长期的发展及传承过程中,呈现出很多特征,主要表现为:

一是工艺流程复杂,耗时费力,多为中老年妇女在平时劳作完成。

二是苗族谷蔺布花样品种繁多,有花椒布、条纹布、方块布等。具有品种上的多样性特征。

三是苗族谷蔺布在生产技艺传承关系上,一般只在苗族女性之间传承,具有明显的性别选择性特征。

四是苗族谷蔺布除用于苗族日常衣料外,还有许多生活用途,如嫁妆的床单、被面及家庭生活用品等生活物件,也是用于馈赠。其用途具有鲜明的普适性特征。

除了一些主要特征外,谷蔺布也表现出多方面的价值。

一是历史价值。苗族谷蔺布历史悠久,其渊源可追溯到宋代,最早见于文献记载在清朝乾隆时期,是历史上有明确记载的民间技艺产品并一直延续至今。是该地区苗族历史文化的重要物证,具有较高的历史价值。

二是工艺美学价值。苗族谷蔺布制作工序复杂,保持传统,工艺精湛,耐磨耐用,不抽纱不掉线,代表着苗族谷蔺支系较高的民间手工技艺水平,具有较高的工艺美学价值。

三是实用价值。苗族谷蔺布品种丰富多样,用途广泛,是苗族人民生活中的必需品,其中的花椒布、条纹布、方块布,为当地苗族群众所喜爱,具有十分重要的实用价值。

水族石雕

水族石雕(又名水族石刻),水族石刻是水族民间工匠在长期的生产生活中,不断地积累经验,把自己对生活的感受和对自然界的认知,在石质材料上创造出的,具有自己独特民族文化风韵的一种雕刻技艺。水族是一个历史悠久的民族,有着自己灿烂的民族文化习俗。水族石刻与水族的繁衍与发展息息相关,仅从目前遗留下来的历代石刻墓碑可以看出,其形态不一,做工精细,雕龙画凤等图案栩栩如生,具有重要的史料和美学价值、文化与艺术价值、工艺与科技价值及经济与开发价值等。

水族石刻:水族人深爱的墓葬艺术

水族主要生息于珠江水系中上游的都柳江和龙江流域、云贵高原上苗岭山脉东麓雷公山南麓一带,形成了以贵州省三都水族自治县为中心,向四周分散而居的水族聚居区。该区域内自然环境优美,水族传统文化生态保存完整,被誉为“地球腰带上的绿宝石”。

水族自称“睢”,也称“水家”,是中华民族大家庭中的一员,是一个有着悠久历史与灿烂文化传统的古老民族。据 2010 年人口普查统计,全国水族人口共 46 万人,贵州境内水族人口 41.8 万人,占全国水族人口总数的 90.8%。水族聚居的主要区域为今贵州省黔南布依族苗族自治州东南与黔东南苗族侗族自治州西南的结合部,即珠江水系中部上游的都柳江和龙江流域、云贵高原上苗岭山脉东麓雷公山南

宅院门楼上的精美石刻

麓一带,尤以来自苗岭山脉中的云雾山及其支脉八瓣山盘亘其间,海拔从较为低平100多米的河谷至1000多米的高山,幅度变化较大。整个地势北高南低,自黔中向桂北倾斜,地形较为错综复杂,有山地、河谷、丘陵、平坝。由于水族多依山傍水而居,自然环境和生存条件较好,土地肥沃,气候宜人,年平均温度在14~18℃,年平均降雨量为1200~1400毫米,全年日照数在1077~1255小时,风向夏季多为东南风,冬季多为西北风,属亚热带季风气候。在贵州境内,水族主要分布在黔南布依族苗族自治州三都水族自治县,少数散居于黔南荔波、都匀、独山、福泉和黔东南的榕江等地,现今考证成规模的水族墓葬群及代表性的水族墓葬主要分布在这些地区,墓葬石雕艺术也主要在这些墓葬中体现。

石刻题材:水族人生活艺术的展现

水族石刻艺术以其独特的风格,深深地为当地人民所喜爱。水族石刻主要体现在墓葬石刻方面。石墓碑分为单面碑、三面碑、五面碑、六合、八字门及楼格碑等。其典型代表有三都水达石板墓、荔波水浦石棺墓、独山天星水族墓群等。在这些石刻中,民间艺人以浮雕、浅浮雕和雕塑等各种动植物图案和人物故事为主,他们互为映衬,互为依托,相辅相成,无限扩大,使其产生远近互变等奇妙效果。

墓群石刻

墓群石刻。水族墓群石刻主要分布在贵州省黔南州三都水族自治县九阡镇(石板寨、水梅、甲路)墓群石刻,水龙乡(引朗、马联一拉佑)墓群石刻,周覃镇水备墓群石刻及塘州乡、中和镇、三洞乡、扬拱乡、廷牌镇、恒丰乡、都江镇、坝街乡等水族聚居地区零散的墓葬石刻;荔波县玉屏镇水浦墓群石刻、水利水族乡的洞托墓群石刻、永康水族乡古尧墓群石刻;独山县本寨水族乡天星寨墓群石刻;都匀市(奉合乡榔木寨、阳河乡格蓐寨)墓葬石刻等。

水族墓群石刻根据作品用途和结构不同，可分为以平面装饰为主的壁面石刻和以立体装饰为主的石雕构件。

（1）壁面石刻。因为是在加工平整的石材上进行雕刻，所以装饰的图案绝大多数是采用平雕阴刻的手法，即在石材平面上画出图案，将不需要的部分浅刻几毫米剔除，保留画面需要的内容，形成一种浅浮雕的样式和效果；也有少部分工艺较为简单的，尤其是线条和几何纹，直接采用阴线刻的方法，用简约的形式来表现所要传达的内容。有一些艺人还会用红、黄、蓝等色泽鲜艳的彩绘颜料，将石雕与彩绘有机地结合在一起。

石刻（跳芦笙舞图）

（2）立体装饰。由于装饰部位各异，且装饰构件形状也不尽相同，因此采用了浮雕、透雕、圆雕等手法。在水族石板墓中，多以鱼装饰碑帽挑檐，以宝葫芦造型装饰墓碑中央尖顶，以人物花鸟装饰墓碑、廊柱，以石狮和壁虎装饰柱头和以莲花为主装饰的柱墩，石板墓两旁的支柱上，雕刻的内容和形式则更加多样化，有的只是在柱面上浅浅地雕刻出装饰纹样，有的则将柱体雕刻成写实人物形象。墓体上下盖板的边沿和部分墓顶及碑盖，往往仿照筒瓦屋面的形状雕刻，个别细致的还装饰有带花卉纹饰的瓦当。墓顶前后和碑帽最常见的样式是装饰仿牛角矩形的双鱼纹山字形或中间是葫芦形状的“双鱼托福”造型。墓顶横脊大体有两种：一种是采用透雕或双面浮雕的“双龙抢宝”造型；另一种是简单的横长山字形屋脊，两边角略微上翘。在有龛式碑的长方形或圆形墓前，将八字形翼墙雕刻成方形狮子座上承抱鼓石的式样。

独具特色的石刻人俑。石板墓中竖立的石俑可以说是水族石刻中一种特殊的石雕，这种形式在我国少数民族墓葬习俗中也是较为罕见。一类被雕刻在同一块石材平面上的半浮雕抽象人物形象，以相同的形象并列在石面上，人物数量不等，最常见的是三个一组。另一类是雕刻的立体造型，单个、两个、三个一组的抽象人形，一般高出地面 40~60 厘米，宽 10~12 厘米，厚 6~9 厘米。躯干部分多为柱状，头部常见的有圆形、方形、三角形等几何形状。数量也是从单个到十余个不等，少量的就立为一排，数量多的就分为两排或三排排列。

石刻墓联。水族石刻墓联也是水族石刻的一个重要组成部分，墓碑楹联多为祈福、颂德、怀念等内容，一般镶于墓碑的石檐阁下，墓碑两旁夹柱，也有镶于墓围正中的墓志铭两端，多为当地知名文人墨客所撰，因此有些墓联还是难得的书法珍品。

石刻图案。水族石刻图案非常丰富，主要有吉祥结、盘长、龙凤、文字、暗八仙、双狮、莲花、石榴、寿桃、葫芦等。水族石刻图案描绘生活场景的画面十分具体，情节生动。主要有孝道故事、渔猎种植、琴棋书画、生育交配、走棋对弈、樵夫晚归等。与此同时，还反映和描绘了大量本民族生活习俗的内容，如端节访友、丧葬鼓乐、舞蹈踏歌、过端赛马、民族迁徙、祭祀场景、迎亲嫁娶等。

石刻手法；多种形式的集中体现

水族石刻的手法多为阴刻或平雕，也有浅浮雕、深浮雕和雕塑，技法从简单粗犷到精雕细琢。常见的平面图案有人物、动物及自然现象等，纹样简洁、大方，反映了民间故事、神话传说、日月山川、花草及劳动人民尊老爱幼的生活等现象。立体雕塑则以动物、人像为主。水族石刻主要体现在墓碑石刻上，也有门楼雕塑石刻。另外，石桌、石凳、石桥及碾布石、捣布石、擂钵和工艺品等，民间生活用品上也有所体现。

水族石刻采用了浮雕、圆雕、透雕、阴刻、彩绘等表现手法。

石刻制作

浮雕：水族石刻中运用最为广泛，大量的题材和内容都是通过浮雕来传达信息，其内容之广泛、题材之丰富、手法之灵便，造型之洗练，语言之纯朴都是贵州其他地区雕塑所难及的。

圆雕：又称立体雕塑。主要为墓前、墓门、墓梁石狮、石柱、柱础雕塑，碑帽鱼形装饰、石俑造型等。

透雕：它是在浮雕的基础上，镂空其背景部分，保留凸出的物像部分，将背景部分进行局部或全部镂空。在水族石刻中一般用于石板墓顶端装饰部分和墓门的装饰部分使用此技艺。

阴刻：是将物象的造型线条部分凹刻下去。在水族石刻中主要用于人物五官和衣纹、动植物特征的线条，物象造型的轮廓边缘等。

总之，水族石刻经过历史的演变，岁月的沧桑，形成了自己独特的民族风格。具有重要的史料和美学价值，是我国民族艺术的一朵奇葩。但随着社会现代化进程的加快，各种先进的石刻机械出现，手工制作的带有文化个性的水族石刻制作技艺也面临失传的危险，需要对这种古老的技法传承和保护。

卷八 传统医药

国家级非物质文化遗产

布依族医药(益肝草制作技艺)

布依族医药(益肝草制作技艺)是布依族在长期的生活实践中为同疾病抗争,从当地丰富的动植物资源中寻找并总结积累了一定的用药经验,摸索出一些具有民族特色的诊疗方法;是保存在贵州布依族民间的一种防治肝病、护肝保肝的配方秘籍,以多味中草药配制而成,具有历史、科学等多方面的价值。

“益肝草”的产生与发展

采摘配药前举行的祭祀仪式

布依族源于我国古代“百越”,是一个具有悠久历史的古老民族,历代史称“濮越”“濮夷”“八蕃”等。《宋史·西南蛮传》载:布依族先民“濮夷”凡“疾病,击铜鼓、杪椤以祀鬼神”。在布依族世居地,人民群众对疾病很少有预防,只有在发病后才采取措施,甚至束手无策,只好请鬼师驱鬼免灾。鬼师大都掌握几种草药,除驱鬼免灾外还兼用一些草药治病,达到“神药两解”的效果。布依族先民为了同疾病做斗争,在长期的实践中,经过无数次的试验,观察,口尝身受,实际体验等,逐渐掌握了地耳草、酸汤杆、客蚂叶等自然产物的治病效果予以注意并加以利用,综合中医“阴阳”理论学说,终于研制出由地耳草、酸汤杆、黄栀子、客蚂叶等配置成的“益肝草”。

益肝草制作技艺主要流传于北向长江水系乌江上游支流清水江的独水河、瓮城河与南向珠江水系红水河支流漕渡河上游的甜茶河、迷河一带分水岭的新巴、石板、抱管、黄土、和平、猴场堡、窑上、虎场、打铁和沿山等地。现由贵定县赵氏家族

晾晒草药

第8代传人掌握,至今由何庆洪传承。布依族益肝草既是布依族民众生活中不可缺少的良药,同时也是布依族文化的载体,尤其以布依族摩经中体现最明显。摩经既是布依族传统文化典籍,又是布依族宗教的经典,也是布依药及其防治的源头经典,在布依族日常的信仰民俗中普遍运用。益肝草配药的采集,非常讲究采集时辰及祭祀仪式,时间应在上午10点以前采完,再将采摘的鲜药洗净、晒干,用碓、擂钵研磨备用,最后用瓦罐熬制,加入特配秘方完成。长期的实践与发展证明,益肝草作为主要的卫生资源在我国民族医药事业中发挥着不可替代的作用,它较好地吸取了中、西两种医学体系的特点和优势,在防病治病,保护人民健康方面已经和正在取得满意的效果,同时对布依族医药理论的探讨发挥了重要作用。

“益肝草”的药用特征与炮制工艺

益肝草秘方由地耳草、酸汤杆、黄栀子、客蚂草、蒲公英等组成,诸药配伍,共奏清热解毒、清利湿热、益肝健脾、散瘀止痛之功效,从而达到阴阳平衡,修复干细胞再生。这些药材均为当地土产,人地共处同一生态地理环境,特别是长江、珠江流域分水岭上144条大小河流的河网密积地带,实现适应山地地理特征的最佳选择。

“益肝草”药材的特征主要表现为:地耳草,全草入药,主治急慢性肝炎,早期肝硬化,肝区疼痛等;酸汤杆为益肝健脾之君药;黄栀子护肝、利胆、清热利湿,凉血解毒之功;蒲公英保肝、利胆、清热解毒,消痈散结之作用;客蚂草利湿健脾,散瘀止痛,为辅药。以此炮制而成的“益肝草”,含氨基酸、多聚醣及30多种微量元素,是较强的肝炎抗病毒药物。

甲肝、乙肝、丙肝病毒主要是由于湿邪与瘀热蕴结于里所导致。湿邪与瘀热郁蒸肌肤,由一身面目俱黄;湿郁不行,由小便不利而腹微满、口渴、苔黄腻,脉滑数皆为湿热内郁之象。所以,本方主要功效治宜清利湿热,清肝败毒。其药方主要有(君药)车前草(利水通淋、排毒、清肝、明目)、(臣药)栀子(清利湿热、利胆退黄)、(臣药)虎杖(清肝利湿、退黄)、(臣药)蒲公英(疏肝解毒、清利湿热)、(臣药)马鞭草(除湿退黄、利水退黄)、(佐药)土大黄(清热泻火、通利大便)、(使药)马兰草

（清热利湿、排毒）、（使药）地耳草（利湿退黄、清热解毒）。

熬制益肝草

方中重用车前草为君药，善清利湿热，利尿而排毒，以栀子、虎杖、蒲公英、马鞭草为臣，通利三焦，导湿热下行，引湿热自小便出从而达到排毒的疗效，以土大黄为佐，泻热通淤，清肝通利大便之功效；马兰草、地耳草为使辅助导致湿热淤带下泄，方可达到清肝排毒之特效。正如《伤寒论》原方后注云："小便当利，尿如皂角状，色正赤，一宿腹减，黄从小便去也。"

"益肝草"的炮制工艺为治疗肝经湿热的第一要方。首先是精选原生鲜药材。所有原药材采摘后，必须在 48 小时内加工炮制，保存鲜活的药力，提升药物效果。其次是秘制炮制工艺。根据药材种类的不同，原药材分别采用夜露法、火燎法、酒制法等炮制入药，使药力更加纯正。

当前，"益肝草"是贵定布依族医师赵国霖继承和发扬布依族八代名医世家的家传秘方，对益肝草配伍药物的采摘炮制过程较为讲究。采药前，要在野外举行祭祀仪式，由布依族寨老召集主持，以祈求除病消灾为目的，摆设净茶净酒，在锣鼓鱼木等交响节奏声中，边唱诵边烧纸，以雄鸡血献祭土地，药师面向东方，净手合掌，祭拜祖师。祭祀仪式结束，即刻采药，务必在上午 10 时前完成。接着将采摘的地耳草、酸汤杆、黄栀子、客蚂叶、蒲公英等鲜药洗净、晒干，用碓、擂钵研磨备用。最后，用瓦罐熬制，加入特配秘方，20 分钟后即可完成。所有器具皆为木、石材质，不沾铁器，以保证药物的疗效，采取修制和水火共制方法配制而成。

"益肝草"的药理功能

"益肝草"有清肝解毒、消除疲劳、补肝、强肝、抗衰老等功效。它能有效促进新陈代谢、强壮身体机能；具有活血化瘀功能，促进机体血液循环，排毒退黄、散瘀止痛，还能显著增强肝脏的防御和免疫功能。

省级非物质文化遗产

水族医药

丰富多彩的水族传统医药,是水族人民在长期与疾病做斗争的过程中,逐渐认识积累的,它有着2000多年的历史,是中华民族博大宏深的传统医药的重要组成部分。水族医药为其民族的繁衍昌盛做出了巨大的贡献,贵州省政府已把发展药材生产作为支柱产业。水族药物的开发利用具有广阔前景。

水族医药的原生环境

水族共有人口347116人,其中96%以上主要聚居在贵州省黔南布依族苗族自治州的三都水族自治县和荔波、独山、榕江、丹寨及广西的部分地区,其中以三都最为集中。

水族人民长期居住在高温、潮湿、多雨、瘴疠流行严重的地区,在这种交通不便、经济落后的地理环境中,水族人民在长期生产、生活实践中,积累了丰富的医疗经验,逐步形成了适应自身特点的,具有民族特色的水族医药。据记载,杜仲、板蓝根、桔梗等药材很早就为水族先民所认识和应用。民间传说中的药神"六铎哈",就是水族人民在与疾病做斗争的长期医疗实践中,获得丰富医疗经验的化身。

水族地区土地肥沃,气候温和,雨量充沛,很适宜植物生长,也为动物的生存创了条件。就水族聚居地的三都水族自治县来说,这里是全国有名的林业县之一。因此,药物资源较丰富,水族药物的分布较广,如半夏、桔梗、首乌在三都是全县分布,杜仲、大黄精等在三都的九阡、都江、大河一带比较丰富。

中药资源的开发利用

据贵州省中医研究所民族医药研究室《水族医药调查研究》课题组两年多的调查结果及参考其他资料分析,以三都为中心的水族聚居地药物品种当在千种以上,约占贵州省药物资源的1/4(全省约4024种),约占全国的1/5(全国约4656种)。

珍稀名贵品种有麝香、獭肝、熊胆、鳖甲、灵芝、八角莲、红八角莲、杜仲、虎骨、穿山甲、黄草、白花蛇舌草、一支箭、银杏、牛黄、灵猫、九香虫、竹节人参。

大宗药材有何首乌、五倍子、草乌、银花、黄精、鱼腥草、夜交藤、大血藤、车前草、蒲公英、墨旱莲、益母草等数十种。

栽培品种有南板兰、菊花、半夏、桔梗、苡仁、棕榈、杜衡、银花等数十种。

独脚莲

三都还利用本地区自然条件的优势发展药材生产，争取扶贫基金发展药材种植和野生变家种，具体品种有艾纳香、石斛、三七、木蝴蝶、独脚莲、吴萸、半夏、杜仲、银杏、金银花、乌梅等。争取扶贫基金开展麝、灵猫等药用动物的家养驯化、繁殖的研究。大力发展已有大宗药材的生产，如桔梗、龙胆草、金银花、前胡、何首乌、余甘子、刺梨等品种。

总之，水族医药为其民族的繁衍昌盛做出了巨大的贡献，贵州省政府已把发展药材生产作为该县的支柱产业。

中医研究成果累累

在特定的地理环境中，在漫长的历史发展进程中，水族人民通过长期生产、生活实践，积累和形成了具有民族特色的民族民间医药。在技法上有洗、蒸、泡、剥、晒、研、磨、煎腌、沤、烧、选、榨、舂、煨等几道或几十道制作工序，有问、望、触等诊法及内服、外敷、烫熨、针刺、刮痧、小夹板固定、拔火罐洗浴等疗法，逐步形成了适应自身特点的，具有民族特色的水族医药技法。

中华人民共和国成立以来，各级政府大力提倡发展民族医药。先后在贵州省都匀市成立了民族医药研究所，在黔南自治州中医院开设了民族医药专科门诊。20 世纪 50~70 年代，在三都县组织召开了十余次小型民间医药材人员座谈会、献方献药会，并于 1974 年汇集编印成《三都水族自治县中草药验方选编》。

1991 年，贵州省中医研究所民族医药研究室承担了国家中医药管理局批准的“水族医药调查研究”的任务，先后在三都县的中和、周覃、九阡及荔波、丹寨，采取开座谈会、上门拜访等多种形式，与百余名具有一技之长的水族卫生人员进行了广泛交流，收集了单、验方数百个，其中常用药物有数百种之多。据调查，民间行医的人员有很多是世代行医，老一辈言传身教，在医疗实践中，积累了丰富的医疗技术。

贵州民族医药研究室的课题《水族医药调查研究》分为水族医药史，水族医药基础理论和治疗方法，水族药物，水族单验方选，课题论文集等 5 个部分，比较全面地反映了水族医药特色，研究成果已有 10 多篇论文在国内有关学术刊物上公开发表，并在全国民族医药学术会议上进行过多次交流。该课题已获 1995 年贵州省卫生厅科技进步二等奖。

胡三帖

胡三帖的发展历程

传世苗药胡三帖主要产在贵州省贵定县，主要分布在贵州省黔南布依族苗族自治州贵定县定东乡、定南乡、巩固乡等少数民族地方。东邻麻江县，东北与福泉市毗连，东南连都匀市，南与平塘县接壤，西南紧靠惠水县，西北与龙里县相挨，北面与开阳县隔河相望。县城距省府贵阳市 80 千米、距龙洞堡国际机场 68 千米、与州府都匀市相距 90 千米。贵定的交通四通八达，黔桂铁路、湘黔铁路、株六复线在县内交汇，贵新高速公路沿县城通过。贵定的气候属中亚热带季风湿热气候，雨量充足，干湿季明显，海拔 1200 米，长年雾罩，胡三帖 21 味独特苗药成分中如见血飞、鱼腥草、母猪藤、虎杖、草乌、铁筷子、地星宿、黑骨藤、飞龙掌血、淫羊藿等中草药都极其适应生长。

采摘草药

胡三帖是胡氏传统医药千年秘传的济世良方，早在明代，胡氏医药就以只需三帖药巾敷贴即可快速治愈各种顽固疼痛和肌体障碍疾病的神奇疗效享誉江南，世间传称“胡三帖”；又因浸渍药巾的陈年药酒有如观音菩萨净瓶中的甘露，可以普济众生迅速解除病痛 ，病人称其为“观音露”，胡三帖自第 14 代先祖胡日祥迁至贵州。后来在不断南北迁移中，以内病外治的超前理念将内服的酒剂逐渐配伍成外敷治疗，通过不断的调配由原来的每天使用到隔天使用到三天使用到五天使用直至今天的七天使用一次。

胡三帖的功效及制作技艺

胡三帖（观音露）的传统验方，代代相传以来不断在实践中加以调配和修改，形成了独特的21味经典配方，五香血藤、山枝茶根、路边金、铁筷子、独活、威灵仙、五加皮、络石藤、松节、木瓜、川芎、三棱、莪术、郁金、青皮、楝实、侧柏叶、地榆、木通、金银花、虎杖。方中集五香血藤、山枝茶根、路边金、铁筷子等贵州苗族传统医药，以及独活、威灵仙、五加皮、络石藤、松节、木瓜等祛风、除湿、活血、通经、止痛之药，则风祛、络通、痛止、痹证除，故本方对颈腰椎病顽固疼痛、肩周炎、肌筋膜综合征、坐骨神经痛、风湿性关节炎、四肢麻木、肌寒骨冷及跌打损伤等有良好效果。

更为独特的是胡三帖的传统工艺，自祭祀祖先，参拜天地，原药疏理，深山采摘，泉水清洗，木板分切，竹篓晾晒，铁锅熬煮，羊油煎炒，石磨碾碎，陶缸存放，米酒浸泡，陈醋发酵，地窖贮藏，二次发酵，历时3年，以16道传统工艺古法制成传世苗药胡三帖，在现今工业化时代具有原创性及不可替代性和唯一性。

加工药材

胡三帖（观音露）组方中的所有药材均有严格的洗、漂、煮等具体操作规定，并积累了很多具有胡三帖特色的炮制秘诀，如对药材炮制中干燥、水浸泡等方法的独到运用等，如虎杖、淫羊藿、续断等，经过上述炮制方法的适当运用，配合传统浸泡工艺大大提高了产品疗效。此外，胡三帖还根据医理药性，在配伍和分量上，依照定例称足，并按君臣佐使，主次分明。胡三帖“遵古炮制”的药物，疗效较高，骤增声誉。

胡三帖的价值

一是具有历史价值。胡三帖是胡氏传统医药千年秘传的济世良方，早在明代，胡氏医药就以只需三帖药巾敷贴即可快速治愈各种顽固疼痛和肌体障碍疾病的神奇疗效享誉江南，世间传称“胡三帖”；又因浸渍药巾的陈年药酒有如观音菩萨净瓶中的甘露，可以普济众生迅速解除病痛，病人称其为“观音露”，这是胡三帖（观音露）湿巾命名的历史依据。

煎炒药材

二是具有文化价值。苗族医对疾病的认识和立方遣药有其独特模式。苗族在长期生产和与疾病斗争的实践中,总结积累了丰富而宝贵的医药经验,逐渐形成了苗族医的"纲、经、症、疾"的理论模式,以及关于病因、疾病分类、诊断、治疗和预防等方面的具有浓郁民族特色的苗族医药理论。胡三帖自创建以来,严守遵古炮制的店训,在边远的少数民族地区,很好地弘扬了苗医药传统文化,并吸收了当地民间民族医药的精华,形成了自己独特的一套经营管理及炮制方法,其"地道药,精制作,法为绳"的古训。

三是具有社会价值。多年来,胡三帖逐渐成了当地人民风湿病患的首选药物,胡三帖为当地人民的健康做出了很大贡献,今天的胡三帖,立足产品的民族化特色,充分挖掘本地资源优势,博采民族医药之众长,以发展独具特色、具有自主知识产权的科技苗药产品为重点,实现其"化作人间救苦方"的初衷。因而具有很大的社会意义。

卷九 民俗

国家级非物质文化遗产

水族端节

端节的由来

水族端节的由来，在民间有一个美丽的传说。很早的时候，水族的先民父老携幼，背着铜鼓，挑着生产用具，成群结队地逃荒，大队人马走呀走，不知走了多久，才来到现在三都县三洞的地方，有位叫拱登的老祖公，看到这一带地势较好，就把本家族的几队人分散居住下来。分散时，大家约定在三年后的年底，再回到三洞来团聚。转眼三年过去了，各队人都将自己种的糯米、高粱、小麦、南瓜、黄豆等送到三洞看望老祖公拱登。三年才见面，大家都很高兴，举杯痛饮，青年人还敲起铜鼓，当大家喝得正尽兴的时候，官家带着一队人马拿着弓箭、刀枪围拢过来，他们说，这一带地方是官家的领地，底下埋着金银财宝，要他们马上搬走，大家吓慌了，都把眼睛盯着拱登。此时，勇敢机智的老祖公便与官家说理道论，官家论理无据，但又不肯认输，便指挥手下人马动武驱赶水民，拱登老祖公指挥大家奋起反抗，大家齐心协力，把官家赶跑了。可是水民也死伤不少，大家把他们掩埋后，用糯米和炖鱼祭奠，不忘他们保卫家园的功劳。

晚上，拱登做了一个梦，梦见一个须发全白的老人，对他说，“官家明天早上饭后要放瘟疫来毒害你们，你们要躲到坡顶通风之处，傍晚再回来”。拱登醒来，想起昨天发生的事，就赶紧把梦中的事跟大家说了，并叫大家吃过早饭立即上山顶避难。到坡上后大人谈古论今，可是小孩却哭哭嚷嚷，拴

端节举行的仪式

在树下的马也嘶叫不停，互相撕咬，喂马的后生也管不住。拱登在山坡转了一圈，对后生说：“这里有荒坡，你们何不赛马比个高低，让娃子们得个热闹嘛！”后生门齐声赞同，纷纷上前骑马飞奔，几十匹马奔前跑后，好不热闹，这使哭嚷的娃儿笑开了嘴，大人们为赛马高兴鼓劲，热闹非凡。后来，积风成俗，每年过端的时候都要到坡上赛马。

从此以后，每逢水历年底，人们照旧抬着丰收的果实，汇集到三洞来团圆，以特殊的方式祭奠死去的亲人。祭祀结束后，人们敲起铜鼓、唱起山歌、吹起芦笙，欢歌跃舞，青年男女们用山歌交流感情、互诉情意。年轻骑手们在山坡上跨马奔腾，一争高下，热闹非凡。

最长的年节

水族端节是水族众多民间知识、民间文化集中传承的节日，同时又是水族独有、贵州特有、中国唯一的奇特民族年节。端节从首批至末批，延时 49 天，被称为世界上历时最长、批次最多、特色浓郁的年节。

水族端节是以水书水历推算出来的。水历将一年也分为 12 个月和四季，但把农历 9 月作岁首，农历 8 月当岁末，以 12 地支记日，水历每年 12 月下旬至次年 2 月，每逢亥日，各地依传统分批过节，要分 7 批才能过完。过端节的日期相当于农历 8 月至 10 月，时值大季收割、小季播种的年终岁首阶段。因此，端节是辞旧迎新、庆贺丰收、祭祀祖先和预祝来年幸福的盛大节日。

按古老惯例分地区、分期分批轮流过节，共涉及 21 个乡镇的 100 多个村。第一批主要集中在都匀市的奉合、阳和、基场一带；第二批主要集中在三都县的拉佑、水东一带；第三批主要集中在三都县的恒丰、中和、廷牌，独山县、榕江县、丹寨县、雷山县等地；第四批主要集中在三都县的塘州、榕江县等地一带；第五批主要集中在三都县的三洞、都江，榕江县、从江县等地一带；第六批主要集中在三都县的牛场一带；第七批主要集中在三都县的九阡一带。

查看水书确定时间

水族端节前后经历五个亥日共 49 天，节日持续时间之长，堪称世界之最。其批次顺序不能颠倒混乱，具有严格的民族约束力，个别地方在自愿的基础上作了调整。这说明以端节为年节的这部分不同血缘氏族的水族同胞，在历史上已构成了部落联盟。随着社会的发展，又添加了地域性异氏族成员，逐步演化为地缘文化相结合的端节文化特征。

端节的仪式

每到端节期间，水乡山寨处处洋溢着节日的喜庆气氛，家家户户将房前屋后的卫生打扫干净，忙于杀猪宰鸭、磨豆腐、开塘捉鱼等，一片繁忙，非常热闹。

祭祖是水族过端最重要的活动，分别在除夕夜和大年清晨进行。水族祭祖的鱼叫“鱼包韭菜”，是将韭菜、栗仁等塞满鱼腹后，炖煮或清蒸而成，祭祖之后便可食用。相传水族远祖由南方北迁时，送行者送上一包食物，原来是内有九种青菜的煮鱼。远祖靠这食物充饥来到黔南都柳江流域落户，后来鱼包韭菜便成为水族人最喜欢的家乡风味。

除夕之夜，水族同胞忌荤吃素，祭品依例要戒荤食，唯独鱼不在禁用之列。祭祖仪式颇为讲究，在堂屋中摆设一供席，摆上鱼包韭菜，素煮豆腐、糯米饭、瓜果等特色祭品，有的还摆放崭新的衣帽鞋袜及柴刀、镰刀、锄头等生产用具。供席摆设完毕后，全家老少围坐一团，由长者念颂先祖的功绩，然后供奉祖先，最后端着大碗大碗的香甜米酒相邀，连声“秀、秀、秀”（水语意为“好、好、好”）一饮而尽，以示对祖先的敬重和怀念。当天晚上，人们唱歌跳舞通宵达旦，整个山村传出悠扬的飞歌和铜鼓声。

亥日，即大年初一清晨，水族同胞早早地起床，敲击铜鼓笑迎四方宾客，无论你是家族中人还是陌生人，都会受到最盛情的款待。家族之间往来每家必到，彼此围坐供桌前，举杯相邀，互贺年节。“吃年酒”必须家家去到，若有一家未去，就是对这户人家的极大侮辱。孩子是吃年酒队伍的重要角色，据说孩子的欢笑会带来好运，所以谁也不敢冷落他们。吃过午饭后，身着节日盛装的男女老幼从四面八方涌向“端坡”看年轻人赛马，打扮得花枝招展的水家妹子相约成群，浑身精美的头饰、手镯、项链、项圈银光闪烁，光彩夺目。“端坡”上人山人海，热闹非凡。骑手骑着高头大马威风凛凛，跃跃欲试。赛马之前也要举行祭祀仪式，人们在跑道中央设一供席，上摆各种各样的祭品，由寨中德高望重的长者主祭，长老伫立桌前神情肃穆，端斟满酒的酒杯，口中念念

祭祖仪式

有词,大多是对祖先的怀念和吉祥如意的话语。祭祀完毕,寨老跃身上马在跑道上遛上一圈,宣告赛马开始。此时,山寨崎岖道路两侧人头攒动,数匹快马齐头并进,纵横驰骋,惊心动魄,呐喊助威声不绝于耳,优胜者用红绸挂于马首以示荣耀。

当夜幕降临,水乡山寨传来阵阵欢声笑语,水族同胞将铜鼓悬挂在堂屋中央,敲击为乐,彻夜不息。趁着夜幕,在"端坡"上相识的未婚青年男女相约而至,芦笙悠悠,情意绵绵,青年男女成双成对地漫步在低矮的丛林中,纵情歌唱,倾吐衷肠。

独特的"挤马"

赛马则是端节的最高潮,时间都在亥日(相当于汉族春节大年初一)午饭后进行。水族人喜欢将赛马场选定在村寨野外的山坡上,因此水族人称端节赛马场为"端坡",也称"马坡"。"马坡"一般由水族各村寨的寨老共同商议确定。设立马坡的寨子,一般选好一个有利于观看赛马的小山坡,在小山坡下面挖开一条宽5~10米,长约50米的平直马道,然后开挖一段爬坡道。各个赛马场的马坡赛道坡度和长短是不一样的,一般坡度为35°~45°,长度为100~200米。爬坡道宽度十分狭窄,通常有3米左右。整个赛马场地形成了以直道、上坡、弯道、下坡为一体的赛道。水族赛马的基本规则是要求每位赛马选手从起点快速跑完直道,到达爬坡赛道的顶端,接着跑完一个转弯坡道,然后从小山坡的另一侧下坡回到马坡的起点处。

水族端节赛马前,先要举行赛马开道祭祀仪式。首先请寨老念祝福和欢迎四乡八寨族姓参赛的贺词,然后由寨老亲自主持"马坡"祭祀(水语叫"与梭")仪式。人们通常会在马坡起点正中央设一张大方桌,摆上1碗米,3条干鱼,1挂熟猪肉,3杯糯米酒,3副碗筷。祭祀寨老用一双筷子在3杯酒中各蘸一下,分别点于桌面上,然后摘下鱼尾和一点猪肉撒放在桌面上,以示对水族先祖的敬意。接着,寨老口中念念有词,意思是祈求神灵保佑村寨人畜兴旺、五谷丰登。最后,他会邀请同旁两位寨老分别将3杯酒一口喝干。如此一来,祭祀仪式就宣告结束了,接着祭祀寨老纵身跃上自己的快马,拔掉插在马道中的竹标,绕马坡跑一圈。参赛水族骑手也纷纷上马绕着马坡溜跑,这是赛前的热身活动。

"挤马"是水族端节赛马的古朴独特之处,这并非是真正意义上的赛马。按水族端节赛马规则,先将所有的骑手和赛马进行分组,然后按照预赛、次赛、复赛、决赛四轮进行赛马,实行逐级淘汰制。根据参赛马匹的多少,一般每一轮取小组的前两名晋级;水族赛马不计时间,不以赛马速度快慢定胜负,赛马选手最先跑完全程者即为冠军。水族跑马比赛的古朴独特之处在于:第一,根据规定,赛马选手在每一轮中都必须沿马坡赛道完成2圈或3圈的循环路程。因此,水族赛马是比速度、比力量、比耐力,比赛马的综合素质竞赛,独具一格。第二,由于水族端节赛马季节

端节“挤马”

气候温和，加上水族赛马个子矮小精悍、体重轻，因此，赛马骑手基本上是轻装上阵，而且为了减轻赛马负重，水族骑手在训练和比赛时都不配马鞍和脚套。这一习俗又是水族赛马比意志、比能力、比骑术、比顽强拼搏精神的体现。第三，赛马道非常狭窄，有些地方通常只能容纳一两匹马同时通过，骑手在通过这些狭窄马道时，一方面要确保自己不被挤下马；另一方面也要想办法采用合理的冲撞方式把别的骑手挤下马，以期尽快通过，最先到达终点，“挤马”也因此而得名。

总之，水族端节马坡赛马抒发了水族人的民族豪情，在群情振奋的赛马活动中，让水族人感受到了强大的族群向心力。水族赛马文化不仅历史悠久，而且别具特色，在漫长的历史岁月里形成且延续至今，它与水族人民的生存环境、生产劳动、生活习俗、宗教信仰等水乳交融、密不可分，也因此形成了具有浓郁特色的民族文化。

水书习俗

水书是水族的古文字和书籍的通称。它是一种类似于甲骨文和金文的古老文字符号，记载了水族古代天文、民俗、伦理、哲学等文化信息，是象形文字未开发的最后领地，被誉为象形文字的“活化石”。它同时也是解读水族悠远、沧桑历史的重要典籍，被称为水族的“易经”和“百科全书”。由水书为节点所形成的相关习俗，是水族世世代代生活的文化空间，是研究水族社会、历史和文化的钥匙，也是进行民族学、历史学、民俗学等多学科研究的重要资料。因此，它也就成为我国第一批非物质文化遗产项目。

水书：水族先民的智慧结晶

水族源于古代“百越”族系，现今主要聚居于云贵高原东南部的苗岭山脉以南、都柳江和龙江上游。其聚居区内森林密布，山水如画，适于农林业的生产和发展，是贵州高原的鱼米花果之乡。水族擅长农耕，传统生计以种植水稻为主。水族有一种古老文字“水书”。水书是水族先民创制的一种独具一格的雏形文字，水族语言称其为“泐睢(le sui)”，“泐”即文字，“睢”即水家，“泐睢”意为水家的文字或水家的书。

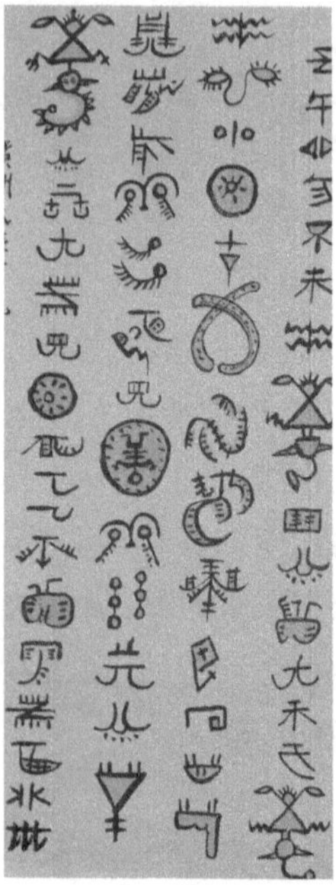
水书文字

水书的文字形态十分古老，酷似殷商甲骨文，又似古籀小篆。早期抄本中的水书文字，用竹尖蘸墨汁书写，近时抄本已用毛笔书写，有些是图画象形，有些是楷书的颠倒、斜置或反写。有的鬼师们还专写一些保密文字，被称为“反书”和“秘字”。水书所记，大多是原始宗教信仰方面的日期、方位、吉凶兆象及驱鬼避邪的方法，大体是以年宜、忌月日，以月日宜、忌时方，并用歌诀或事物兆象标明它的吉凶所属，其主要内容包括天干、地支、八卦、天象、时令节气、鸟兽鱼虫、身体五官、率属称谓、数目方位等。

水书各类卷本繁多，主要有应用卷本和诵读卷本两大类，各有十数种。应用卷本主要包括《诵读卷》《28 宿卷》等数十种，诵读卷本又分为《正七卷》等十多种。从目前研究看，《“泐虽”万年经镜》被誉为水族人民百科全书，该书分上、中、下三部，全书 844 页，总计有 3616 个条目。其内容博大精深，涉及水族古代天文历法、气象、宗教信仰、民俗伦理、哲学等，是水书中涉及内容最广、古代信息含量最高、最为丰富的经书。另外一本《阴阴阳》则为图文并茂的水书彩绘卷。全书 59 页，用色达 5 种，所绘人物、建筑物、牛、马、龙、蛇、飞禽走兽神态逼真、惟妙惟肖、用色娴熟。该书内容为哲学方面，反映了古代水族人追求美好生活的象征。《如意占卜纸牌》是目前为止全国发现的唯一水族占卜纸牌。纸牌共有数十张，牌上绘画有各种人物等造型图案，为水族人民出门、办事、婚娶迎嫁占卜所用。另外，占卜卷种类也很多，如《日历卷》是水族先民运用天文历法知识在丧葬方面推演吉凶、预测祸福的卷本；《时辰卷》是一部水书秘籍，是根据五行学说和天体运行学说，阐述远古时期阴阳论的卷本；《寿寅卷》是水族先民根据“万物有灵”论，高度概括动物生活习性与人类生活现实的矛盾趋吉避凶的卷本；《金堂卷》是水族先民择定吉日的卷本。这四卷水书，透露了水族人民古老的生活方式，都是水族先民智慧和艺术的结晶。

择吉：水书的主要功能

水书涉及的内容多种多样，主要有狩猎、农耕、历象、婚嫁、丧葬、起造、命相、出行等方面,涵盖水族生产生活的各个层面,但其主要功用是择吉。择吉在汉语里雅称“选择”“涓吉”“诹吉”,俗称“看日子”“拣日子”。水族民间普遍存在趋吉避凶心理,使得水书在民间广为流行,衍化为一种符合当地民众心理需要的习俗。水族先民对生活的美好愿望,往往是通过祀神、祭祖等方式表现出来。祀神是让鬼神愉悦,从而避免妖魔鬼怪作祟;祭祖是让祖先高兴,期望祖先护佑,实现平安欢乐的生活理想。婚姻的缔结,水族人民都希望夫妻恩爱,子孙发达,家兴业旺;房屋的建造,希望从开始伐木到工程结束平平安安,入住之后紫光瑞霭,福禄满门。面对死亡的威胁,谁都不希望殃及己身。凡此种种,都是水书先生在为人择吉时需要慎重考虑的事情。大凡祀神祭祖、婚丧、嫁娶、修造营建、生产、渔猎、攻防等民俗事项,都要请水书先生依据水书条目选择一个所谓的“黄道吉日”。因此,水书及依据水历而制作的水书择吉专用历书便是水书先生案头枕边的书籍,一旦有人请求择吉便郑重其事地查阅,从中找吉利的日子和时辰,以应水族社会的百事所需。

水书占卜

水书习俗:水族世代生活的文化空间

水书习俗是由水书所形成、发展和传承并以此构成与水族生活相关的习俗。千百年来,经过历史的过滤和水族文化自身的不断完善和发展,水族已形成了自己独特的文化体系,包括民居建筑、图腾崇拜、丧葬造屋、生活起居、歌舞服饰等都有自己的文化特点,但这些文化元素都离不开水书。水书是靠一代又一代的水书先生通过口传、手抄的形式流传下来的,它是水族古文字抄本和口传心授文化传承的结合。水书先生与水书的结合是传承水族传统文化习俗的重要前提。

水书习俗是以水书为节点,延展到日常生活、节日、民居、服饰等相关习俗当中,主要表现在端节、卯节等重大节庆要靠水历测算,红白喜事、祭祀祖先、驱邪避鬼要依靠水书择定吉凶。水族崇拜石神,对鱼、马更有特殊情结,水族民间家家养鱼,节庆餐桌必须有鱼,上等的菜就是“鱼包韭菜”,贵宾来时必不可少;马的饲养也是水族文化的特征之一,这是在过去交通不便的环境下,马可作交通工具,但更重要的是端节赛马和人死后以马殉葬的需要，中等以上的人家，老人过世都要杀马相送，让他在极乐世界里能和阳间人一样幸福。除了牛马等大牲畜，水族人还将小猪和稀饭作为待客的最高礼节，贵宾来了，主人都要宰杀小猪、煮上稀饭、糯米饭待客，这是最上等的接待规格了。水族的石碑、马尾绣等各类精美图案、民居建筑和衣着服饰等，都能充分反映水族的文化根系和图腾崇拜，这些文化元素都可以在水书和水族民间的神话传说中找到历史印迹，都是通过水书和水语一代代传承下来，并得以沿袭至今，从而成了水族人民日常生活中的代代相沿文化空间。

总之，水书习俗自形成之后一直传承不息，主要在于水书蕴含了水族传统文化和价值观念，体现了水族人民朴素而又高度概括的哲学观，水书习俗又使水族传统哲学思想和价值观念在日常生活中得到最为直接、最为具体的体现。因此，我们说水书习俗对水族文化心态起到了主要的塑造作用，是水族文化内涵的集中体现，其文化积淀深厚、艺术形态丰富、文化信息古老而又富有生命野性活力，是值得更进一步弘扬光大的民族文化遗产和精神家园。

省级非物质文化遗产

清水江杀鱼节

清水江杀鱼节，苗语称“停米”，意为杀鱼，原意是用石块、木棒打鱼的活动，民间相传是为了祈雨而兴起的，每当遇到有旱情发生时，苗族群众就会准备好鱼钗、网兜等捕鱼工具来到清水江里杀鱼求雨，祈求龙王保佑风调雨顺，因此杀鱼节又称求雨节。清水江杀鱼节是贵州省黔南州福泉市清水江沿岸苗族同胞的一个隆重而盛大的活动，是唯一保存至今的人类远古集体渔猎生活遗迹，是渔猎生活在农耕社会的仪式性记忆，也是渔猎文化向农耕文化过渡的文化遗存，已被列入贵州省第一批省级非物质文化遗产代表作名录。

杀鱼节的历史渊源

人类渔猎起源于远古时期。南北朝时，苗族等已有杀鱼习俗，《魏书》里就有南方土著“能卧水底，持刀杀鱼”的记载；宋代朱辅《蛮溪丛笑》也有南方土著“揉蓼叶困鱼，鱼以辣出，名痨鱼”之说。清代乾隆年间，为了祈雨而形成了杀鱼和痨鱼相结合的大规模苗族集体杀鱼活动，爱必达在《黔南识略·开州》（开州即今开阳县）中所记：“花苗……稼穑之外，唯务渔猎。”可见，早在1000多年前，南方苗族等就有杀鱼和痨鱼的习俗，而清水江杀鱼节正是古老的杀鱼和痨鱼习俗的有机结合体。

在清水江两岸，聚居着西部方言罗泊河次方言的苗族支系。这支苗族史称“西苗”，大致是在唐末宋初因战乱迁徙到清水江流域拓荒定居的。这支独特的苗族支系，现今人口约有4万人。据罗泊河次方言苗族《花岭记》中记载：“滇黔山区好地方，云贵山窝苗家庄。高山峡谷苗家寨，先居龙头重安江。祖籍江西朱市巷，唐末宋初离籍乡。古祖八平八万洞，起先江西填湖广。九百荒坝无人烟，十八户姓散四方。……侯颜严金吴谢先，续卢史马文黎姜。”这支苗族所述的十八姓氏，现在都有，他们分居在清水江两岸的福泉、龙里、贵定、开阳等地。由此可见，杀鱼节是这支苗族同胞们在这块独特的土地上保存下来的对远古先民渔猎社会生活的仪式性记忆，是渔猎文化向农耕文化过渡的文化遗存，早在唐末宋初就已经开始形成了。

杀鱼节的活动过程

开展杀鱼节活动的河段在福泉市境内的棉花洞至两岔河20多千米河段，分棉花洞、谷汪深、大沙坝、竹林脚、沙滩、大花水6个小地段举行杀鱼。杀鱼节整个活动分为传米、做鱼药、放药、擒鱼、吃鱼饭5个环节。

传米。每年杀鱼节的具体开始时间，都由寨里的族长“约头”提前派人通知各寨的“鱼头”开会商定。一般根据当年的气候而定，以山上的化香树叶长到五六寸长的时间确定为开始杀鱼节的时间。村民们在忙一段时期的农活之后，“约头”就会跟大家说：“大家赶紧把农活忙完啊，我们约定某月某日到江边停米（用鱼叉擒鱼）。”于是大家便合计农活可以完成的时间，把“停米”的日子定下来。然后“约头”安排专门人员“传米”。“传米”就是传递到江边“杀鱼”的消息，即邀约共同杀鱼的意思。所以“传米”的人也叫“邀头”。接到“约头”的安排后，“邀头”就拿着1把鱼叉到沿岸两边的寨里去。当别人看到外寨的人拿着鱼叉来时，就知道是来邀约杀鱼的，于是接下鱼叉，共同商量明确杀鱼的规矩。杀鱼的规矩一般是不向外人透露杀鱼日期，必须按要求带上闹鱼药。

做鱼药。在日期确定后，邀好的各寨村民各家各户在第一天就开始做好各种准备工作。男人们修整鱼叉竹篓，女人们磨豆腐洗腊肉，老人们烧香祭祖供神。在杀鱼的前一天，每家安排采药的人就到河边岩坡上采“化香叶”（苗语叫“芥”“中保罗”等）植物的茎叶，然后背回家切细，拌匀，捣碎制成“闹鱼药”。在规定的时间内交给“鱼头”（杀鱼节的领头人）清点数量。数量不足时必须补上，否则不能参与杀鱼。

放药。在“鱼头”清点鱼药准备数量和参加杀鱼的户数后,男人们便开始拿着鱼叉,背上鱼药往放药的河段走(一般是在清水江上游,即四县交汇的两岔河处放药)。通常是两人搭伙,一人跳两袋鱼药,一人扛两把鱼叉和其他捕捞工具。而女人们则穿上盛装,准备好鱼饭(苗语“亚米”),在男人们走了之后,用提蓝装好糯米、腊肉、豆腐等各种美食,从弯弯曲曲的山路往下游江边走。等到各寨的人都到齐时,已经是人头攒动,叉杆如林。大家在“鱼头”的指挥下,各自把鱼药堆放在河边的石头上。到下午两三点钟时,举行放药仪式。负责祭祀的人抓着药泥,念过咒语之后,将药抛撒在江中。仪式结束时,大家齐声大喊“放”,顷刻,上万斤鱼药就倒入江中,顿时形成一条黑色的龙向下游奔腾而去。

擒鱼。随着鱼药漫漫下沉,河中的鱼就像喝醉了酒一样浮出水面,有的静静地躺着,有的还在翻腾跳跃,杀鱼的男人们就个个都手举鱼叉,一边奔跑,一边叫喊,一支支钢叉射入水里,一条条鲜鱼收入篓中。此时,群情激昂,欢呼四起,像一支刚发起冲锋的队伍沿河拼杀。杀鱼者追逐着“黑龙”逢岩爬岩,逢坎跳坎,如履平地,势不可当。十里河滩,如十里古战场,杀声震天,壮观异常。整个擒鱼的欢乐场面,使每一份惊喜都洋溢在脸上,每一股激情都融化在喧闹的笑声之中。

吃鱼饭。傍晚时分,盛装的女人们提着米酒、腊肉来到岸边。河边吃鱼饭就像是一次大型的野餐会,女人们等候在三岔河终端的沙坝和草地上,摆好酒菜,迎候家人和朋友。鱼饭的好坏代表着女人的贤惠,谁家的菜做得好,谁家的客人多,在女人眼中是最有面子的事。她们将刚打来的鱼剖好洗净,放入滚烫的烫里,放了少许盐,然后请杀鱼的英雄们一一入座。她们一边招呼着自家的男人吃饭,一边却盯着别家的鱼篓,互相炫耀着自己男人的战绩。一个黄昏时分的晚宴就这样在江边开始了。敬酒,唱酒歌,吃花米饭,场面非常热烈。在一片祥和的气氛中,随着夜幕的降临,大家点起了向日葵竿泡制的“鱼火把”,扛着一天的收获,随着弯弯曲曲的山路返回家里。

杀鱼节的特征及意义

杀鱼节延续20多天,是清水江两岸苗族传统节日中活动时间最长的一个节日。它既是苗族远古先民渔猎社会在农耕时代的仪式性记忆,是渔猎文化向农耕文化过渡的文化遗存,也是融民族宗教、文化、社交、体育、娱乐为一体的社会事象,蕴含着清水江两岸苗族人民丰富久远的历史变迁和源远流长的宗教意识,对研究整个苗族的历史、文化、民俗、宗教等和丰富民族的文化生活都具有重要价值和意义。由于这支苗族的独特性和其所处地域的独特性,杀鱼节是这支苗族和这块地域上独有的一个民族节日,其所具有的规模、参与性、时间长度及内容的丰富等方面，都具有鲜明的独特性。

一是杀鱼节是苗族远古先民渔猎社会生活在农耕社会的仪式性记忆，后又演变和祈雨有关，具有明显的宗教性质。传说每年到人们春耕的季节，上天总会久旱不雨。苗族同胞们便会去采摘一种在当地叫"化香树"的树叶子(一种能毒鱼的树叶)，用工具把叶子舂碎，用稻草包裹好抬到河边，然后在水流湍急的地方把药冲到河里。鱼喝了这种药以后就会晕倒，然后飘到水面上，两岸的人们就会用鱼叉进行捕杀。因此，清水江畔一年 一度的"杀鱼节"也称为祭祀"求雨节"。

杀鱼节活动场面

二是杀鱼节实际上是花苗的一种娱乐活动，人们目的并不在于捕鱼，而是趁机歌舞游玩，走亲访友。上山采药是姑娘和小伙子们的专利。采药时节也是年轻人谈情说爱的好机会。姑娘们三五成群个个身着盛装，环佩叮当，一边采药一边对歌，如果双方情投意合，姑娘会主动邀请小伙子在杀鱼节时一起吃鱼饭。杀鱼节期间，人们趁此机会在走亲访友，苗族青年男女们穿上节日盛装，吹木叶，唱情歌，嬉戏打闹，谈情说爱，幽会在清水江边的山冈密林之中。也是这里的苗族同胞们社交和青年们谈情说爱的一个节日。

三是当地苗胞这种用生物作闹药，不污染环境，不涸泽而渔的做法具有重要的生态意义。据说，鱼药是当年老苗王冒着生命危险采来的，鱼药的麻醉程度既要有效，又不能过多伤及鱼苗。这种鱼药具一定苦、涩、辣味，起刺激鱼眼和瞬间麻醉作用，但水过鱼活，对水生动物并无毁灭性破坏。鱼受麻醉的时间与其大小和种类有关。鱼在流动的河水中会很快苏醒。而没有被捕杀的大鱼或捕不到的小鱼，清醒之后又能自由地遨游了。另外，别看杀鱼场面的阵容庞大，杀鱼节中真正杀到的鱼，全加上来也不过 100 多斤。所以，杀鱼规定的河段内，平时不允许大家捕鱼，杀鱼节后，也要养护一段时间。

当然，由于受市场经济影响，村里的青壮年男性多外出务工，没有人再重视这一传统的苗族活动。再加上现代科技知识的普及，使村民们意识到，每年雨水的多少，五谷的丰登，只有靠科技手段加以解决，村民们渐渐淡化了这一传统节目。另外受过度捕鱼，江内大鱼较之以前少了许多，使这一古老的民族活动日不再是村民们每年饶首期盼的盛事。因此，极需对此节日进行保护和传承。

布依族扫寨

在都匀市的布依族山寨，至今保留着古老的布依族风俗——“扫寨”活动。扫寨，它以浓烈、古朴、神秘的方式表达布依人驱邪祈福、渴望平安、崇尚美好的心愿。今天仍在延续的布依族扫寨习俗，代表着一种文化的延续，是布依族来自远古的、带有神秘色彩的纯朴历史文化再现。扫寨是一种风情，是一个民族的习俗，它把一种神秘又带有美好愿望的活动习俗展现给了世人，让世人领略了扫寨的神韵。扫寨过程庄重神秘，是布依族风俗的一个缩影，具有人类学、民族学、民俗学价值。

扫寨的原生环境

布依族作为都匀最早的开发者，为了生息繁衍，他们艰苦奋斗，历尽沧桑，铸就了悠久的历史，创造了灿烂的民俗文化。都匀市的布依族主要分布在都匀西面和南面，总人口 130820 人，占全市人口的 35%。

扫寨前举行的仪式

布依族属汉藏语系壮侗语族壮傣语支。与同语族的壮语、傣语有密切的关系，壮语北部方言和布依语在语音、词汇、语法上有许多共同点，当然，布依语又有自己的特点。布依族男女都爱穿黑、蓝色衣服。现代男子服装从市场上购买，中年妇女仍然穿具有特点的长衣和长裤,左右衣衩多用五色彩线绣上两朵欧云花,衣袖缝成小袖两节,内长外短,袖口缝宽、窄两条花边,用三色花线分段绣上狗牙花于彩条边沿上。中老年妇女喜穿全套黑色衣服,包高头黑帕,盘绕发髻,别银钗片。青年妇女则爱穿兰衣黑裤,未婚女包平头黑帕,已婚女梳高头。腰前围腰排三条银腰链,两条连环银链中间夹一条四棱形黄鳝骨银链,两端嵌接两对蝴蝶形银挂钩吊挂围腰,左右腰边再接彩布系于腰后,腰带中绣牡丹花。耳坠银环,手戴银扁镯、锟镯、小镯等,善绣杜鹃鸟形的“嗥鹄鞋”,服饰明显独具布依族特点。现代的青年男女,逐渐喜欢流行的时装。

都匀布依族的扫寨,这一奇异风俗主要流传于距离都匀市区 58 千米的沙寨乡凤啭河景区内。凤啭河景区融山、水、洞、桥、瀑、林为一体,山清水秀、环境优美。然而,就在这原生态的自然景观中,原生态的布依族服饰,风俗,宗教信仰,点缀其中,相得益彰,确实吸引了众人的目光。

扫寨的主要内容

扫寨仪式传递着布依族人民驱妖赶魔、渴望平安、崇尚美好的心愿。扫寨仪式庄重肃穆,每逢纪念日时进行,此时寨子里的男女老少都从家中走出来,青年男子装扮成布依族武士,手握刀枪,在寨老的指挥下,驱鬼捉魔,妇女装扮成女神,扫尽寨中的污秽,祈望风调雨顺,四季平安,无病无痛。如有客人光临扫寨,热情善良的布依族人会邀请客人加入扫寨活动,并馈赠神秘的护身符,祝客人幸福平安。

布依族扫寨过程分为开坛、起坛、扫家。开坛,即祭祀前的准备(包括挂神像、佛像、各类祭祀用品);起坛,即祭祀过程(包括念经、做法、杀鸡、杀鸭、赤脚踩烧红的铁犁等);扫家,即为寨中每家作祭祀仪式,以驱妖避邪。

祭祀中,始终悬挂三清(太清、玉清、上清)巨幅佛像,即正中为释迦牟尼佛像,观世音像和普贤佛像。两边分挂“十大殿”神像和神位。左边依次张挂送子观音符、爱情鸳鸯宪符、招财进宝符、集富迎祥符。右边依次张挂扫寨清宪符、招财进宝符、除恶去邪符、祈神拜佛符等数十张佛像。设立有两米多高的三保案,案桌安放三清小佛像和三保佛像,案前摆放供品。焚香燃烛,烟雾缭绕,海螺号角起奏,

扫寨仪式

鼓乐齐鸣，声势浩大，十分气派。

祭祀中，道师要进行踩犁盘、打粉火、上刀山及下火海程序，以示道师的法力无边，法镇邪魔。踩犁盘，执事者将犁盘放在烈火中烧红，道师祭过水碗后，赤脚踩踏烧红的犁盘数次，只听吱吱的炮烙声和袅袅熏烟，观者无不吃惊扎舌。上刀山，执事者先将一根五六米高的木柱直立于地上，柱上横固36把打磨晶亮锋利、刀刃朝上的钢刀，道师祭过水碗后赤脚踏着刀刃，舞动向上攀登，直至顶峰，盘坐批盖符章，颂念经文，观者无不为之捏汗。下火海，执事者在地面上铺上白纸，用36个碗分别将36个鸡蛋盖于白纸上，然后堆放百余斤木炭点燃烧木炭，直至大火通红，道师祭了水碗即赤脚往熊熊烈火而过。随后取出火中鸡蛋，将鸡蛋分给在场的男女老少，说是少者吃了消灾免难，老者吃了延年益寿，吉祥如意。

祭祀活动时，主要供奉释迦牟尼、观世音等六佛，秦广王等十神；念大乘经、小乘经、金刚经、科书、忏咒书、真言书、如意书等。祭祀、念经时所奏的乐器有13种之多。

扫寨的传承

扫寨活动起源于何时，没有确切的记载。相传，很早很早的时候，布依人的祖先遭受灾害的侵袭，全寨的青年男女就拿起武器，驱邪除魔，使山寨得到平安，使村民们安居乐业。从此，为纪念祖先的英勇行动，保护全寨的平安，村民们安居乐业。每逢纪念日和节日，寨子里的青年男子都要装扮成布依族武士，拿起刀枪，女子则装扮成女神，扫尽寨中的污秽，保佑风调雨顺村寨平安，驱除病魔灾害。

据《贵州少数民族》（贵州省民族研究所编，贵州民族出版社出版）一书记载，明初道教、佛教传入布依族居住区，因此都匀地区扫寨祭祀活动都有道教、佛教特色，称扫寨濮摩（巫师）为道师。据沙寨乡落汤寨道师廖庆凯口述，他家扫寨是四代相传，他是第四代（曾祖父以前不清楚）。现所藏经书有光绪三十年孟春廖智能手抄本。道师廖庆凯，其曾祖父廖如刚，法号智能的第四代传人。现有祖传大乘经、小乘经、金刚经、玉皇经等数十部。最早版本为道光二十五年（公元1845年）。尚存有木制如意、玉牌、菩萨灵位，木刻符意托版和佛章、佛像等。

现今，丰富的布依族文化生活使村民的精神面貌发生了巨大变化，沙寨乡过去曾是计划生育和社会治安老大难村，近年来，乡里组织的文艺、宣传队和布依山歌队将文明新风、远古的扫寨内容编入文艺活动中，利用节庆和假日期间宣传，如今每逢锣鼓一响，乡里的老人、小孩、青年妇女便成群结队地往“扫寨”广场赶。过去乡里有70%以上的青年人喜爱参与赌博，自从乡里组建了布依农民扫寨，不少青年走下赌桌加入农民山歌文艺队和秧歌队中，赌博、打架斗殴等现象逐渐减少。布依民歌队有40多个青年人，在每年的黄金周期间就为中外游客表演布依风俗和山歌，既增加了收入，又满足了村民的文化需求，沙寨乡的布依族龙灯、花灯、旱船、秧歌、山歌历史悠久，为挖掘古老民间文化、发展旅游，还邀请市旅游局对青年男女进行培训，文化部门进行指导，把古朴的布依族扫寨打造成为民族旅游品牌。目前，沙寨乡有10支龙灯队、秧歌队、布依婚俗队，随时可为游客献艺。在社会主义新农村文化建设中，布依族文化风俗将会跟随贵州旅游的发展步伐，在乡村旅游中发挥更大的作用。

水族卯节

水族卯节是水族催生繁衍、唱情示爱的重大节日，被中外旅游家和人类学者称为"东方情人节"。卯节的日期依据水族历法和水族古文字逐年推算确定，卯日也被称为"最顺利的日子"。卯节与水族的古老水书、古老历法、悠久的稻作文化、民族迁徙、氏族部落联盟、敬母猪霞神祈雨的原始信仰等密切相关。卯节丰富多彩、原始古朴的文化内涵，在中国乃至世界都极为罕见。

古风遗存：家庭祭祖、社区联盟

卯节保留着血缘氏族部落年节庆典遗风浓郁的特色。卯节分四批过节。第一批卯节过节地区是荔波县水利乡水利村、水岩村、水丰村、水龙村等水族村寨。第二批卯节过节地区是荔波县水利乡洞坨村。第三批卯节过节地区是荔波县时来乡水浦村、尧排村等。第四批卯节过节地区是三都水族自治县九阡镇。上述顺序表明以卯节为年节的这部分水族同胞，属于同一血缘氏族部落联盟。随着社会的发展，又添加充实了地域性异氏族成员，逐步演化为地缘文化特征。

卯节与水族的古老水书、古老历法密切相关。水书是水族独有的、与夏陶字符、甲骨文金文有渊源关系，是水族全民族的精神支柱，而被辗转传承至今。卯节的过节日期不固定，大致选择在水历的九十月（对应夏历五六月）间的卯日分四批过节。过节批次顺序不能混乱颠倒。每年过卯节的具体日期，由水书先生根据水书上的历法确定，没有较为周密的历法是难以推算的。

卯节的前三四天，水家人就像汉族人迎大年一般，开始动手洒扫庭除，打扫卫生，将阳尘撒放在稻田里（水家人认为阳尘能杀虫）。卯节的"除夕"，要杀猪宰鸭、打豆

祭稻谷神

腐、开窖酒、备鲜鱼,祭祀祖先。村村寨寨取出珍藏的铜鼓来敲击,并开始接待宾客。

卯日清晨,同血缘氏族村寨头人领队抬大猪,各户提着盛有祭品的竹绞篮、扛着驱虫与鼠雀的竹刺竿到大树下的祭坛祭卯——祭稻谷神。人们在大田里拔出一兜禾苗,用其叶子和老谷穗、白纸飘等作祭幡。祭坛设主祭席,各户用竹绞篮提来的祭品陪祭。杀猪献牲、上熟祭毕,众人会餐之后,将祭品均分各户,各户再到自家的田边祭祀,以期秋收获得如愿的收益。敬雨水神、敬谷神——就是缅怀祖宗功德、祷求神灵保佑、庆贺劳动赢来的胜利和预祝收成如愿,同时启迪后人靠劳动去建设自己美好的家园。

对歌择偶:令会男女,奔者不禁

卯节开放三天,让未婚青年自由对歌择偶、奔者不禁古风犹存。卯日对歌觅偶,是节日活动的高潮。对歌真心相爱者,可以相率成婚,而双方父母少有干涉。今后抬猪抬酒来认亲即可。所以人们说"卯节是年轻人的节日,卯坡是年轻人的媒娘,歌声是年轻人交往的桥梁"。这与古代令会男女,奔者不禁之习俗相通。

新年初一的卯日盛行着赶卯坡青年男女唱对歌的习俗。卯坡是经过多年遗俗选定下来的,专让青年男女以唱对歌的形式进行广泛社交活动的场所。一般多选在一个依山傍水、地势较宽,能容纳下数万人平坦的坡顶上去进行。届时,不仅过卯节的村寨青年人要上卯坡对歌,就是不过卯节的外寨和毗邻各县的男女老幼也会赶来参加盛会。对歌之前,当地德高望重的长者习惯做一番演说:"各方来的亲

卯坡对歌

戚朋友,大家欢聚在卯坡上。古父老留下这节日,让我们欢乐歌唱。……未婚的青年男女,今天是你们美好的时光。自家的媳妇要管束,不必参加对歌惹祸殃。古代这样兴,我们照着办,让我们欢

歌幸福,让我们节日欢畅。”

话音一停,呜呼的欢呼声震天动地。水族男女青年的恋爱是隐秘的,包办婚姻影响较深。大多是同血缘氏族举族而居,异血缘氏族男女青年在场天和节庆日才有接触机会,还要避开长辈与兄嫂,并且双方还不能直接面晤,全靠相熟女子来往传情。可是卯节的卯坡却为青年男女的社交大开绿灯。对歌的未婚男女,要是彼此情投意合,双双到两株千年的红豆杉树下,牵手在树枝上系上红丝带以表爱慕之心。然后,到巨大的石神(菩萨)前许愿,信誓旦旦,不离不弃,相依到白头。

敬霞祈雨:中原礼失,雩祭古韵

卯节与水族原始信仰的习俗密切相关——用母猪敬神石“霞神”,刺戳母猪阴部,和母猪在烂泥田里戏耍,祈求雨水调匀,与中原古代“雩祭”的求雨习俗极为相似。在水书中,猪为水畜,地支“亥”的属相,黑色属降雨冷色调,又是家畜中生殖能力最强畜种,又施行离奇古怪的巫术举动,用其来祭霞神,人们相信母猪的这些特性会转嫁到禾稻上,霞神在充裕的物质享受和满意的精神娱悦之后,能全心尽力保证该地区风调雨顺。这样,一定会取得粮食丰产、人丁兴旺的结果。敬霞活动,与中原古代“雩祭”祈雨的原始意蕴相通。

卯节这天下午,各股的男性成员几乎全部出动,列着长蛇阵仪仗队向祭祀地点的霞井缓缓行进。队首是戴四耳帽、身穿长衫、打着雨伞、摇羽毛扇的长者,接着是铜鼓、铜锣、铜钹、革鼓的打击乐队,再者是抬着猪肉、米酒、糯米饭等祭品的青年,最后是手拿竹片、竹竿戽打田水并吆喝着的人们。主祭席摆上供奉的猪肉、米酒、糯米饭、豆腐和鱼等。主祭席的两侧对称排列着松枝铺就的地席,上面供奉着各股带来的祭品。祭坛前面立着一根粗大的长竹竿,顶端挂着装有公鸡的笼子。公鸡是祭师借以向天神传递信息、祈降神雨的吉祥动物。吉时一到,祭师手持一根带叶的水竹子,蘸着从霞井打来的水,一边念着水语祝词,一边轻轻挥洒,还不时轻轻抛掷白米碗中的卜具,并抓些米粒撒向前方。当请来神灵,向其述说祈求的原因之后,便以祭物享神。此后,请神赐福降雨,并用咒语指令公鸡啼鸣,据说只要精诚所至,老天会降下神雨,即使是几滴也会赢来阵阵乐器声和欢呼声。这时,祭师命令到场的人关闭雨伞,摘下斗笠以接受神雨沐浴。接着,祭师让请“猪婿”扮演者穿上白衣服(或赤裸上身),抬着母猪在祭坛前的稻田间走过,并不时用松针或菖蒲芯戳击母猪阴部,让其发出嚎叫。然后将母猪赶进烂泥田里,戏耍泥水仗。古代还要求参与者与母猪做性媾示意动作,激起人们哄笑并鼓乐大作。众多的妇女挥着芭茅草,高呼“霞! 霞! 今年敬霞,明年丰收!”

水族服饰

水族服饰是水族最直观的外在标志，是水族人民表现在共同文化特点上的共同心理素质的反映。水族服饰是心灵手巧的水族妇女，采用自己种的棉花，经过除籽、弹花、搓棉花、纺线、倒线、煮线、浆线等一系列复杂的工序后，上织布机织成布匹，再将织成的布匹染上颜色，然后裁剪，加上各种花边装饰做成衣服，具有鲜明的民族特征。

水族服饰的历史流变

服饰的演变与历史的发展及地域密切相关。水族自称“海水”，意为水人。早在秦汉以前，岭南地区及东南沿海一带居住着许多族群，水族是从“骆越”部落的一支发展起来的，秦代时迁入黔、桂边境。唐宋时与壮、侗族各民族一起被统称为“僚”，北宋时政府在水族地区设“抚水州”“水族”之称，最早见于明代史籍。清代人们称其为“水家苗”“水家”等。中华人民共和国成立后正式定名为水族，现有约35万人，主要聚居在贵州省黔南布依族苗族自治州的三都水族自治县和荔波、都匀、独山及黔东南苗族侗族自治州的凯里、黎平、榕江、从江等县，少数散居于广西壮族自治区的西部。

据一些古石墓碑文记载，水族的祖先原住江西后因战乱迁徙广西居住，为了生存先民又顺都柳江和龙江而上，定居于贵州省黔南自治州和黔东南自治州、广西北部等地。水族的祖先那时他们不知道怎样生产、不知怎样去缝衣来遮盖御寒。只有住在山洞里，靠摘山果、扑鱼、打野兽为生，用树皮、兽皮披在身上御寒。这便是水族服饰产生的最早来源。

隋唐以来，水族地区的社会经济有了更进一步的发展，与此同时，水族传统的家庭纺织业也得到了进一步的发展，他们利用当地的葛麻、茅花等，编织制成各种精美的葛布、班布、竹布、茅花被、筒裙、布袍等。同时，还用兽皮做成毛被、毡裘、鞋、帽等衣着。当时水族人民喜爱的服饰就是穿衫袄、下穿大口裤，并以一带斜佩在肩。蜡染技术也已在水族群众中普遍使用了。

在唐代时，水族人民和大多数人一样，“男女椎髻，以绯束之”。在宋至元明时期，水族男子留长发，绾结于顶，穿和尚无扣长衫。清朝统治全国后，受强化的改装影响，水族人民剃发留辫，老年人头带缎子红结帽，身着大襟无领阔袖的青蓝色长衫，内衬白布短褂，下装为青蓝色宽筒便裤。青壮年亦剃发绾辫盘结于顶，用青白布包头，上身穿大襟无领短上衣，下身穿直筒便裤。老少都穿布袜和元宝盖布鞋。

民国以后，大多数男人剃去发辫，有的长短衣都加上衣领，改用布纽扣，短衣则有开对襟。中青年多穿对襟便服，年长者多穿无领的布扣长衫，多用青兰帕包头。水族也是从百越、僚族中逐渐发展起来的一个民族，从各方面来考察，除青年包头是民族特点外，这时期的衣饰与汉族、布依大体相似，穿短衣、戴马尾帽。遮阳帽也普遍盛行。

现代妇女穿的上衣都是左衽大襟衣衫，下身穿长裤。水族妇女盛装时把长发绕结于顶挥上各种银饰品，最显著插上柱银牛角，头前后插银花，带银耳环，腰间左右挂银响铃、银针筒（水语：做吉铃），手上带 2~5 副银手镯。脚穿翅尖绣花鞋、穴花鞋、元宝鞋。水族妇女头挥有银插、银梳、木梳等。

水族服饰的布料及制作

水族民族特色服饰多以“水家布”，即自织自染的土布缝制而成。水族妇女织的“水家布”，又称九阡青布。其纱质精细均匀，所染青、蓝、绿色皆深透耐洗，早在百年前就闻名远近。这些布料是将自织的白色平布、斜纹布、花椒布等放在靛蓝或青色染料缸中，反复浸泡数次后，再用清水洗净，洒干水，然后把它折叠起来，放在锤布石上锤平，就成为一匹匹光滑美观的蓝色或青色布。有的还用棉线染成蓝色后再与白色棉线织成蓝白或青白相间的花格子布。不同地区的水族群众，在服饰上虽然存在一定的差异，但普遍喜爱靛蓝、青紫等冷色，不喜欢大红、大黄等热烈奔放的色调，这种在服装色彩上的排他性，别的民族似乎很少见，表现出水族在服饰色彩上的特殊审美观。这可能跟他们谦恭含蓄、感情内向的伦理道德规范有关；另外，水族地区的浓荫清泉，到处是绿色的自然环境，在其心理上产生安定和平之感，逐渐形成了他们偏爱冷色的性格。

水族服饰

总之，民族服饰是一个民族文化的象征，是一个民族精神的载体和一个民族特征的体现。它来源于一个民族的灵魂深处，而蕴含其间的工艺技术、生活、情趣，审美观念、婚姻道德、宗教信仰及民族之间的文化交融。它向人们展现本民族绚丽多彩的物质文化和古老的历史文明。

水族服饰的种类与特征

水族服饰制作精致，蕴含了丰富的水族文化元素。就现状而言，三都水族老年和青壮年妇女服饰最能代表水族特色，根据地区差异，大致可以分为三种类型。

第一种类型是以三洞、中和、水龙、廷牌、恒丰、塘州、阳安等地为代表的服饰。未婚女子喜用浅蓝色、绿色绸缎，或灰布作成右衽大襟长衫，衣长及膝，收腰收袖，显得较贴身，着青色长裤，衣裤的边缘不作任何装饰，只是衣服加上了领子。已婚女子的头饰与未婚女子无异，但衣裤有明显区别，她们胸前佩戴青色绣花长围腰，围腰上端至颈部挂着银链，围腰中部两侧系着提花飘带，拖在身后。梳独辫盘于头上，外包黑白方格巾或白色、青色长帕，穿船形翘头的绣花布鞋。已婚妇女的袖口、环肩、裤脚，都镶上斜面青布大绲边，外缘再饰以红黄相间的绲条，绲条外缘再镶一道阑干(即花边)。

第二种类型是以九阡、杨拱、周覃等地为代表的服饰。这一带妇女的服饰以深蓝色为主调，喜着青紫色半衣无领右衽大襟衣，戴不绣花的素净长围腰，上有精致银链及绣工考究的飘带。她们用纱质细密的青色布料作清一色的上下装，衣裤边脚下不作任何修饰，头包青春紫色毛巾，头巾由前向后交叉至两侧收扎。未婚姑娘胸佩不绣花的青布围腰，围腰上的银链和腰部系的提花飘带点缀色彩。这一带的已婚妇女，不再佩戴围腰，改系长方形青紫色腰巾，这一区域的妇女的服饰显得沉稳而古雅。

第三种类型是以都江、坝街、羊福等地为代表的服饰。这一带妇女服饰，衣脚幅面窄小，权高摆圆，坎肩裩布由肩部拉向背部呈椭圆。花边多喜用色差显著的大“万”字和月季。头饰包白色方巾，头巾收扎于颈后。

水族女服多以水家布缝制，无领大襟半长衫或长衫。长衫过膝，一般不绣花边。而节日和婚嫁盛装与平时截然不同。婚礼服上装的肩部一圈及袖口，裤子膝弯处皆镶有刺绣花带，包头巾上也有色彩缤纷的图案。头戴银冠，颈戴银项圈。腕戴银手镯，胸佩银雅领，耳垂银耳环，脚穿绣花鞋。

着盛装的水族妇女

现在盛装女子把长发盘绕于顶，用银簪、银梳固定，然后插上各种银花簪。盛装制作精制，保留了近现代水族女子服饰装束的风格，上衣是无领对襟、宽袖的黑色短衣，袖口着白色水波浪花边装饰，左右胸部用压花银片纵排装饰，以银扣点缀。下着黑色百褶裙，裙长齐膝下小腿肚，裙外右侧腰间配长约尺许的银球蝴蝶针筒，腰系长腰带于后腰处打结，并留尺许飘于后。内穿齐膝筒裤，裹绑腿至膝，脚穿翘尖绣花鞋。老年妇女多穿自织自染的青色布，很少用其他颜色的布。穿无领3个或5个纽扣右衽或大襟上衣，大袖口，衣身也较肥大，下装穿长裤。送葬时穿白褶裙。

随着社会的发展和进步，水族妇女的服饰比起前些年来，变化更为显著了。现在的水族姑娘，在体现民族传统服饰的前提下，已多采用造型新颖、线条简洁、舒适得体、富有时代气息的款式了。衣料方面，也由自纺自织的土布发展到机织细布、绸缎及各种化纤织物。

苗族服饰（龙里县）

龙里苗族服饰款式繁多，各支存异，分男女童装、常装和盛装，又有古今之别。服饰的差异性，早已成为人们识别支系的符号。其工艺主要包括纺织、靛染、裁缝、刺绣、织锦，银饰镶缀等，这些环节都包含了大量的民俗和传统技艺。同时，造型和服饰上的各种图案、纹饰，与苗族的历史传说和生产生活息息相关，承载着该民族的历史记忆，是“穿在身上的史书”。

龙里苗族服饰的历史渊源

苗族是龙里县主体民族之一，人口约4.7万人，占全县总人口的21%。龙里苗族主要有白裙苗、红簪苗、青苗、花苗、印苗、海葩苗等六大支系，白裙苗主要分布在龙山镇的高峰、王寨、长舍、塘堡、金谷、克蚂石、长田寨、羊棚、谷郎坪；红簪苗分布在湾滩河镇的果里、摆省、渔洞、打夯、摆岑，龙山镇的比孟、机场堡；海葩苗分布在湾滩河镇的岱林、木马和冠山办事处的光坡、定水、大新、摆谷六；青苗分布在冠

龙里平坡苗族服饰

山办事处的卧寨、洗马镇的谷冰及湾滩河镇的岩底、糯米寨；印苗分布在洗马镇的高寨和醒狮镇的谷新地区；花苗分布在洗马镇的平坡一带。

早在唐宋时期，苗族就从荆楚向西迁徙，来到龙里及其周边的大山深处，远离战乱，生息繁衍，族群不断壮大，以宗族为基础的区域性支系愈显突出，随着历史变迁和文化不断交融，逐渐形成了各个支系特有的语言和服饰文化。

苗族服饰文化源远流长，《后汉书·南蛮传》中有苗族先民“积绩木皮，染以草实，好五色衣服”的记载；朱辅《溪蛮丛笑》中说苗族“通以斑细布为之裳”。明·弘治《贵州图经新志》载：“龙里卫风俗，夷俗杂糅，境内东苗之夷性戆厉，男子科头赤脚，衣用青白花布，领缘以土锦，妇人盘髻，贯以长簪，衣用土锦，无襟，当幅中作孔以首纳而服之，别作两袖，作事则去之，杂缀铜铃青白绿珠为饰。”

龙里苗族服饰的表现形式

龙里苗族支系多，服饰差异较大，款式众多，主要以白裙苗、海葩苗、印苗、花苗等服饰为主。

印苗服饰

白裙苗。绾发髻于后，其上插银花响铃（银泡）四个；戴圆盘形头帕，外套绣花佩拇指大小响铃和镶缀模制蝴蝶型银饰；耳坠为银制灯笼型，系一串绿珠联两耳坠；肩牌两层（苗语意译为背牌翅膀）均有刺绣，项圈数根，大小不一，成束错落，系有两把长命锁；背戴鸡心花，上着蓝色敞领短袖超襟衣，袖缘为黑色，无纽扣；腰系黑白相间花带、方形花帕和围腰；下穿上黑下白百褶裙，内为蓝色大脚裤，长至膝下寸许，腿裹花带（花绑腿）。

海葩苗。头盘长辫，戴多层绕叠头帕（内层为绸缎，中间层为白色麻布，外层为蜡染黑色麻布，绣人形、鸟型、树叶等图案）。耳坠为银质灯笼型。佩银质项圈 7 根以上，大小不一。身着海蓝色敞领超襟长袖衣，领上绣树叶、花草、镶银泡泡，边绣花草，两袖绣几何图案、花草、树叶绕袖 7 圈，其间镶 6 圈银泡泡。腰系前后围腰，后为黑色蜡染麻布；白色花腰带织黑线两条，中间绣鸟型图案；下着蜡染麻布大脚裤和白褶裙（上部为黑色，下段为白色）；背牌上部绣印型图案，下边用海贝滚边。

印苗。绾发髻于头前，用发绳缠绕 10 余圈（发绳长1.5丈），头戴青帕（总长 1.5 丈），木梳插于发髻，佩鱼钩型银质耳环，银质耳坠呈菱形，乳白色项链系于两耳。青（红）色上衣，花领带交叉于胸前，两长袖刺绣八角花、三角图案，背幅刺绣印型图案。蜡染麻布黑裙，上部绣彩色满天星图案，腰系花带（结于右侧）和花围腰，青布裹腿。

花苗。女孩两三岁，穿黑色肚兜型衣服，并绣有吉祥图案，头戴椭圆形黑色绣花鸦雀帽，帽顶上绣有石榴、蝴蝶、花朵等图案，并在帽檐周围配有银饰。未婚姑娘常装，身着齐膝黑布长衫对襟衣，腰系彩色围腰，腰带上绣有锯齿形、稻穗形等图案，头戴圆形黑色鸦雀帽，帽顶上同样绣有吉祥图案，帽檐四周没有银饰。盛装，头蜡染刺绣头帕，身穿开胸宽领的刺绣衣服，腰间束上花带，下着蜡染刺绣百褶裙，腿绑黑色布带。

龙里苗族服饰的制作工序

苗族服饰的制作工序主要包括纺织、靛染、裁缝、刺绣、织锦、镶缀饰物等。

纺织。苗族人民用自己种植的棉花或从市面上买来棉花，用纺车纺成棉纱后，再用土织布机织成一尺来宽的布匹，作为服饰的布料。

靛染。以自己种植蓝靛叶为原料，用木桶浸泡 6~9 天，然后加入适量的石灰水，经过多次反复上下搅拌，待沉淀后的靛料呈浆状即可。靛染时将蓝靛浆溶于染缸，加上适量的烧酒，把自织的白布放入其中浸染十来次即成深蓝布料。苗族同胞尤为喜爱的亮布，还需在浸染好的布料上，涂上动物血，晒干，再涂上牛皮胶。

花苗服饰

裁缝。根据所要缝制衣服的款式和规格，对布匹进行裁剪，用手工缝织成普通成衣。

刺绣。针法有挑花、平针、交错针、反针等。

织锦。其纹样主要是几何图形中有飞禽走兽、花鸟虫鱼等，色彩对比强烈，协调统一。织锦主要用作背带、腰带、裙带等。

镶缀饰物。用针线把绣花片、银饰品等装订到成衣上。

总之，龙里苗族服饰及制作工艺的独特性，既表现在形制方面，也表现在工艺方面。形制上如红簪苗的果里式、白裙苗的草原式等众多服饰，为龙里所独有。工艺上如双针锁绣、打籽绣、辫绣等，仅刺绣就有十几种技法，其娴熟与技巧都有较高水平。

水族婚礼

水族实行“同宗不娶”的族外婚。水族多“聚族而居”，汉文化传播输入之后，才出现姓氏，但同一姓氏并不一定是同血缘关系。因此个别地区虽出现同姓通婚现象，但依然恪守“同宗不娶”的原则，即使相距千里之外，相隔数十代之久也依旧不能通婚。违者要受舆论的谴责和习惯法的惩治。三都水族婚礼一般要经过如下程序。

一是择日。水族青年男女结婚要请阴阳先生选择吉日，然后男方要给女方家送去较丰富的聘礼。聘礼中选择吉日，然后男方要给女方家送去较丰富的聘礼。

为新娘梳妆

二是嫁妆。聘礼中除现金外，一般还有猪肉、红糖、项圈、衣服、首饰等。女方则根据自己家庭的经济状况而置办嫁妆。嫁妆中含有糯谷、生猪、布匹、衣服、箱柜、自行车、电视机等。婚前一两天内，要举行吃媒酒的仪式；男女双方各请两个证婚人，证婚人对饮一碗酒，青年男女的婚姻关系就算正式确立。

三是迎亲。结婚这天，男方家置办酒席，宾客盈门，唢呐高奏，场面十分热闹，新郎在10多名同伴的簇拥下，带着礼物和唢呐手，喜气洋洋地去女方家迎亲。有的地方新郎不去迎亲，而请一个未婚女子和7~9个小伙子代迎。迎亲的队伍到达女方村寨后，要分发礼物给她们，才能到达新娘家。到新娘家后，迎亲的小伙子们还要与姑娘们对歌，用对歌声表达对新郎新娘的祝福。接着，迎亲的人们受到女方家的盛情款待，席间还要吃新郎带来的姐妹鸡，新郎还要给厨房参厨钱等。女方家洋溢着热烈的喜庆气氛。

当日或第二天（路远者），迎亲的队伍迎上新娘离开女方家。新娘打扮得端庄而又漂亮。新娘打扮得端庄而又漂亮；长发盘结绾于头顶，上面插满了银花和银钗，身穿对襟、银扣、宽袖的青紫色短衣，腰系紫色百褶围裙，下穿长裤，颈戴各种闪闪发亮的银项圈，胸佩双龙戏珠、鸾凤和鸣的银压顶，手戴三四双银手镯，脚穿尖钩扎金花鞋。新娘在陪娘、媒人的伴随下，跪拜祖宗灵位，接着向父母、亲人，以及送行的人们告别。这时候，父母和亲人要给新娘磕头钱，亲戚们要给新娘离家钱。新郎、新娘还要用一丈多长的红布或红绸缠挂在手上，并系在陪郎陪娘的腰上，俗称“挂红”，以象征吉利祥和。新娘出门时，要哭泣，并唱(哭嫁歌)，同时手撑阳伞由兄长扶持上路。

新娘来到男方家门口时，要先为新娘褪喜神和捏喜锁，接着在门槛上放一幅马鞍，让新娘从上面跨过去，并请一老年妇女持青竹梢一束，指扫新娘以示驱邪。新娘进入男方家后，要先向新郎及家人赠送自己亲手缝制的布鞋。

迎娶新娘

四是婚宴。举行婚礼时，新郎、新娘要先叩拜祖宗牌位，然后向长辈和亲友鞠躬，接着新婚夫妇向大家敬喜酒、喜糖、喜烟和葵花籽，并向大家致谢，同时接受大家的祝福。举行婚宴时，新郎、新娘要到每一桌敬酒。当晚要闹洞房。届时，阵阵欢笑声和歌声从新房内传出……按水族的婚俗，结婚当天新天新郎、新娘不能同房，新娘由陪娘陪伴歇宿。

五是回门。第二天早上，新娘由新郎陪同去挑一担水回来，以示新娘已开始操持家务和在夫家生活。婚后，新娘要回门，小住娘家三五日后便回夫家生活。有的地方则新娘婚后在夫家住的时间很少，一般在娘家住半年以后才到夫家长住。

总之，水族婚俗留有较浓的传统色彩，讲究明媒正娶。婚前，男女青年可以利用节日及赶集时的对歌活动交游相恋。即使自由恋爱定的情，也得明媒正娶，否则不合礼俗,要受歧视。青年男女相爱后,先托人告诉双方家长。若家长表示愿意,男方才请媒人去女方家送礼定亲,并择定吉日,派人抬着猪仔去女家“吃小酒”。正式迎亲时,再抬大猪到女家“吃大酒”。酒宴上要唱敬酒歌,女主人每唱一首歌,客人就得干一杯酒,以喝醉来表现主人的盛情。接亲与送亲,男女双方的家人不参加,除少数地方由新娘的兄弟背新娘送至夫家外,多数是盛装的新娘打一把故意撕开一条缝的红伞步行在前,接亲的伴郎、伴娘及抬着嫁妆的长队紧随其后。一般是于中午出娘家门,傍晚六七点钟进夫家门,吉时不到不得进门。新郎家的亲人在新娘进门前外出回避,新娘进屋后才能回家。新婚之夜,伴娘与新娘同宿,第二天新娘即回门去娘家住。婚期之后,新郎再去请新娘回来,开始夫妻生活。有些新娘第一次回门就长达一两个月时间,谓之“坐家”,实际上是“不落夫家”婚俗的残存余音。新娘出嫁的路上,最忌讳打雷变天,因此婚期在秋冬举行。

新场苗族祭天神

祭天神苗话叫“早干爱”。都匀新场苗族祭“天神”程序严整、过程完整、行为规范、气氛庄重、色彩神秘、内容丰富,具有重要的民族学、民俗学、原始宗教学等研究价值和观赏价值。

祭“天神”的缘起

王司镇《新场苗族祭天神》仪式所在地王司镇新场村位于都匀市东南部,距城区 35 千米。据《都匀民族志》记载,王司新场地区苗族于明朝洪武年间由三都普安一带迁入,至今已有 600 多年的历史,现有人口 8000 余人。

该地区苗家人相信“天神”是主宰世间生杀大权和人生吉凶的神灵,生儿育女是“天神”赐给人的福气,因此祖祖辈辈都有祭“天神”的习俗。

祭“天神”的仪式

祭祀活动要在吉日早上开始进行,祭师是世代相传的巫师,着苗族的传统服装。只要适时,祭师就会高吟祭语(咒语),祭语也是世代相传,但不同祭师的祭语基本一样。

祭祀中要分发糯米饭,每人一份,每一份上有一条或半条小鱼,客人要用双手

祭祀活动仪式

接来糯米饭，当场吃上一小口。由于是祭天，每位在场人都要分到一份，同时临村村民要是路过或者听到“祭天神”巫师的高声咒语，也可前来分得一份糯米饭。祭祀活动糯米饭团分出数量越多，越能证明举办比较成功。

祭“天神”的特征

苗族祭“天神”有三个特征：一是程序性特征。事前一个月请祭师、关田鱼、烤酒封坛；事前准备各种祭品、食品及长寿竹；祭器在室内、室外放置；祭祀开始，祭祀按程序进行，结束后主人忌三天钱、米、物不要外借，所借用的器具三天后归还。二是传承性特征。祭师为世代相传，程序为世代流传；咒语（祭语）全部由先人编写，至今沿用。三是唯一性特征。贵州其他苗族聚居的地方没有祭天神活动，仅在都匀王司格多苗寨这一支苗族所特有。

新场苗族祭天神活动，实际是民族宗教祭祀活动。它的神秘，在于不是每户苗族家庭都可以举办这一活动；它的神奇，是用原始的这一活动可以解决现代医药科学治愈的疑难杂病；它的独特性，是在祭祀活动中将鲜鲤鱼挂放在室外竹竿上24小时，活动结束后，还能让鲤鱼放回水田里并能成活。

“6.24”民族传统节·二郎歌会

每年农历六月二十四，是福泉境内民族传统节日“二郎歌会”节。该节日原是祭祀二郎神求雨的一种庙会活动，后来演变成为苗、布依、汉青年男女们交友、寻爱、功世、抒怀，表达他们对美好生活的向往和追求的一个节日活动。其产生的源头，发展的规模，民众的参与性，时间长度及丰富的内容，都具有极其鲜明的独特性。它是融民族、宗教、文化、社交、娱乐为一体的社会事象，对研究福泉地区苗、布依、汉等民族的历史、文化、民俗、宗教和丰富的民族文化生活都具有重要价值和意义。

“二郎歌会”活动

这种庙会活动，起源于明代。据有关史料记载，明洪武年间，武德将军王添祥将家祠改建为二郎庙。《平越直隶州志》记载：明天启中（公元1621—1627年），贵州水西安酋义军后感二郎神庇佑，重修了平越县城仓坡二郎庙。由此可见，福泉在明天启以前就有了二郎会的活动。到清光绪初年，平越州境内的二郎庙就有五座。每年农历六月二十四日这一天，全县有城关（今金山、城厢）、马场坪、陆坪、牛场、仙桥等地同时举行祭祀活动。

庙会活动主要是为祭祀二郎神，求雨、唱山歌。官方组织二郎会，六月初一“放兵”，预报当年要办二郎会；二十二日拖天狗游街；二十三日迎“七圣”；二十四日抬二郎神游街，求雨。通过祭神求雨，求二郎神庇佑政通人和、国泰民安、风调雨顺，老百姓则是祈子求福免灾。祭祀，求雨活动结束，群众就自发组织起来唱山歌，参加唱歌的主要是布依族男女青年，苗族、汉族青年也参加，对对男女青年通过对歌叙述自己的身世，抒发自己的感情，倾吐互相爱慕的情思，表达缔结伴侣的誓言，这种对寻求爱情的形式延至今日，几百年来经久不衰。

中华人民共和国成立后，迎神、祭祀取消，二郎会不办了，二郎歌会就演变为单纯的民族歌会。群众就自发性地唱起山歌，斗鸡跑马等竞技活动，年年如此，其高峰期要算20世纪70年代初。每年六月二十四日这天，金山、城厢、马场坪、陆坪、牛场、仙桥等地举行节日活动。活动现场常常是人山人海，水泄不通，只听山歌悦耳。那些男女青年，三五成队，男女对唱，也有壮年男女对唱。会期3天，人们才逐渐散去。

改革开放以来，随着农村体制改革，外出务工人员增多，因此以唱山歌为主体的民族传统节日活动被民族民间传统体育所取代。同时，由于经济全球化的影响，当地文化受外来文化的冲击，大部分年轻人都不会唱自己本民族的歌曲，大量民间优秀民歌面临失传和消失的危险。为此，近年来，政府不仅组织山歌比赛，还组织了球类、斗鸡、斗鸟、赛马、射击、游泳、棋类，以及与歌唱有关的活动，更加增添了这个古老民族歌节的风采。

水族祭祖

水族祭祖伴随整个水族的发展史,历史悠久,祭祖过程庄严、隆重、神秘而热烈。它是水族社会生活中的一件大事,与水族人民的生产生活息息相关,它是“端节”“卯节”和迎接远道而来贵重宾客的一项重要活动。活动表达了对祖先的怀念的祝福,祈求年年风调雨顺,五谷丰登,六畜兴旺,事事如意。同时,请求神仙神灵为各位宾客祈福,平安幸福。

水族是一个历史悠久的民族,有着灿烂的民族文化。祭祖仪式,是水族先民创造的一种群体参与、独具民族特色的节日庆典活动。活动过程涵盖了水族民族文化的多种元素。祭祖反映了水族人对祖先和神灵的崇拜,是水族宗族体系的一种反映,也是父系血缘主干地位宗族伦理观的重要体现,带有浓厚的神灵崇拜色彩,水语叫“敬汞”“鱼愣汞”“薅汞”。无论是节日、丧葬、婚嫁还是营造,水族人都要举行祭祖活动。他们祈盼通过祭祀来求得祖先的保佑、赐福消灾,从而诸事顺畅、子孙平安。

水族是一个多神崇拜的民族,在远古时期,社会生产力落后,人们对世界缺乏科学的认识,总把人的生老病死(特别是死亡)、山崩地裂、蛇虫进屋等,都归咎于鬼神作怪。认为灵魂脱离人体后就会变成鬼魂,鬼魂无处不在,人们被无穷无尽、永远看不见而且永远可怕的无形存在物包围着。水族的鬼特别多,民间俗语称“足不足,三百六”。水族把石头、古树、雷、自己的祖先等作为神,把能庇护活人、消灾禳祸、施福于人的鬼称为善鬼,如陆铎公、自己的祖先;把降灾于人的鬼称为恶鬼。由于鬼神观念的存在,凡遇到异常情况,都要请鬼师举行仪式,通过屯亥、控腊、请祖等,祈求祖先、神灵保佑、赐福。水族的祖先崇拜是鬼魂崇拜的延伸和发展,鬼魂崇拜是水族原始宗教信仰的深化,鬼魂观念和血缘亲情观念使人们相信,祖先的灵魂会保佑子孙后代的吉祥安康,所以祖先死后会被后人当作善鬼善神来敬奉。

水族在祭祖仪式中,为了取悦鬼神,通常要通过各种祭祀歌舞仪式表达对神灵的顶礼膜拜,祈求神灵消灾降幅,在这些仪式上要唱一些悼词、奏乐等祭祀音乐。水族因地域不同,在祭祀音乐方面也有所区别。南面盛行家祭、宾祭、唱控歌,歌在其中发挥重要的作用;北面盛行唱挽歌、唱诵悼词、奏祭祀乐,歌和乐有根有源。北面祭祖中有一种形式特别的“请祖”仪式,“请祖”是“祭祖”中的一种但又有别于“祭

水族祭祖仪式

祖”,“祭祖”是泛指祭祀个体祖先,而“请祖”是专指在新逝祭祀活动中邀请与亡者有血缘关系的所有祖先聚在一起享用祭品,并把人名一一列出,由专门祭师完成。

总之,水族祭祖保存了水族原始信仰记忆文化的诸多信息,包容性地反映水族历史文化、语言文字、天文历法、伦理道德等诸多方面的内容。集中体现了水族的孝道观念和宗教观念,对水族文化研究有着不可估量的史料价值,祭祖师一般为当地德高望重的水书先生。但随着社会的发展,祭祀师出现了严重断层,尤其是口传心授的活态内容遗失严重。加上现代化进程的发展,滋养传统民族文化的土壤正在发生变化,年轻人对本民族传统文化的了解越来越少,抢救、保护和弘扬祭祖这种民族文化已刻不容缓。

布依族三月三

“三月三”是惠水县布依族、苗族人民的传统节日。“三月三”是祭社神、山神的节日。这个节日主要是制作五色糯米饭、粽子等美食用于祭祖和享用,同时举行山歌对唱、斗牛等活动。

“三月三”的原生环境

乾隆《南笼府志》载:“每岁三月初三宰猪、牛祭山,各寨分肉。男妇饮酒,食黄糯米饭……各寨不通往来,误者罚之。”有的地区祭祖、扫墓。惠水九龙一带搞摔跤比赛,群集唱山歌玩乐。盘县等地青年男女“三月三”进行社交活动。望谟、册亨县一些地方杀狗杀猪,隆重宴客。

惠水是一个多民族聚集的地方,在这块美丽的土地上,居住着布依族、苗族、毛南族、汉族等多民族,各民族在生生不息的历史长河中创造了自己多姿多彩的民族

河边对歌

文化。“好花红”文化就发源于惠水这块神奇的土地上,民歌《好花红》内容情感质朴、积极向上,曲调优美动听,是一首凝聚着布依民歌之精华、反映布依人民厚重人文和灿烂历史的著名民歌,是不可多得的民族瑰宝。《好花红》作为贵州高原上一朵艳丽的民族文化奇葩,被历史赋予了新的文化内涵,已上升为民族文化品牌,不仅是惠水,也是贵州的文化名片,是一种民族精神的象征。

惠水是一个以布依族、苗族为主的民族县。惠水各族人民世世代代,辛勤耕耘,创造了物质文明,同时也创造了光辉灿烂的文化,在漫长的历史发展过程中,各族人民由于地理环境、生产条件、生活方式的不同,形成了各自不同的习俗、不同的爱好、不同的文化活动形式,逐渐形成了各具特色、风格多样的民族节日活动。

在惠水,各种民族节日活动,名目繁多,丰富多彩。一年中基本上是月月不节,乡乡有活动地点。据不完全统计,各种传统民族节日有20多个,活动集会点达100余处(次)。小规模的节日仅限于一村数寨,盛大节日则影响到毗邻各县、区,参加盛会的多达一两万人。

民族节日的形成和发展,历史悠久,源远流长。古时,多为祭祀性活动;近代,发展成为纪念性、社交性活动;当今则是融民族风情、习俗、民族歌舞、民间工艺、民间贸易于一体的民族民间艺术节。

“三月三”的主要内容

每年“三月三” 惠水各地的布依族、苗族、毛南族等少数民族群众都会聚集起来,举行跳月、赛马、兜绣、摔跤等活动,共同欢度这一传统节日。当天,在大型布依山水实景演出中,一曲布依族族歌《好花红》拉开了晚会的序幕,穿着民族盛装的布依族同胞,追忆远古时代祖先们的勤劳与智慧,对歌、跳舞。

布依族对歌

“三月三”是惠水布依族群众祭祀社神和山神的节日,这一天大家还要吃三色糯米饭,青年男女们则集中歌唱玩乐,开展摔跤比赛等活动。

逢年过节,走进被称为“解马三槽”的惠水县王佑、长安、打引一带,在布依山寨间的小路上,总会看到这样一幅民间风情画:一群身着土布衣裳的布依族妇女,各挑一对方形圆口的竹篓,轻轻摇晃的竹篓里飘来香喷喷的糯米饭味,她们说着笑着唱着,朝着各自的亲友家走去。

挑起糯米饭走亲戚,一直是“三槽”布依人经久不变的民间习俗,特别是赶上“三月三”“四月八”这样的传统节日,迎来送往间,糯米饭更是必不可少。当地人用自编的竹篓来盛装糯米饭,方便卫生,精致耐用,挑在肩上走在路上走进家里,既渲染了节日气氛,又能成为连通亲朋间浓浓情意的纽带。

打开竹篓,眼前的糯米饭呈现出红、黄、绿、紫几种颜色,一颗颗饱满圆润,一团团如花绽放,布依语称为“诺满”,即为“花花绿绿的米饭”之意。当地人说,要制成这样的糯米饭,可不是一朝一夕的事,得费很大的劲,工序也较为复杂。首先是上山采集染色原料,时间在三四月间,每种原料均来自不同乔木的花朵,当地人给它们一个形象而统一的名字——染饭花。采集花朵的过程较为辛苦,翻山越岭不说,要寻到一定分量的花朵得花十来天的时间。拿回家经过几天的晾晒后,再捣碎成粉末,然后贮存在阴凉干燥处。当蒸熟的糯米饭正冒着热气时,就可以把不同颜色的花粉按比例掺和进去,经过一番细细搅拌后,原先白花花的糯米饭转眼间变了样,鲜艳的色彩养眼润心,一股糯米和花粉融合渗透而散发出的特殊香味沁人心脾,往口里一送,仅一个“香”字可以形容。

取自天然植物的“染饭花”除清香可口外,还具有健胃、清火等良好的药物功效,用其染成的糯米饭自然就成了人们的上等佳肴和走亲访友之物。

摆金“三月三”节日集会

摆金镇位于惠水县东部,距县城 23 千米,为苗族、布依族聚居地。摆金镇各民族都保留着自己丰富多彩的文化艺术。苗族善舞,且有铜鼓、木鼓、芦笙、唢呐、箫筒等民间乐器;布依族善歌,生产劳动、婚丧嫁娶都有歌,特别是在山涧溪畔,木叶声声,歌声悠悠,令人神往。

摆金地区有不少民族节日,但最有影响的要数“三月三”。每年农历“三月三”,当地的苗族、布依族乡亲,都要聚集到距摆金镇1千米的马道路口两旁,欢度“三月三”节。

在“三月三”集会地点,人们就会被那多姿多彩的民族风情所吸引。一方面是苗家节奏欢快、曲调激昂、气势恢宏的芦笙舞曲(各村寨的芦笙队自成一个圈子,身着节日盛装,全身佩戴银饰的苗家姑娘,迈开轻盈的舞步,配合着芦笙舞曲,翩翩起舞);另一方面是布依族歌手们在林荫下、草坪上对起了优美动听的民歌,此起彼伏,回味无穷。特别是那些用布依语演唱的古歌,其古朴的曲调,令人陶醉。尤为有趣的是,当你结识苗家姑娘,尝到她随身所带的干粮。用一个精致的竹饭箩装着的花糯米饭,并得到一个精美的绣荷包时,当你受到布依族姑娘的青睐,获取一双双刺有“认识以后,非玩不可”或“同在花园,有空来玩”的袜垫等信物后,你会深深感到当地的民族风情是那么浓厚、纯朴。精心制作的绣荷包,饱含深情的袜垫,原本是苗族、布依族姑娘送给情人的信物,随着社会的进步,已扩大到对远道而来的宾客传递友情的礼物。这些情真意切的小小礼品,使人感到格外亲切、珍贵。

水族敬霞节

敬霞节是以血缘家庭为单位,各村寨联合举行祈祷雨水的原始宗教活动。这一民间祭祀活动在一定的时空里存在,并调适着人们的心理和情绪,充分表明了水族先民农耕生产中天人合一的协调意识,以及认识自然规律、利用规律求得生存和发展的动因。水族是我国南方稻作农耕民族之一。在水族众多的民俗节日中,敬霞节主要表现为稻作农耕祭祀的内容。水族先民在稻作农耕过程中,通过敬霞等农事民俗的祭祀活动,用民间信仰和巫术的方式祭神,以求风调雨顺,五谷丰登。

“霞”是水神,也称“霞神”,它本来是一个人形的石头。传说它有人性神性两通的本领,它出现在哪里,哪里就会风调雨顺,人寿年丰。如有对霞神不尊之举,它将自动行走他方,使这个地区风雨失调,庄稼长不好。故各地总要将霞神妥为保藏,避免被别人拿走。传说很久以前,水族人的一位长者下水捕鱼,捕来捕去总是捕到一块人形石头,开初很不高兴,后又觉得有趣,最后将石头拿回家。当人们围住观看时,石头显起灵来,告诉人们逆水而上可以找到可种庄稼的坝子。人们依照石人的指点,迁徙到现在的地方定居,生活过得越来越好。从此,人们每隔6年或12年敬一次奇石。天长日久,便成了水族人民的节日。

过敬霞神节的时间,各地不一。具体时间要根据水书来择定。三都县九仟地区扬拱“霞”,在地支的丑、未年,中间相隔6年;大多数地区的“霞”,在地支的子年过,其间相隔12年。月份一般在水历的九月或十月(农历五六月)两个月内选择一个吉利的酉日举行。

敬霞仪式在霞堂举行。霞堂设有祭坛,坛前立着一根竹竿,竿顶上站立一只公鸡。祭坛中是主祭席,两旁是用松针铺成十二个祭祀点,由宗族各支系摆设祭品。敬霞这天,12支宗族,身着水族节日的盛装,在“霞主”的率领下,各挑着120斤熟猪肉、120斤糯米饭、120斤米酒等祭品,列队进入霞堂。伴着高亢的铜鼓,激越的长号,火枪的护送,从远古走来,浩浩荡荡地向“霞神”走去。祭典开始,锣鼓喧天。护送霞神的枪手朝天鸣枪,12宗族头人面朝太阳升起的地方,在自己的供品前向“霞神”敬香,再次祈祷来年水家人风调雨顺、幸福安康。接着由执坛的水书先生念读敬霞的祝词,内容多为祈福禳灾,期冀风调雨顺,人寿年丰之类。

此后,由两个身穿白衣的小伙子抬一母猪到田坝中绕行,此后,水书先生再念祝词,又酹酒祭之。

然后由各族系代表抬着酒坛去浇灌“霞神”。人们用酒从头浇到脚,一直浇到“霞神”们倒(象征酒醉)才算祭祀成功。人们传说只有醉倒了“霞神”,它才能永远留在这方,才能使这里风调雨顺。当水书先生念了最后的咒词,祭典才在鼓乐声和欢呼声中结束。最后,各族系将祭肉一并聚拢,聚餐庆祝。天黑之后,人们秘密地将“霞神”收藏起来,至此,“敬霞”活动全部结束。

总之,敬霞活动,是水族迁徙及从事稻作的见证,其整个活动都与猪有关,与中原古代“雩祭”祈雨的原始意蕴相通。“霞神”其形体原本是一块石头,或像人形,或像猪首,为此,霞节也称“母猪霞”。整个活动过程,必须要有猪。参加“敬霞”的每支宗族不管人多少、不分贫富大家出钱购买120斤的大猪,“敬霞”开始前要过秤,多的不要,同时规定参加霞节的每个宗族内不能通婚,诠释了古时的水家人就有富人和穷人要平等、同姓不能开亲的理念。

草塘火龙

瓮安县草塘的龙灯艺术表演远近闻名，除规模大（龙灯多、玩龙灯的人多，看龙灯的人更多）原因外，还因为这里的龙灯造型与其他地方不同。龙是华夏民族的图腾，玩龙灯的习俗遍及各地，然而全国各地的龙灯造型几乎都是一条龙一个整体，而草塘的龙灯却分为头、身、尾三个分断的部分，俗称“断头龙”，又称火龙，也叫大弯龙。

草塘火龙的原生环境

瓮安县地处黔中腹地，乌江中游，黔南布依族苗族自治州北部，与黄平、福泉、开阳、遵义、湄潭、余庆六县市接壤。县域面积 1974 平方千米，总人口 47.8 万人，以汉族人口为主，少数民族占总人口的 4.3%。地势南高北低，最高海拔 1583 米，气候温和，年均气温 18.4℃，年均降雨量 1130～1160 毫米，无霜期 266 天。土地肥沃，主产水稻、玉米马铃薯等，村民以农耕为主。县境植被分属亚热带常绿阔叶林植被带，有林地面积达到 6.5 万公顷，森林覆盖率达到 45%。县境内有前跨度居世界第一的江界河桁式组合大桥点缀的乌江峡谷风光，有距今 5.8 亿年的动物群化石等。

瓮安历史悠久，文化底蕴丰厚。在夏朝时属梁州辖地，唐代置瓮水长官司，明万历二十九年（1601 年）建县。在这里，有被称为史前生命起源的“贵州小春虫”化石文化；有统领水东上千年、纵横黔中的土司文化；有经千年积淀和创新的龙狮艺术文化；有吸纳四方、包容万家的商贾文化；有向司马相如问赋的历史名人盛览；有“文化巨擘”傅玉书；有被周恩来誉为“伟大转折前夜”的“全国爱国主义教育基地”——“猴场会议”红色文化圣地。

草塘位于瓮安县城东北 19 千米，旧时称猴场、响子场，是一个有着千年历史的古镇。自古交通便利，商贸发达，素有黔北四大名镇、贵州十大乡场的美誉。草塘自晋以来就设有建制，元、明设草塘安抚司。明、清以来，草塘更成为连接四川、湖南的重要商业重镇和交通中转站。随着外来人口的不断迁入，中原文化、巴蜀文化和草塘的本土文化交融在一起，形成富有特色的文化现象。特别是民间逢年过节耍龙舞狮习俗源远流长，形成以龙狮文化为代表的地方文化。

舞龙队

草塘火龙主要分布在草塘及周边各村寨，如陈家湾、下司、新川、甘巴寨、新华、天平山等地。其中以草塘四大街（上街、中街、水沟边、对门场、马路边）为主，每年正月初九至正月十五都要开展玩龙灯活动，祈求来年风调雨顺。1995年，草塘被黔南州人民政府命名为“龙狮艺术之乡”；2006年，草塘被贵州省文化厅命名为“龙狮艺术之乡”；2008，草塘被国家文化部命名为“中国民间文化艺术之乡”。

总之，独特的自然风情，悠久的历史文化，为草塘龙灯表演提供了生存的土壤。

草塘火龙的发展历程

在草塘，过年过节舞龙灯跳狮子习俗的沿袭已有一千多年的历史，可以上溯到唐代。相传在唐代贞观年间，瓮安连年大旱，禾苗枯焦，百姓纷纷求告龙王。龙王动了恻隐之心，立即奔赴天庭奏请玉皇大帝，让玉皇大帝准他降雨。玉皇大帝下了一道旨令：“城内降雨七分，城外降雨三分。”龙王领旨以后心想，城里降雨七分要闹水灾，城外降雨三分又无济于事，何不来一个倒三七降雨呢！于是龙王在城里降了三分雨，在城外降了七分雨，城里城外的百姓都得到了好处。可是玉皇大帝知道以后，却大发雷霆，怒斥龙王违抗天旨，并对其处以斩刑。由于龙头被斩了，所以龙头、龙身就分开来舞，被叫作“断头龙”。百姓为了报答龙王的恩德，各村各庄都扎制了龙灯，供奉在庙堂里或在厅堂里，焚香礼拜。春节和元宵，村民扛着龙头和龙身，沿村沿庄游行，寄托对龙王的哀思。

草塘火龙表演

草塘火龙又称“断头龙”，春节摹龙形扎灯为舞，祈求来年风调雨顺，是草塘每年庆春节的传统习俗。演出主要以村寨为单位，“各村醵金为龙灯，從以鼓乐，游行村坊”。草塘龙灯有火龙(即断头龙,又叫大弯龙)、母猪龙、板凳龙、三人龙、水龙等多种形式,其中火龙独具特色。

草塘火龙在舞起来也与其他地方有所不同,不同在于“嘘”上。龙舞起来后,除龙头是用彩色纸扎编的禁止嘘射烟花外,龙身、龙尾均可承受大量烟花。正月十五晚上草塘的男女老少用特制烟花嘘龙闹元宵,场面惊险、刺激(烟花用竹筒自制,用硝、硫黄、木炭屑等研制。有的把棕树挖空制成烟花,其威力最大)人们评价一支龙灯队伍,舞得好不好尚属其次,经得起“嘘”才至为重要。经得起“嘘”的龙显得体面光彩,反之则丢脸。

草塘火龙的制作

火龙的独具之处在于用竹篾条把龙扎制为头、身、尾三截,头、身、尾各自断开,所以又称为“断头龙”。

一、龙头

火龙龙头扎制相当复杂,它是一条龙的主要部分,龙头呈“S”型,高约 1.8 米,头上有似鹿角形的龙角,凸直的龙鼻,嘴内有扁长的龙舌和锋利的龙牙,口内衔有一个能滚动的宝灯,称为“口宝”。龙嘴下巴是长长的胡须,两眼凸出有神,展现出它活灵活现的真龙姿态。一个人制作完成一条龙的龙头,需 3 天时间,骨架的竹条一定均匀,捆扎时要锁紧,用的竹条必是金竹。

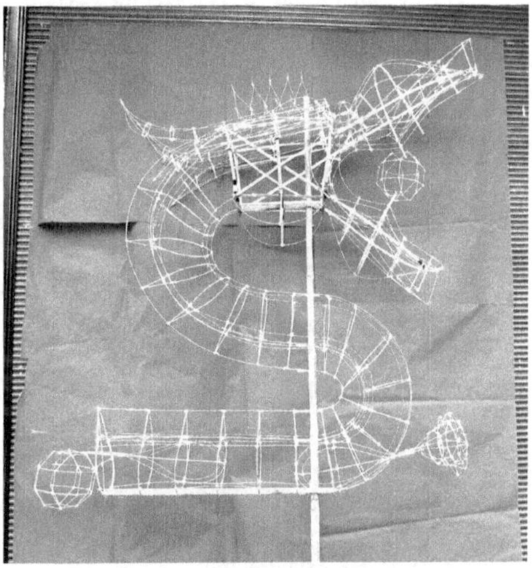

龙头扎制

二、龙身

(1)龙脊是用竹条 5 皮,编成人字形(每条竹条约 1.5 厘米宽)。

(2)龙把子主要以杉木条为主,直径约 6 厘米,长 5 尺。

(3)龙身呈圈形,直径 9 寸,用长竹条(宽 1 厘米)编 2~3 圈,并将龙身编缠在龙脊上压牢。

(4)用棕绳将每一节龙身按一定长度比例扎紧固牢。

(5)龙身的骨架长约 4 丈。

(6)纱布是龙身遮盖物,它用颜色染成水红色,腹部不用染色,自留白色。

(7)龙须草是将纱布捆扎好后,在山上采来的龙须草捆扎在龙脊上即可,可以起到真实、美观的效果。

(8)龙身的纱布(土布),一般都要保证有两套,因为草塘龙要嘘花(用火药、木炭、硝做的一种土花),嘘坏了可再换。

(9)龙骨极主要起着固定龙身,不垮架的着力的主要作用,还起着插烛的作用。

三、龙尾

(1)龙尾是草塘人玩龙的一项主力,它不但在玩龙时要保护龙身的安全,还要预防玩龙者与嘘花者起冲突,有减少闹事的作用。

(2)在扎龙尾时,用竹条编6格眼,长大约1米,很扎实。

(3)在游街串巷时左右摇摆,以示龙头在前,龙尾相应。

四、玩法

(1)行走时,龙把子在玩龙者的背后,双手返在后,将龙把握紧。

(2)玩龙时,第1节脸返面与第2节玩龙者面对面,其余8节玩龙者都脸对背相距30厘米。

(3)步位:八字形。

五、龙的附属配样

(1)宝灯。宝灯是与龙头延相呼应,宝灯左右玩耍,龙头随跟随到,相互配合。

(2)排灯2个。排灯是一条龙灯的招牌,排灯中间刻有那一条街的龙灯名称和文字,走在打响器的后面。

(3)鱼、虾灯各2个。

(4)彩灯两盏,上书"风调雨顺""国泰民安"等字样。还有彩扎成对的鱼虾、螃蟹,另外还制作蚌壳、旱船、雄狮,用人扮成的渔翁、笑罗汉等,边走边舞,相随陪玩,增添了舞龙的热闹气氛。

独山愿灯

独山愿灯是当地人们为了酬神还愿,祈福纳吉或喜庆贺神而举行的一种以请神、酬神、祈神、送神为基本内容,将祭祀仪式与表演结合进行的一种独特表现形式,最初愿灯的表演极其原始简陋,如戴面具、只有锣鼓的打击乐器助兴,只演唱简单的曲调及表演劳动生活化的动作。

独山愿灯的基本程式

安灵仪式

独山愿灯是民间信仰和民俗活动的产物，是在本地广大农村中少数民族（包括布依、苗、水族等）居民的民间信仰和人生礼俗，以及与之相关的活动和形式的基础上产生的。经过不断的传承演绎，形成了如今这种以祭祀、祈福、酬神还愿为内容，以愿灯为载体的一整套程式化的表演形式，其程式主要包括以下内容。

（1）请水。主家出外取净水交与掌坛师（愿灯灯班班主亦称坛主），画符念咒后，将净水置于主家神龛上，禁忌触动，称为“镇邪之水”。

（2）安灵。安放神灵牌位，主要有“三主宫王”“天宫玉皇”“唐王大帝”“矮三郎”及“国母娘娘”“灶王君府”“屋檐童子”“土地君神”“花园姊妹”等牌位。每个牌位前放一升米、一盏灯、一条毛巾、一个红包。

（3）请神。请出牌位上的神灵登位落座。在此过程中，须唱“扬州矮三郎”等。

（4）开光。此时点燃称为“神灯”的彩灯，同时唱《开坛调》。叙述还愿唱灯的来历，向神禀告何人因何事还愿唱灯并祈神为愿主消灾脱难。

（5）拜祭。按主家、掌坛师、灯班主角、配角顺序依次向神灵牌位叩拜禀礼。

（6）发灯。灯班将主家准备的牌灯、尾灯、扇子灯、茶灯、花灯等，数量或五盏、七盏、九盏（灯之多少视主家经济情况而定，须成单不成双。牌灯、尾灯系主灯，缺一不可）送出主家大门后，同时唱《送灯调》与《发灯调》。

（7）拜土地。灯班到土地庙参拜土地神，祈保主家和同寨乡亲人畜兴旺。祭拜时唱《采茶调》。

（8）拜台。在上述祭拜仪式结束后，灯班到寨中搭台唱戏。唱戏前的揭幕仪式称为“拜台”。由一人扮灵官上台舞锏，念镇台词，之后灯班唱《上台调》。“拜台”仪式结束后，灯班休息。入夜，灯班就开场演出，这是愿灯的高潮部分。当晚的演出节目首先是《踩新台》《打头台》。依主家的要求唱戏可持续数夜，表演的多为条纲戏。

(9)扫台。灯班班主手持扫帚在舞台上作扫地状表演,同时口中念念有词,意为扫净舞台以利表演。

愿灯表演

(10)踩门户。假如寨中还有其他人家有还愿的要求,灯班就清早应邀前往新的主家。新主家会在堂屋内摆方桌一张,上面放置白米一升,筷子十二双,以及尺子、剪子、手镯、镜子、戥子、木刀、木枪等物品,所摆放之物均有其特定含义。灯班会围着方桌即唱即舞,主家也可参与同欢,有问有答,即兴盘歌,有的主家要经过盘灯才开门接待灯班。

(11)贺主人。灯班向主家唱表示祝愿的贺灯曲,一般称为贺调。内容多是祝福主家安康长寿,多子多福,读书做官,四季发财等。

(12)扫堂。灯班手持扫帚作扫地状表演,意为驱除邪恶和污垢之物,以迎接所求之神来临,并祝愿主家四季平安。在这一程式中要唱扫堂调。

辞神仪式

(13)拜家神。灯班参拜主家之家神,主要是火龙神、灶神、圈神,其意是拜请神灵保佑主家人畜兴旺,主家安康。

(14)辞神。拜过家神之后,灯班再次拜祭寨中土地庙中的土地神须唱"参神调""辞神调"。

(15)岔排灯。灯班参神回寨路上,如果遇上另一灯班,两个灯班就得停下来,相互唱起《岔排灯》。唱完之后,又用《正采茶》等曲调互相盘灯。盘灯的内容很广,有人文典故、风土人情、神话传说等,颇具知识性和趣味性,文化内容十分丰富。

(16)拆台。一般到第三晚唱完戏之后,整个愿灯程序就基本结束,然后唱《拆台调》,把戏台拆掉。

(17)造船化灯。由掌坛师主持,先杀一只鸭,宣读表文,然后将表文和纸船以及纸灯一起焚化,表示家中邪气霉气均随船流去。在这一程式中要唱《造船调》。

(18)回坛。这是愿灯中的最后一道程式,灯班要向“三主宫王”“天宫玉皇”“唐王大帝”及“国母娘娘”“灶王君府”“屋檐童子”“土地君神”“花园姊妹”等牌位辞拜,愿灯就全部结束。

愿灯的艺术特色

独山愿灯是贵州南路花灯的母体,独山花灯脱胎于愿灯的歌舞戏部分。其祭祀仪式,加入了打击乐和歌舞,既神秘又生动。丑角和旦角的表演集唱、念、做、打、舞于一身,并贯穿于整套程式之中,既要娱神又要娱人,有较全面的表演功夫。其语言、音乐、舞蹈、小戏、服饰等无不带着本乡本土劳动生活的特色,透露出浓浓的乡土气息。

愿灯折子戏戏目主要有《解带封官》《安安送米》《蒋三哥下南京》等。

愿灯灯曲一般分祭仪调、采茶调和贺调几类,主要曲目有扬州矮三郎、开坛调、发灯调、送灯调、拜坛调、门户调、参神调、岔排灯、造船调、拆台调等。

愿灯演唱

愿灯扇帕及身段动作主要表现在:一是要扇动作。“蝴蝶扇”“招扇”“抖扇”“拧扇”“抱扇”“扛扇”“圆卷花扇”“莲花扇”等。二是要帕动作。“圆卷花帕”“莲花扇帕”“翻花扇帕”“缠帕”。三是身段动作。其中表现花木类的有“园中插花”“膝上栽花”“扫地莲花”等;表现动物类的有“金猫捕鼠”“金鸡独立”“雄鸡采翅”“犀牛望月”“双龙戏珠”“狮子滚绣球”“鸳鸯扑地”等;表现人物类的有“贵妃醉酒”“关公挑袍”“霸王举鼎”“观音坐莲”“苏秦背剑”“童子拜观音”等;表现事物类的有“双套金钱”“单套金钱”“落地金钱”“双门斗转”。

愿灯的服饰:愿灯灯班班主(掌坛师)一般身着长袍式法衣,头戴五叶法冠。愿灯的丑角和旦角是愿灯的重要角色,其服饰比较统一。丑角一般内穿白布对襟衣,外套短对襟青衫,头包红帕或青帕,腰系红绸,下穿青色大腰裤,脚穿白布鞋。旦角多为花布短上衣,或有花边装饰的上衣,着长裙,头挽髻,插花。目前有些灯班中的旦角着戏装。其他灯班成员大多着布依族服装,白或黑色对襟上衣,青或黑色长裤,腰系红绸,头缠青或麻色土布长帕。

愿灯的纸扎:主要是纸灯,一般用竹篾、五彩纸,糯糊糊制而成。做工精巧,色彩艳丽,十分美观。是唱愿灯不可缺少的道具。纸灯一般有牌灯、手灯、尾灯、扇子灯、茶灯、梅花灯等。现在一般只使用牌灯、手灯、梅花灯等五种灯。

总之,独山愿灯有自己特有的程式、风格和内容,表现出鲜明的独山本地特色。同时,由于愿灯具有满足人们精神愿望和文化娱乐的双重功能,具有浓郁的乡土气息,深受广大乡村居民所喜爱。

附录

附录一　贵州省国家级非物质文化遗产名录

第一批

项目名称	申报地区或单位
民间文学	
苗族古歌	贵州省台江县、黄平县
刻道	贵州省施秉县
传统音乐	
侗族大歌	贵州省黎平县
侗族琵琶歌	贵州省榕江县、黎平县
铜鼓十二调	贵州省镇宁布依族自治县、贞丰县
传统舞蹈	
苗族芦笙舞（锦鸡舞、鼓龙鼓虎—长衫龙、滚山珠）	贵州省丹寨县、贵定县、纳雍县
木鼓舞（反排苗族木鼓舞）	贵州省台江县
传统戏剧	
花灯戏（思南花灯戏）	贵州省思南县
侗戏	贵州省黎平县
布依戏	贵州省册亨县
彝族撮泰吉	贵州省威宁彝族回族苗族自治县
傩戏（德江傩堂戏）	贵州省德江县
安顺地戏	贵州省安顺市
木偶戏	贵州省石阡县
曲艺	
布依族八音坐唱	贵州省兴义市
传统美术	
苗绣（雷山苗绣、花溪苗绣、剑河苗绣）	贵州省雷山县、贵阳市、剑河县
水族马尾绣	贵州省三都水族自治县
传统技艺	
苗族蜡染技艺	贵州省丹寨县
苗寨吊脚楼营造技艺	贵州省雷山县
苗族芦笙制作技艺	贵州省雷山县
玉屏箫笛制作技艺	贵州省玉屏侗族自治县
苗族银饰锻制技艺	贵州省雷山县
茅台酒酿制技艺	贵州省
皮纸制作技艺	贵州省贵阳市、贞丰县、丹寨县

民俗	
苗族鼓藏节	贵州省雷山县
水族端节	贵州省三都水族自治县
布依族查白歌节	贵州省兴义市
苗族姊妹节	贵州省台江县
侗族萨玛节	贵州省榕江县
仡佬族毛龙节	贵州省石阡县
水书习俗	贵州省黔南苗族布依族自治州

第二批

项目名称	申报地区或单位
民间文学	
仰阿莎	贵州省黔东南苗族侗族自治州
布依族盘歌	贵州省盘县
珠郎娘美	贵州省榕江县、从江县
苗族贾理	贵州省黔东南苗族侗族自治州
传统音乐	
苗族民歌(苗族飞歌)	贵州省雷山县
布依族民歌(好花红调)	贵州省惠水县
芦笙音乐(苗族芒筒芦笙)	贵州省丹寨县
布依族勒尤	贵州省贞丰县、兴义市、镇宁布依族苗族自治县
传统舞蹈	
毛南族打猴鼓舞	贵州省平塘县
瑶族猴鼓舞	贵州省荔波县
彝族铃铛舞	贵州省赫章县
传统戏剧	
黔剧	贵州省黔剧团
传统技艺	
陶器烧制技艺(牙舟陶器烧制技艺)	贵州省平塘县
苗族织锦技艺	贵州省麻江县、雷山县
枫香印染技艺	贵州省惠水县、麻江县
彝族漆器髹饰技艺	贵州省大方县
传统医药	
传统中医药文化(同济堂传统中药文化)	贵州省同济堂制药有限公司
瑶族医药(药浴疗法)	贵州省从江县
苗医药(骨伤蛇伤疗法、九节茶药制作工艺)	贵州省雷山县、黔东南苗族侗族自治州
侗医药(过路黄药制作工艺)	贵州省黔东南苗族侗族自治州
民俗	
苗族独木龙舟节	贵州省台江县
苗族跳花节	贵州省安顺市
苗年	贵州省丹寨县、雷山县

	扩展项目
传统音乐	
多声部民歌(苗族多声部民歌)	贵州省台江县、剑河县
侗族大歌	贵州省从江县、榕江县
传统舞蹈(2项2处)	
狮舞(布依族高台狮灯舞)	贵州省兴义市
铜鼓舞(雷山苗族铜鼓舞)	贵州省雷山县
苗族芦笙舞	贵州省雷山县、关岭布依族苗族自治县、榕江县、水城县
传统戏剧	
花灯戏	贵州省独山县
傩戏(仡佬族傩戏)	贵州省道真仡佬族苗族自治县
传统美术	
剪纸(苗族剪纸)	贵州省剑河县
苗绣	贵州省凯里市
泥塑(苗族泥哨)	贵州省黄平县
传统技艺	
侗族木构建筑营造技艺	贵州省黎平县、从江县
蜡染技艺	贵州省安顺市
银饰制作技艺(苗族银饰制作技艺)	贵州省黄平县
传统医药	
中医传统制剂方法(廖氏化风丹制作技艺)	贵州省遵义市红花岗区、汇川区
民俗	
苗族服饰	贵州省桐梓县、安顺市西秀区、关岭布依族苗族自治县、纳雍县、剑河县、台江县、榕江县、六盘水市六枝特区、丹寨县
侗族萨玛节	贵州省黎平县

第三批

项目名称	申报地区或单位
民间文学	
亚鲁王	贵州省紫云县
传统美术	
侗族刺绣	贵州省锦屏县
传统体育、游艺与杂技	
赛龙舟	贵州省铜仁市、镇远县
民俗	
布依族“三月三”	贵州省贞丰县、望谟县
侗年	贵州省榕江县
歌会(四十八寨歌节)	贵州省天柱县
月也	贵州省黎平县
苗族栽岩习俗	贵州省榕江县

扩展项目

传统音乐	
侗族琵琶歌	贵州省从江县
苗族民歌(苗族飞歌)	贵州省剑河县
彝族民歌(彝族山歌)	贵州省盘县
传统戏剧	
花灯剧	贵州省花灯剧团
傩戏(荔波布依族傩戏)	贵州省荔波县
传统美术	
苗绣	贵州省台江县
传统技艺	
蜡染技艺(黄平蜡染技艺)	贵州省黄平县
银饰锻制技艺(苗族银饰锻制技艺)	贵州省剑河县、台江县
苗族织锦技艺	贵州省台江县、凯里市
民族乐器制作技艺(苗族芦笙制作技艺)	贵州省凯里市
民俗	
火把节(彝族火把节)	贵州省赫章县
农历二四节气(石阡说春)	贵州省石阡县

第四批

项目名称	申报地区或单位
传统音乐	
土家族民歌	贵州省沿河土家族自治县
传统舞蹈	
布依族转场舞	贵州省册亨县
阿妹戚托	贵州省晴隆县
传统医药	
布依族医药(益肝草制作技艺)	贵州省贵定县
民俗	
仡佬族三幺台习俗	贵州省道真仡佬族苗族自治县
布依族服饰	贵州省
侗族服饰	贵州省黔东南苗族侗族自治州

扩展项目

传统舞蹈	
苗族芦笙舞	贵州省普安县
传统戏剧	
傩戏(庆坛)	贵州省金沙县
传统美术	
剪纸(水族剪纸)	贵州省黔南布依族苗族自治州
传统技艺	
都匀毛尖茶制作技艺	贵州省都匀市

民俗

三月三（报京三月三）	贵州省镇远县
苗族鼓藏节	贵州省榕江县
民间信俗（屯堡抬亭子）	贵州省安顺市西秀区
规约习俗（侗族款约）	贵州省黎平县

附录二　贵州省省级非物质文化遗产名录

第一批

项目名称	申报地区或单位
民间文学	
苗族“刻道”	施秉县
苗族“古歌古词”神话	黄平县
苗族古歌与古歌文化	台江县
中国水书——水族信仰记忆纲文化	黔南州
传统音乐	
侗族琵琶歌	榕江县
侗族大歌	黎平县
洪州琵琶歌	黎平县
布依铜鼓十二则	贞丰县
盘江小调	关岭县
铜鼓十二调	镇宁县
双倍嘎	从江县
传统舞蹈	
苗族格哈	丹寨县
锦鸡舞	丹寨县
畲族粑槽舞	麻江县
反排木鼓舞	台江县
鼓龙鼓舞长杉龙	贵定县
布依族“雯当姆”	荔波县
瑶族打猎舞	荔波县
松桃瓦窑四面花鼓	松桃县
莲花十八响	沿河县
苗族板凳舞	安龙县
彝族撮泰吉	威宁县
苗族芦笙技巧舞“滚山珠”	纳雍县
苗族大迁徙舞	赫章县
彝族铃铛舞	赫章县
采月亮	仁怀县
传统戏剧	
侗戏	黎平县
思州傩戏傩技	岑巩县

福泉阳戏	福泉市
思南花灯	思南县
德江傩堂戏	德江县
石阡木偶戏	石阡县
布依戏	册亨县
安顺地戏	安顺市
曲艺	
布依族“八音座唱”	兴义市
传统体育、游艺与杂技	
勾林	天柱县
侗族月牙铛	天柱县
侗族摔跤	黎平县
隆里花脸龙	锦屏县
传统技艺	
苗族蜡染	丹寨县
石桥古法造纸	丹寨县
剑河锡绣制作工艺	剑河县
苗族服饰文化	雷山县
苗族银饰工艺	雷山县
苗族芦笙文化	雷山县
思州石砚制作工艺	岑巩县
布依族土布制作、扎染工艺	罗甸县
水族马尾绣	三都县
牙舟陶器制作技艺	平塘县
玉屏箫笛制作工艺	玉屏县
小屯白棉造纸工艺	贞丰县
乌当手工土纸制作工艺	贵阳市乌当区
花溪苗族挑花制作工艺	贵阳市花溪区
彝族赶毡制作工艺	威宁县
马场乡苗族大筒箫的制作与演奏	盘县
茅台酒传统酿造工艺	贵州茅台酒股份有限公司
千户苗寨建筑工艺	雷山县
德江土家舞龙	德江县
民俗	
六枝梭嘎箐苗文化空间	六枝特区
占里侗族生育习俗	从江县
平秋北侗婚恋习俗	锦屏县
水族婚俗	都匀市
茅坪花苗婚俗	湄潭县
四十八寨歌节	天柱县
社节	天柱县
报京三月三	镇远县
苗族姊妹节	台江县

思南上元沙洲节	思南县
仡佬族敬雀节	石阡县
安顺屯堡文化	安顺市
苗族茅人节	榕江县
稿午苗族水鼓节	剑河县
苗族牯藏节	雷山县
注溪娃娃场	岑巩县
清水江杀鱼节	福泉市
水族端节	三都县
水族卯节	三都县
查白歌节	兴义市
赶毛杉树	安龙县
大狗场吃新节	平坝县
水城南开三口塘苗族跳花节	水城县
侗族萨码节	榕江县
哥蒙的“哈冲”	黄平县
独山愿灯	独山县
布依族扫寨	都匀市
仡佬族毛龙节	石阡县
盘县地坪乡彝族毕摩祭祀文化	盘县
月也	黎平县
苗族弄嘎讲略	黄平县
古思州“屯锣”	岑巩县
锣	万山特区

第二批

项目名称	申报地区或单位
民间文学	
苗族神话叙事歌《仰阿莎》	剑河县
苗族《古歌》	施秉县、普定县、龙里县
苗族口头经典“贾”	丹寨县
侗族民间文学《珠郎娘美》	榕江县、从江县
布依族摩经	贞丰县、关岭县
苗族历法	丹寨县
苗族民间文学《阿蓉》	榕江县
布依族口传史诗“布依族盘歌”	六盘水市
传统音乐	
苗族多声部情歌	台江县、剑河县
苗族飞歌	雷山县
苗族芒筒芦笙祭祀乐	丹寨县
侗族大歌	从江县小黄乡、榕江县
布依族民歌《好花红》	惠水县
布依族勒尤	贞丰县、兴义市、镇宁县

侗族河边腔	黎平县
河边腔苗歌	锦屏县
十二诗腔苗歌	锦屏县
侗族歌鼟	锦屏县平秋镇
土家族打镏子	沿河县
龙灯钹	铜仁市
布依族婚俗音乐	贞丰县
薅秧歌	金沙县、红花岗区
船工号子	思南县、赤水市
苗族阿江	普定县
凤冈吹打乐	凤冈县
黔北打闹歌	余庆县
布依山歌十八调	贵定县
绕家呃嘣	都匀市
高腔大山歌	桐梓县
仡佬族哭嫁歌	道真县
苗族“游方歌”	施秉县
屯堡山歌	安顺市
传统舞蹈	
苗族铜鼓舞	雷山县
苗族芦笙舞	雷山县、关岭县、凯里市、榕江县、水城县、乌当区
苗族长鼓舞	贵定县
苗族猴鼓舞	花溪区
毛南族打猴鼓舞	平塘县
瑶族猴鼓舞	荔波县
苗族板凳舞	凯里市
苗族踩鼓舞	镇远县
土家族摆手舞	沿河县
金钱杆	江口县
阿妹戚托	晴隆县、兴仁县
苗族烧灵舞	兴仁县
彝族酒礼舞	威宁县
彝族铃铛舞“恳合呗”	钟山区
苗族花鼓舞	乌当区
卡堡花棍舞	乌当区
矮人舞	余庆县
响蒿舞	独山县
苗族夜乐舞	罗甸县
素朴金钱棍	黔西县
四桐鼓舞	威宁县
仡佬族踩堂舞	遵义县
传统戏剧	
阳戏	天柱县

文琴戏	黔西县、铜仁市、遵义市、乌当区
花灯戏	普定县、独山县、黔西县、福泉市、花溪区、遵义市、余庆县、石阡县、印江县
仡佬族傩戏	道真县
黔剧	贵州省黔剧团
思州喜傩神	岑巩县
镇远土家族傩戏	镇远县
蓬莱布依地戏	白云区
马路屯堡地戏	长顺县
曲艺	
嘎百福	剑河县、台江县、榕江县、雷山县
君琵琶	黎平县
安顺唱书	安顺市
水族双歌	三都县
传统体育、游艺与杂技	
麻山绝技	望谟县
布依族高台狮灯	兴义市
仡佬族高台舞狮	务川县、道真县
寨英滚龙	松桃县
瑶族民间陀螺竞技	荔波县
仡佬族打蔑鸡蛋	平坝县、道真县
苗族射弩	织金县、普定县
古典戏法	贵州省杂剧团
传统美术	
苗族剪纸	剑河县
苗族百鸟衣艺术	丹寨县
梭嘎箐苗彩染服饰艺术	六盘水市
石氏面塑	兴仁县
通草堆画	遵义市
苗族“嘎闹”支系服饰艺术	丹寨县
传统技艺	
苗族织锦	麻江县、雷山县
苗族泥哨	黄平县
苗族银饰	黄平县
侗族鼓楼花桥建造技艺	黎平县
造林习俗	锦屏县
侗族鼓楼营造技艺	从江县
苗族马尾斗笠制作技艺	凯里市
苗族堆花绣	凯里市
大方漆器制作技艺	大方县
屯堡石头建筑技艺	平坝县、西秀区
枫香染制作技艺	惠水县、麻江县
蓝靛靛染工艺	册亨县、贞丰县、黎平县

水族石雕	榕江县
土法造纸工艺	三穗县、盘县、惠水县、长顺县
傩面具制作工艺	德江县
竹编工艺	三穗县
木雕工艺	镇远县
印染工艺	印江县
故央——传统手工水磨制香技艺	安龙县
窑上古法制陶	贞丰县
砂陶制作工艺	织金县
安顺蜡染	安顺市
高坡苗族银饰制作技艺	花溪区
布依族纸染绣花制作技艺	花溪区
罗吏目布依族龙制作技艺	乌当区
绥阳旺草竹编技艺	绥阳县
长安布依族土布扎染制作技艺	惠水县
布依族土布制作技艺	关岭县
民间火纸制作技艺	岑巩县
烟火	金沙县
董酒酿制技艺	遵义市
洞藏青酒酿造工艺	镇远县
传统医药	
瑶族医药	从江县
廖氏化风丹制作技艺	红花岗区、汇川区
苗族医药	雷山县、黔东南州民族医药研究所
侗族医药	黔东南州民族医药研究所
布依族防治肝病益肝草秘方	贵定县
水族医药	三都县
同济堂医药文化	贵州同济堂制药有限公司
民俗	
苗族“四月八”	贵阳市
苗族独木龙舟节	台江县、施秉县
苗族祭尤节	丹寨县
河灯节	习水县
赶苗场	习水县
谷陇九月芦笙会	黄平县
布依族丧葬礼俗	贞丰县
仡佬族婚俗	务川县
杜寨布依族丧葬砍牛习俗	贵阳市
新化舞狮	锦屏县
仡佬族吃新节	金沙县、平坝县
土家族过赶年	印江县
下洞祭凤神	印江县
余庆龙灯	余庆县

镇远元宵龙灯会	镇远县
瑶族服饰	麻江县
桐梓苗族服饰	桐梓县
安顺苗族服饰	西秀区、关岭县
布依族服饰	贞丰县、册亨县
箐苗服饰	纳雍县
黔东南苗族服饰	剑河县、台江县、三穗县
屯堡服饰	平坝县
榕江侗族服饰	榕江县
贵阳苗族服饰	花溪区、乌当区
摆贝苗族服饰	榕江县
四十八寨侗族服饰	黎平县
黄平 僅家服饰	黄平县
偏坡布依族服饰	贵阳市
水族服饰	三都县
土家族婚庆夜筵	岑巩县
屯堡"抬亭子"	西秀区
仡佬族宝王祭拜	务川县
青山界四十八寨歌会	锦屏县
土家族"八月八"唢呐节	镇远县
仡佬族丧葬习俗	石阡县
水族婚礼	三都县
平秋重阳鞍瓦	锦屏县
起房造屋习俗	遵义市
苗族招龙	雷山县
仫佬年	麻江县
彝族婚嫁习俗	盘县
瑶族隔冬	麻江县
苗族三月坡	雷山县
苗族扫寨	雷山县
苗族吃鼓藏	从江县
侗族民俗"悄悄年"	石阡县
凤冈茶饮习俗	凤冈县
玉屏赶坳	玉屏县
赶社	岑巩县
彝族年	赫章县
高坡苗族射背牌	花溪区
苗族跳场	花溪区
化屋苗族文化空间	黔西县
小广侗族娶亲节	剑河县
龙鳌祭祀	岑巩县
新场苗族祭天神	都匀市
"6.24"民族传统节——二郎歌会	福泉市

布依族“六月六”	关岭县、贞丰县
“划筷奠祖”苗俗	纳雍县
侗族款约	黎平县
仡佬族三幺台习俗	道真县、务川县
瑶白摆古	锦屏县
彝族咪古	毕节地区文化局
仡佬族吃新祭祖习俗	遵义县
天柱宗祠文化习俗	天柱县
苗族采花节	盘县
大屯三官寨彝族祭祀	毕节市
说春	石阡县
水族祭祖	三都县
甘囊香苗族芦笙节	凯里市
畲族凤凰装	麻江县
苗族苗年	丹寨县、雷山县
苗族吃新节	雷山县
苗族跳花节	安顺市
从江侗族老人节	从江县
侗族祭萨	黎平县
都柳江苗族鼓藏节	榕江县
侗年	锦屏县
岜沙苗族成人礼	从江县
侗族北部方言歌会	天柱县
苗族翻鼓节	丹寨县
竹王崇拜	镇宁县

第三批

项目名称	申报地区或单位
民间文学	
《苗族史诗—亚鲁王》英雄史诗	紫云苗族布依族自治县
布依竹筒歌	关岭布依族苗族自治县
彝族古歌	盘县
苗族十二路酒歌	施秉县
苗族民间故事	水城县
布依族民间故事	望谟县
金汉列美	黎平县、从江县
丁郎龙女	榕江县
布依族叙事诗	望谟县
传统音乐	
土家族高腔山歌	印江土家族苗族自治县、沿河土家族自治县
仡佬族情歌	石阡县
苗族三眼箫音乐艺术	织金县、六盘水市六枝特区
彝族《莫蒿亩》	赫章县、六盘水市钟山区

布依族吹打乐	关岭布依族苗族自治县、惠水县、水城县、兴仁县
姊妹箫	关岭布依族苗族自治县、长顺县、六盘水市六枝特区
侗族哆耶——踩歌堂	黎平县
侗族芦笙谱	榕江县
侗族牛腿琴歌	从江县
苗笛	从江县
苗族酒礼歌	雷山县
彝族山歌	盘县
布依族小打音乐	普安县
布依勒浪	册亨县、贞丰县
布依族“谷温”	贞丰县
布依族十二部古歌	望谟县
哥蒙芦笙乐	黄平县
苗族直箫乐	盘县
传统舞蹈	
瑶族长鼓舞	从江县
苗族芦笙蹉步舞	毕节市
苗族斗脚舞	习水县
苗族斗角舞	修文县
彝族嗨马舞	普安县
苗族芦笙棒舞	普安县
围鼓舞	兴义市
布依族转场舞	册亨县
水族铜鼓舞	三都水族自治县
水族弦鼓舞	三都水族自治县
苗族斗鸡舞	黔西县
羊皮鼓舞	盘县
苗族夫妻舞	平坝县
传统戏剧	
丝弦灯	凤冈县
仡佬族滚龙戏	正安县
端公戏	金沙县
曲艺	
布依族说唱“削肖贯”	望谟县
围鼓	正安县
传统体育、游艺与杂技	
傩技—上刀山	松桃苗族自治县
赛龙舟	铜仁市、镇远县
赤水独竹漂	赤水市
长坝狮灯	金沙县
布依族铁链械	贵阳市花溪区
抵杠	平坝县

攀崖技艺	紫云苗族布依族自治县
苗族武术	麻江县
游氏武术	赤水市
布依族棍术	贞丰县
布依族器乐演奏绝技	平塘县
民间棋艺	正安县、望谟县
岩鹰高跷	黄平县
传统美术	
水族剪纸	都匀市
布依族刺绣	兴义市、望谟县
侗族刺绣	锦屏县
布依族织锦	关岭布依族苗族自治县
传统技艺	
黄平蜡染	黄平县
水族九阡酒酿酒技艺	三都水族自治县、荔波县
都匀毛尖茶制作技艺	都匀市
云雾贡茶手工制作技艺	贵定县
油茶制作技艺	正安县、玉屏侗族自治县
西山虫茶制作技艺	息烽县
苗族酸汤鱼制作技艺	麻江县、凯里市
独山盐酸菜制作技艺	独山县
豆制品制作技艺	大方县、习水县
布依族糯食制作技艺	望谟县、贵定县
荞酥传统制作技艺	威宁彝族回族苗族自治县
青岩玫瑰糖制作技艺	贵阳市花溪区
晒醋制作技艺	赤水市
龙溪石砚制作技艺	普安县
鸟笼制作技艺	丹寨县、贞丰县、黔西县
焰火架制作技艺	印江土家族苗族自治县
粮仓建造技艺	望谟县
安顺木雕	安顺市西秀区
传统医药	
火龙丹	金沙县
罗氏瘰疱疗法	关岭布依族苗族自治县
民俗	
布依族服饰	安顺市西秀区、水城县、兴义市
苗族二月二	兴仁县、贞丰县、松桃苗族自治县、黔东南州
布依族三月三	册亨县、贞丰县、望谟县、安龙县、贵阳市乌当区、惠水县、开阳县
苗族婚俗	丹寨县、习水县
侗族婚俗	黎平县、榕江县
瑶族婚俗	麻江县
苗族斗牛习俗	施秉县、凯里市、开阳县

苗族栽岩习俗	榕江县
苗族卧堆习俗	榕江县
苗族命名习俗	平坝县
侗族鼓楼习俗	从江县
布依族“报笨”习俗	兴义市
布依族铜鼓习俗	兴仁县
彝族毕摩习俗	赫章县
彝族丧葬习俗	金沙县
记间习俗	黎平县、榕江县
稻鱼并作习俗	天柱县
造林习俗	天柱县
苗族祭桥节	三穗县、台江县、黄平县
彝族火把节	大方县、赫章县
求雨祭典	黎平县
侗族芦笙会	黎平县
水族敬霞节	三都县
清镇瓜灯节	清镇市
玩水龙	施秉县
布依族坐夜筵	开阳县

扩展项目

民间文学	
苗族刻道	黄平县
珠郎娘美	黎平县
苗族古歌	凯里市、兴仁县
布依族摩经	兴仁县
传统音乐	
布依族铜鼓乐	关岭布依族苗族自治县
侗族琵琶歌	从江县
苗族民歌(苗族飞歌)	剑河县、纳雍县
传统舞蹈	
苗族芦笙舞	罗甸县
木鼓舞	榕江县
传统戏剧	
花灯戏	贵州省花灯剧团、开阳县、镇远县、金沙县
傩戏(印江土家族傩戏)	印江土家族苗族自治县
荔波布依族傩戏	荔波县
织金穿青人傩戏	织金县
江口傩戏	江口县
阳戏	沿河土家族自治县、息烽县、黔西县、罗甸县、开阳县
地戏	开阳县
侗戏	榕江县、从江县

黔剧	安龙县
曲艺	
布依八音	平塘县
传统美术	
苗族剪纸	台江县
苗绣	黄平县、台江县、紫云苗族布依族自治县、水城县
苗族织锦	凯里市、台江县
传统技艺	
皮纸制作技艺	务川仡佬族苗族自治县、印江土家族苗族自治县、安龙县
竹编技艺	铜仁地区万山特区
苗族芦笙制作技艺	贵阳市花溪区、丹寨县、凯里市
苗族蜡染	紫云苗族布依族自治县
苗族银饰制作技艺	剑河县、关岭布依族苗族自治县、台江县
砂陶制作技艺	盘县
布依族土布制作技艺	望谟县
民俗	
侗年	榕江县
苗族跳花节	赫章县、大方县、金沙县
鼓藏节	台江县
社节	黎平县
侗族萨玛节	从江县
仡佬族“吃新节”	六盘水市六枝特区
苗族杀鱼节	开阳县
苗族四月八	息烽县
侬族六月六	开阳县
竹王崇拜	紫云苗族布依族自治县
苗族服饰	习水县、开阳县、修文县、纳雍县、金沙县、黄平县、从江县、凯里市、水城县、兴仁县
屯堡服饰	平坝县、安顺市西秀区
侗族北部方言歌会	三穗县、锦屏县

第四批

项目名称	申报地区或单位
民间文学	
簪汪古歌	清镇市、修文县
播州杨应龙传说	汇川区
布依族浪哨歌	册亨县
苗族“巴狄熊”口传经典	松桃苗族自治县
传统音乐	
布依族土歌	南明区
花山布依古歌	紫云苗族布依族自治县

水族“夺咚”	都匀市
布依族莫歌	独山县
侗族笛子歌	黎平县
注溪山歌	天柱县
启蒙侗歌	锦屏县
瓦寨锣鼓	江口县
薅草锣鼓	石阡县
普宜乐都莫轰	七星关区
苗族山歌	望谟县
传统舞蹈	
布依族铜鼓舞	关岭布依族苗族自治县
苗族雷公舞	贵定县
苗族搓梗仔采阿诗舞	瓮安县
苗族古瓢舞	雷山县
苗族水鼓舞	剑河县
踩亲舞	黄平县
布依竹鼓舞	册亨县
布依族展稍	望谟县
布依族板凳龙舞	兴义市
传统戏剧	
马马灯	正安县
茶灯	松桃苗族自治县
布依族“丫面”	册亨县
苗族武教戏	普安县
灯夹戏	瓮安县
传统体育、游艺与杂技	
土家族高台狮灯	沿河土家族自治县
布依族武术	安龙县
温水小手拳	习水县
传统技艺	
雷家豆腐圆子制作技艺	云岩区
民间纸扎技艺	正安县
墨石雕刻技艺	正安县
湄潭翠芽茶制作技艺	湄潭县
“遵义红”茶制作技艺	湄潭县
湄潭手筑黑茶制作技艺	湄潭县
空心面制作技艺	绥阳县
水族银饰制作技艺	都匀市
水族豆浆染制作技艺	三都水族自治县
苗族谷蔺布制作技艺	惠水县
苗族古瓢琴制作技艺	雷山县
天柱宗祠浮雕彩绘技艺	天柱县
道菜制作工艺	镇远县

煨酒酿造技艺	从江县
石阡苔茶制作技艺	石阡县
土家熬熬茶制作技艺	德江县
花烛制作技艺	思南县
金沙酱香型白酒酿造技艺	金沙县
清池贡茶制作技艺	金沙县
彝族彩布贴花	水城县
古方红糖制作工艺	兴义市
传统医药	
遵义王氏中医推拿	遵义市
胡三帖	贵定县
半枫荷熏浴疗法	凯里市
黔西王氏食疳医药	黔西县
民俗	
龙泉推推灯	凤冈县
铁水冲龙	普定县
苗族跳洞—数岜	龙里县
草塘火龙	瓮安县
水族历法	三都水族自治县
苗族舞龙嘘花习俗	台江县
圣德山歌节	三穗县
巴冶土王戊	三穗县
壮年	从江县
瑶族度戒	从江县
瑶族嫁郎	从江县
羌历年	江口县
布依族婚俗	册亨县、贞丰县
庆坛	晴隆县
布依族二月二铜鼓节	兴仁县
布依族火箭节	兴仁县
彝族服饰	赫章县
苗族祭鼓节	清镇市

扩展项目

民间文学	
布依族摩经	册亨县、望谟县
传统音乐	
高腔大山歌	正安县
侗族牛腿琴歌	黎平县
苗族民歌(苗族飞歌)	台江县
苗族多声部情歌	黄平县
布依族铜鼓乐	六枝特区
布依族勒尤	册亨县

布依族小打音乐	晴隆县
传统舞蹈	
苗族板凳舞	黄平县
金钱棍	岑巩县
传统戏剧	
花灯戏	息烽县、沿河土家族自治县
阳戏	正安县
傩戏	湄潭县、石阡县、纳雍县
地戏	关岭布依族苗族自治县
曲艺	
君琵琶	榕江县
布依八音	册亨县
传统体育、游艺与杂技	
苗族武术	剑河县、松桃苗族自治县
赛龙舟	沿河土家族自治县
布依族高台狮灯	贞丰县、册亨县
传统美术	
苗族剪纸	施秉县
侗族刺绣	镇远县
苗绣	丹寨县、松桃苗族自治县
布依族刺绣	册亨县
传统技艺	
竹编工艺	赤水市
苗族蜡染	平坝县、纳雍县、织金县
水族石雕	荔波县
苗族银饰锻制技艺	丹寨县
豆制品制作技艺	江口县
印染工艺	石阡县
砂陶制作工艺	印江土家族苗族自治县
布依族土布制作技艺	册亨县
蓝靛靛染工艺	望谟县
布依族糯食制作技艺	贞丰县
传统医药	
苗医药骨髓骨伤药膏	麻江县
民俗	
苗族跳场	乌当区
苗族服饰	清镇市、息烽县、龙里县、贞丰县、晴隆县、普安县
苗族跳花节	绥阳县、兴仁县
水书习俗	榕江县
苗族招龙	榕江县、剑河县
月也	榕江县、从江县
苗族姊妹节	剑河县

彝族婚嫁习俗
苗族芦笙节
苗族翻鼓节
仡佬族吃新节
苗族婚俗

赫章县
从江县
凯里市
务川仡佬族苗族自治县
贞丰县

参考文献

[1]王文章.非物质文化遗产概论[M].北京:文化艺术出版社,2006.
[2]刘红婴.世界遗产精神[M].北京:华夏出版社,2006.
[3]本书编写组.国家级非物质文化遗产大观[M].北京:北京工业大学出版社,2006.
[4]克利福德·格尔兹.文化的解释[M].纳日碧力戈,等,译.上海:上海人民出版社,1999.
[5]李瑞岐.论群众文化与民俗艺术[M].贵阳:贵州民族出版社,1994.
[6]程金城.文艺人类学的理论与实践[M].北京:民族出版社,2007.
[7]向云驹.人类口头和非物质文化遗产[M].银川:宁夏人民教育出版社,2004.
[8]吴晓萍.民族旅游的社会学研究[M].贵阳:贵州民族出版社,2003.
[9]谢彬如,等.文化艺术生态保护　民族地区社会发展:关于贵州民族文化保护与发展的研究[M].贵阳:贵州民族出版社,2004.
[10]马林,孙丽坤.民族地区旅游业发展论[M].北京:民族出版社,2007.
[12]贵州省人民政府发展研究中心,贵州省人民政府研究室编.贵州省情研究报告[M].贵阳:贵州人民出版社,2008.
[13]侯绍庄.黔史论丛[M].贵阳:贵州人民出版社,2005.
[14]贵州世居民族研究中心.贵州世居民族研究(第3卷)[M].贵阳:贵州民族出版社,2006.
[15]许宪隆.民族文化发展与保护研究[M].北京:民族出版社,2007.
[16]侯绍庄,等.贵州古代民族关系史[M].贵阳:贵州民族出版社,1991.
[17]黄海,刑淑芳.盘王大歌:瑶族图腾信仰与祭祀经典研究[M].贵阳:贵州人民出版社,2006.
[18]谢名家,等.文化产业的时代审视[M].北京:人民出版社,2002.
[19]麻勇斌.贵州苗族建筑文化活体解析[M].贵阳:贵州人民出版社,2005.
[20]贵州省文化厅群文处,贵州省群众文化学会.贵州少数民族节日大观[M].贵

阳:贵州民族出版社,1991.
[21]潘光华,龙从汉选编.贵州民间工艺研究[M].北京:中国民族摄影艺术出版社,1991.
[22]张中笑,罗廷华.贵州少数民族音乐[M].贵阳:贵州民族出版社,1989.
[23]陈久金,杜升云,徐用武.贵州少数民族天文学史研究[M].贵阳:贵州科技出版社,1999.
[24]贵州省情(修订本)编辑委员会.贵州省情(修订本)[M].贵阳:贵州人民出版社,1993.
[25]方家良,郭清康,董莹.文化经济学[M].上海:上海交通大学出版社,1991.
[26]杨晓辉,等.贵州民间美术传承与发展[M].贵阳:贵州人民出版社,2006.
[27]贵州百科全书编辑委员会.贵州百科全书[M].北京:中国大百科全书出版社,2005.
[28]贵州艺术研究室.贵州艺术研究文丛(地方戏曲文辑之一)(第二期).内部资料,1988.
[29]贵州艺术研究室.贵州艺术研究文丛(布依族、彝族舞蹈专辑)(第一期).内部资料,1988.
[30]贵州省地方志编撰委员会.贵州省志·地理志[M].贵阳:贵州人民出版社,1985.
[31]游来林.有酒且长歌:贵州民族酒与酒歌论略[M].贵阳:贵州人民出版社,2004.
[32]韦兴儒.艺术功能:民间工艺美术及传统文化研究[M].贵阳:贵州人民出版社,1995.
[33]桂梅,一丁.布依戏研究文集[M].贵阳:贵州民族出版社,1993.
[34]贵州省文化出版厅,贵州省群众文化学会.贵州民间艺人小传[M].贵阳:贵州人民出版社,1986.
[35]潘一志.水族社会历史资料稿[M].三都水族自治县民族文史研究组编印.内部资料,1981.
[36]申茂平.走进最后的鸟图腾部落:贵州省丹寨县非物质文化遗产探寻[M].贵阳:贵州人民出版社,2006.
[37]黄淑娉,龚佩华.文化人类学理论方法研究[M].广东:广东高等教育出版社,1998.
[38]贵州省地方志编撰委员会.贵州省志·旅游志[M].贵阳:贵州人民出版社,2009.

[39]黔南布依族苗族自治州史志编纂委员会.黔南自治州布依族苗族自治州志(第十七卷·文化艺术志)[M].贵阳:贵州民族出版社,1999.
[40]拉德克利夫·布朗.社会人类学方法[M].夏建中,译.济南:山东人民出版社,1988.
[41]绫部恒雄.文化人类学的十五种理论[M].贵阳:贵州人民出版社,1988.
[42]费孝通.民族研究文集[M].北京:民族出版社,1989.
[43]林惠祥.文化人类学[M].北京:商务印书馆,2000.
[44]王铭铭.走在乡土上:历史人类学札记[M].北京:中国人民大学出版社,2006.
[45]林耀华.民族学研究[M].北京:中国社会科学出版社,1985.
[46]中国人类学学会.人类学研究[M].北京:中国社会科学出版社,1984.
[47]贵州省黔南州文化局,贵州省黔南州文学艺术研究所.寻遗黔南:黔南州非物质文化遗产名录[M].北京:中国文联出版社,2008.
[48]黄海.瑶山研究[M].贵阳:贵州人民出版社,1997.
[49]杨俊,蒙锡彭,王思民.贵州水族艺术研究[M].贵阳:贵州民族出版社,2011.
[50]索晓霞.无形的链结:贵州少数民族文化的传承与现代化[M].贵阳:贵州人民出版社,2000.
[51]潘朝霖,韦宗林.中国水族文化研究[M].贵阳:贵州人民出版社,2004.
[52]中国人民政治协商会议都匀市委员会.都匀民族风情录[M].贵阳:贵州大学出版社,2011.
[53]高丙中.居住在文化空间里[M].广东:中山大学出版社,1999.
[54]王恒富.傩·傩戏·傩文化[M].北京:文化艺术出版社,1989.
[55]贵州省文管会办公室,文化厅文物处,中央民族学院民族学系,民族研究所.贵州节日文化[M].北京:中央民族学院出版社,1988.
[56]荔波县政协文史委.荔波瑶族[M].北京:中央文献出版社,2010.
[57]荔波县政协文史委.荔波水族[M].北京:中央文史出版社,2009.
[58]荔波县政协文史委.荔波布依族[M].北京:中央文化出版社,2011.
[59]荔波县政协文史委.荔波苗族[M].北京:中央文献出版社,2010.
[60]郑正强.最后的屯堡[M].贵阳:贵州人民出版社,2001.
[61]孙兆霞,等.屯堡乡民社会[M].北京:社会科学文献出版社,2005.
[62]杨正权.黔东南非物质文化遗产集锦[M].贵阳:贵州民族出版社,2007.
[63]李黔滨,杨庭硕,唐文元.贵州民族民俗概览[M].贵阳:贵州人民出版社,2006.
[64]刘磊.丰饶的家园:贵州省国家级非物质文化遗产荟萃[M].贵阳:贵州人民出版社,2009.

[65]高丙中.民间文化与公民社会:中国现代历程的文化研究[M].北京:北京大学出版社,2008.

[66]周国茂.自然与生命的意义世界:贵州少数民族原始崇拜与民俗[M].贵阳:贵州教育出版社,2004.

[67]贵州年鉴社.解析夜郎千古之谜[M].北京:中共党史出版社,2007.

[68]吴一文.失落的夜郎[M].贵阳:贵州人民出版社,2001.

[69]黔南布依族苗族自治州史志编纂委员会.黔南布依族苗族自治州志(简编本)(上下)[M].贵阳:贵州人民出版社,2007.

[70]宋世昆.贵州考古论文集[M].贵阳:贵州人民出版社,2000.

[71]朱俊明.夜郎史稿[M].贵阳:贵州人民出版社,1990.

[72]夜郎学术研讨会论文集编辑委员会.夜郎研究[M].贵阳:贵州民族出版社,2000.

[73]修耀华,杨政银.民族文化与区域经济研究[M].贵阳:贵州民族出版社,2007.

[74]龚成华.贵州:富饶迷人的地方[M].贵阳:贵州人民出版社,1988.

[75]杨政银,何平,杨时兰.泥土乡味,大地回声:贵州民族民间地方戏曲曲艺剧种研究[M].北京:作家出版社,2007.

[76]石朝江.中国苗学[M].贵阳:贵州大学出版社,2009.

[77]梁聚五.苗族发展史[M].贵阳:贵州大学出版社,2009.

[78]贵州省民族文化学会.民族文化学[M].贵阳:贵州民族出版社,1994.

[79]申茂平.贵州非物质文化遗产研究[M].北京:知识产权出版社,2009.

[80]顾朴光,吴秋林.贵州少数民族面具文化[M].贵阳:贵州民族出版社,2008.

[81]翁家烈,姬安龙.中国苗族风情录[M].贵阳:贵州民族出版社,2002.

[82]杨正文.苗族服饰文化[M].贵阳:贵州民族出版社,1998.

[83]三都水族自治县编纂委员会.三都水族自治县志[M].贵阳:贵州人民出版社,1992.

[84]贵州省荔波县地方志编纂委员会.荔波县志[M].北京:方志出版社,1997.

后　记

接到编著《贵州省非物质文化遗产田野调查丛书·黔南布依族苗族自治州卷》的任务后，课题组经过多次谈论，最终确定了撰稿的体例结构，即本书的编写体例为：按照国家对非物质文化遗产的分类标准，将非物质文化遗产分为民间文学、传统音乐、传统舞蹈、传统戏剧、曲艺，传统体育、游艺与杂技，传统美术、传统技艺、传统医药、民俗10项标准为大类。然后，在十大类的基础上按照黔南州的国家级、省级、市级非物质文化遗产名录进行编写。最后，根据第一批、第二批、第三批、第四批的先后顺序进行编写。当然，具体到黔南州的非物质文化遗产，由于贵州省第一批非物质文化遗产名录是按照十三类进行分类的，在撰写时，我们将省级十三类按照国家标准重新进行了分类。由此，我们得到了本书的撰写基本体例。

编著体例确定后，接下来就是确定撰写内容了。本书的基本思路是要在已有的文献成果的基础上，通过田野调查，得到大量的新的资料、新的视野和新的发现，从而对各项非物质文化遗产，进行系统性的、推陈出新式的文本解读与发微，从而达到进一步挖掘黔南故事、解读黔南故事、讲好黔南故事。具体到每项非物质文化遗产，我们重点从非物质文化遗产的历史渊源、原生环境、主要内容、表现形式、传承状况、代表人物或典型作品、艺术特征、文化价值及传承保护等方面进行表述，特别注重非物质文化遗产本身的资料性、知识性、理论性和学术性的统一。

在上述体例与内容确定的基础上，接着就是进行田野调查了。我们利用重大的节假日，先后3次对黔南布依族苗族自治州非物质文化遗产进行重点调研，后又多次进行补充调查。在调研的过程中，我们深入全州12个县(市)，行程数万里，足迹遍布了非物质文化遗产较为集中的数百个乡村，得到了各级政府尤其是各级文化部门和非物质文化遗产传承人的大力支持和帮助，在此对上述部门和个人表示深深的感谢。同时，为了使每项非物质文化遗产都做到图文并茂，我们除了在调研中直接得到图片资料外，也得到了各级文化部门和非物质文化遗产传承人的大力支持。

由于黔南州非物质文化遗产分布广泛、品类繁多，鉴于客观条件，本调研不能将其所有非物质文化遗产一一介绍，只是以国家级和省级非物质文化遗产为重点，同时选取部分州级非物质文化遗产加以表述，难免有遗珠之憾。再加之限于编者的学识水平，在研究中，也可能存在诸多的不足，希望得到专家们的批评和指导，我们将不胜感激。同时，在写作过程中，除了列举参考书目外，有的参考书或有遗漏，未能一一列举，也请这些著作的作者谅解。

当然，如果本次田野调查能够使更多的人认识和了解黔南州非物质文化遗产，进而唤起人们对黔南州非物质文化遗产的热爱，促进人们对非物质文化遗产的自觉保护和有效开发，那将是我们最大的愿望和安慰。

申茂平

2015 年 9 月于贵阳